행복한 노인은 누구인가

노년기 삶의 현실 분석

본 저서는 2020년 대한민국 교육부와 한국연구재단의 일반공동연구
지원사업의 지원을 받아 수행된 연구임(NRF-2020S1A5A2A03040254).

행복한 노인은 누구인가

노년기 삶의 현실 분석

김영범, 임연옥, 이승훈, 이승희 지음

도서출판 동인

| 차 례 |

I

들어가며: 다양한 노년기의 삶

우리나라에서 인구 고령화가 빠르게 진행되고 있다는 점은 잘 알려진 사실이다. 2000년 고령화사회에 진입한 이후 2021년 현재 65세 이상 인구 비율은 14.9%(통계청, 2022a)로 이미 고령사회에 진입하였다. 인구 고령화와 관련해 특히 주목해야 하는 부분은 75세 이상 노인의 증가가 매우 빠르다는 점이다. 전체 인구 대비 65세에서 74세까지의 인구 비율은 2000년 4.9%에서 2021년 9.60%로 두 배 증가하였고, 75세 이상 인구 비율은 2.3%에서 6.85%로 세 배 증가하였다. 75세 이상 노인의 비율은 향후 꾸준하게 증가할 것으로 예상되는데, 2040년이 되면 17.4%로 65~74세 인구 비율인 16.4%를 넘어설 것으로 예상된다(통계청, 2022a).

법적으로 명확하게 노인에 대한 나이 규정이 있는 것은 아니다. 다만 노인복지법에서 노인학대의 기준을 65세 이상으로 규정함으로써 노인에 대한 기준을 65세 이상으로 인식하고 있는데, 우리나라뿐만 아니라 많은 나라에서 노인의 기준을 65세로 설정하고 있다. 왜 65세가 노인의 기준인지 명확한 근거는 없지만, 노인이란 생애 과정(life course)에서 몇 가지 특징이 나타나는 시기로 볼 수 있다. 우선 노인이 된다는 것은 몇몇 예외는 있지만 경제활동을 중지하는 것을 포함한다. 특히 자본주의·산업사회가 발전하면서 일정 나이가 되면 강제 퇴직이 일반화되는데, 이 시점부터 노인이 된다. 노인이 된다는 것은 또한 신체적, 정신적으로 노화되어 청장년기의 기능 상태를 유지하기 어렵다는 것을 의미한다. 이와 함께 배우자나 친구 등 주변 사람과 사별하고, 자녀 역시 성장하여 돌봐주는 역할에서 자녀로부터 돌봄을 받는 역할로 변화함을 의미한다. 노인에 대해 우리가 갖는 이미지가 이러함에도 불구하고 나이 기준에 따른 노인과 우리가 상상하는 노인의 모습이 일치하는 것은 아니다. 우리는 흔히 방송매체나 인터넷에서 젊은이 못지않은 체력이 있는 노인이나 현역에서 열심히 일하는 노인을 종종 볼 수 있다.

다양한 데이터는 노년기 삶이 우리가 상상하는 노인의 모습과 사뭇 다르다는 점을 보여준다(Baltes·Smith, 2003; Neugarten, 1974; Smith·Borchelt·Maier·Jopp, 2002). 노인의 삶을 연구하는 노년학은 노인의 삶을 전기 노인과 후기 노인으로 구분하는데, 전자는 65세에서 74세 혹은 79세까지의 노인을 의미하며, 후자는 75세 혹은 80세 이상의 노인을 의미한다. 두 집단은 노인임에도 불구하고 여러 측면에서 차이를 보인다. 전기 노인은 대체로 신체, 인지기능에서 장년층과 큰 차이를 보이지 않는다. 전기 노인의 경우 만성질환이 있지만 일상생활에 큰 제약이 있는 것은 아니다. 반면, 후기 노인의 경우 시력·청력과 같은 감각기관이 급속도로 나빠지고 인지기능 역시 하락하게 된다(Baltes, 1999; Ferraro, 1980; Smith, 2000; Smith·Borchelt·Maier·Jopp, 2002). 건강상태가 나빠지는 후기 노인의 경우 일상생활을 독립적으로 유지하는 것도 힘들어질 수 있다.

예를 들면, 우리나라의 나이에 따른 치매 유병률은 2017년 기준 65~69세는 1.36%이지만 70~74세는 3.86%, 75세 이상은 18.97%로 나이가 증가할수록 큰 폭으로 증가하는 것을 확인할 수 있다(중앙치매센터, 2018). 노화로 인한 만성질환 때문에 후기 고령 노인의 상당수는 일상생활을 독립적으로 수행하기 어려운 상황이다. 일반적으로 일상생활을 독립적으로 할 수 있는지를 측정하는 데 사용되는 도구적 일상생활능력(Instrumental Activities of Daily Living) 조사 결과에 의하면 66~69세의 경우 완전 자립 노인이 96.9%, 75~79세는 91.1%, 81~84세는 85.3%, 85세 이상은 68.1%로 나이가 많을수록 독립적으로 생활할 수 있는 노인의 비율이 급속하게 하락한다(정경희 외, 2017). 일상생활을 독립적으로 수행하기 어려운 노인에게 도움을 주는 노인장기요양보험 수급자도 나이에 따라 큰 차이를 보이는데, 전체 수급자 중 65~74세 비율은 14.1%, 75세 이상의 비율은 81.2%이다(국회예산처, 2018).

노년기에 경험하는 일상생활의 변화에 대해서는 세계보건기구의 보고서에서 적절하게 묘사하고 있는데, 그림 I-1은 세계보건기구(WHO)의 보고서(WHO, 2017)에서 나이가 들어가며 노인에게 나타나는 기능적, 자연적 변화를 묘사한 것이다. 이 그림에서 자연적 노화(intrinsic aging)란 나이가 들어감에 따라 나타나는 신체적·인지적·심리적 노화를 의미하며, 기능적 노화란 자연적 노화와 사회 환경과의 상호작용에 따른 노화를 의미한다. 이 그림은 나이가 들어감에 따라 자연적 노화로 인해 신체적·인지적·심리적 능력이 하락하게 되며, 이와 함께 주변 환경과 상호작용하는 능력 역시 하락함을 보여준다. 노년기는 몇 가지 단계로 구분할 수 있는데, 첫째 단계는 건강한 노년기로 경제활동·자녀 양육 등에서는 자유로

워졌지만 여전히 신체·인지 능력을 유지하면서 삶을 독립적으로 유지하는 시기이다. 이어 자연적·기능적 노화가 진행되어 일상생활의 일부 영역에서 누군가 도움을 받아야 하는 단계로 진입한다. 이 단계는 비자립 노년기로 명명할 수 있다. 처음에는 복잡한 활동 한두 가지에서 시작하지만, 점점 더 누군가에게 의존해야 하는 활동들이 증가하게 된다. 이 단계 노인들 대부분은 시설보다는 지역사회에 거주할 가능성이 크다. 마지막 단계에서는 자연적 노화가 진행되어 일상생활에 필요한 활동 대부분을 누군가에게 의존하는 단계에 이르게 된다. 물론 이 단계에 이르기 전에 급성질환으로 사망하기도 하지만 의료기술의 발전, 영양상태의 개선으로 이제는 많은 노인이 이른바 죽음 준비기에 들어서게 된다. 이 단계에서는 지역사회에 거주하기도 하지만 돌봄 난이도가 커짐에 따라 시설에 입소하는 노인들이 증가한다.

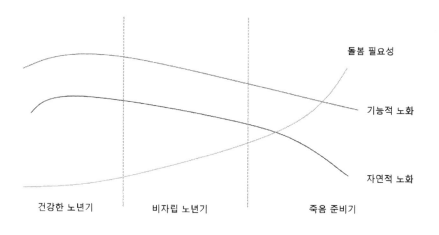

그림 I-1. 노년기 생애 과정

노년기에 나이가 들어감에 따라 신체적·정신적 능력이 약화하여 환경에 대응하는 능력이 감소한다는 점은 노년기 삶에 대한 생태학적 일반 모델(Lawton, 1986)에서도 강조한 바 있는데, 이 모델에 의하면 나이가 들어감에 따라 환경에 대응하는 신체적 능력이 감소하기 때문에 외부환경의 요구 수준이 같더라도 이에 적절하게 대응하기 어렵다고 주장한다. 따라서 이를 보완하기 위한 사회적·제도적 노력이 필요하다고 주장한다.

노년기 생애 과정을 건강한 시기, 비자립 시기, 그리고 죽음 준비기로 구분할 수 있다면 이에 맞추어 돌봄 필요성 역시 노년기 생애 단계에 맞추어 구성될 필요가 있다. 건강한 노년의 단계는 일상생활에 대한 직접적인 돌봄을 제공하기보다는 필요한 경제적 자원이나 정보를 제공하고, 일상생활의 환경을 노인의 특성에 맞게 변화시키는 것이 필요하다.

비자립 노년기의 경우 일상생활에 필요한 다양한 돌봄을 노인의 요구에 맞게 제공하는 것이 필요한데, 이 단계부터는 '존엄한 노후'가 중요해진다. '존엄한 노후'가 무엇인지에 대해서는 명확한 개념이 있는 것은 아니지만 대체로 돌봄을 받는 데 자신의 선택이나 의사가 존중되는 것을 의미한다(Bayer·Tadd·Krajcik, 2005). 타인에게 삶의 다양한 활동 중 일부를 의존해야 하는 경우 도와주는 활동이 자신이 원하지 않는 시간이나 방법을 통해 제공되더라도 거부하기 어렵다. 예를 들면 원하지 않는 시간에 밥을 먹어야 하거나 프라이버시가 침해받으며 타인이 볼 수 있는 공간에서 목욕하는 것 등을 들 수 있다. 이 경우 도움을 받는 노인은 자기 생각에 반하는 경우라도 어쩔 수 없이 이를 받아들여야 하는데, 이는 인간으로 누려야 할 존엄성이 훼손됨을 의미한다. 따라서 이 단계에서는 존엄한 노후를 보장하면서 돌봄을 제공하는 것이 어떻게 가능한지, 구체적으로 이를 위한 방안은 무엇인지 고민하는 것이 필요하다.

돌봄을 제공하는 시설에 입소할 정도로 노인의 신체적·정신적 능력이 감퇴하기 전까지는 가족이 긴 기간 돌봄을 제공하게 된다. 돌봄은 시간과 자원을 소비하는 활동으로 돌봄 제공자가 지치지 않고 돌봄을 제공하는 방안은 무엇인지도 고민하는 것이 필요하다. 이와 관련해 돌봄을 제공하는 사람들의 관계망으로 정의되는 돌봄 네트워크가 어떻게 구성되어 있는지, 그 구조에 따라 노인의 만족도나 돌봄 제공자의 부담이 어떻게 변화하는지 고민할 필요성이 있다.

건강한 사람이나 그렇지 않은 사람이나 누구나 시간의 차이만 있을 뿐 죽음을 피할 수는 없다. 죽음을 준비하는 단계에서는 죽음을 두려워하지 않고 편안하게 받아들이면서 마지막 순간까지 자신이 원하는 바를 해나갈 수 있도록 지원하는 것이 필요하다. 사망자 통계에 의하면 2020년 사망 장소의 74.8%는 의료기관으로 나타난다(통계청, 2022b). 요양시설에서 지내다가 의료기관에서 마지막 시간을 보내는 노인의 경우 요양시설에서뿐만 아니라 의료기관에서 보내는 마지막 시간도 인간의 존엄성을 보장받으며 보낼 수 있도록 지원하는 방안에 대해서도 고민해야 한다.

생태학적 모델이 주장하듯 인간의 삶은 그를 둘러싸고 있는 다양한 환경과 상호작용하면서 진행된다. 환경이란 주택이나 자연 환경 같은 물리적인 것뿐만 아니라 사회관계나 제도, 가족·친구·이웃과 같은 비 물리적 환경 등도 포함하는 개념이다. 그림 I-2는 사회 환경과 노인의 상호작용을 요약한 것으로 인간의 삶이 물리적·비 물리적 환경과 상호작용하면서 진행된다는 점을 요약해서 보여준다.

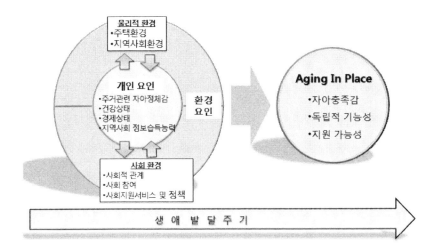

그림 I-2. 생태학적 연구 모형

노년기 삶에서 환경과의 상호작용이 어떻게 이루어지고 있는지를 아는 것은 매우 중요한데, 노년기에 들어서면서 개인의 신체적·정신적·사회적 능력이 감소하기 때문에 환경이 요구하는 바를 충족시키는 것이 점점 어려워지기 때문이다. 이 점에서 노년기에 행복하게 살기 위해서는 환경이 요구하는 것을 노화에 따른 능력 변화에 맞게 조정하는 것이 매우 중요하다. 예를 들면 농촌 지역으로 이주하는 것이 자연 환경 측면에서는 유리하지만 나이가 들어감에 따라 의료시설의 필요성이 커지면 꼭 바람직한 것은 아니다. 이 경우 우리는 의료시설에 편리하게 접근할 수 있는 환경이 요구된다.

사회노년학에서 물리적 환경은 비 물리적 환경에 비해 관심의 대상은 아니었다. 노년기 삶에 대한 분석은 배우자 유무나 자녀와의 지원교환, 친구·이웃과의 접촉이 주된 관심사였던 반면 지역사회의 교통, 주택, 일상생활 시설 등은 큰 관심사가 아니었다. 그러나 좋은 AIP(Aging in Place)

연구가 주장하듯 물리적 환경은 단순하게 생활에 필요한 수단이라는 의미만 갖는 것은 아니다(Lawton, 1986). 주택과 거리 등 오래 지낸 물리적 공간은 과거 삶의 흔적이 남아있는 장소일 뿐만 아니라 친숙하여 소속감을 느끼게 하는 장소이기도 하다. 오래 살아서 잘 아는 공간은 필요한 활동을 효율적으로 하는 데 도움이 될 뿐만 아니라 공간에 대한 통제감을 제공하기도 한다. 즉 친숙한 물리적 공간은 도구적 측면과 함께 정서적 측면에서도 여러 가지로 삶의 질을 높이는 데 도움을 줄 수 있다. 이 점에서 노인의 삶을 정밀하게 이해하기 위해서는 기존 사회노년학의 연구 주제였던 비 물리적 환경과 함께 물리적 환경이 노년기 삶에 어떠한 영향을 주는지도 관심을 가질 필요가 있다.

인구 고령화에 대한 사회적 관심이 커짐에 따라 노인에 대한 조사 역시 수적으로나 질적으로 증가하였다. 대표적인 노인 관련 조사인 노인생활실태조사는 1994년부터 비정기적으로 실시되다가 2007년 노인복지법에 정기적인 조사가 포함된 이후 3년마다 실시되어 현재 2020년까지 조사가 완료되었다. 이 외에 한국고령자연구패널 역시 2006년부터 2년마다 같은 설문으로 패널 조사를 진행하고 있다. 이들 조사는 표본이 1만 명이 넘는 대규모 조사로 우리나라 노인의 삶을 이해하기 위해서는 필수적으로 분석해 보아야 하는 자료이다. 다만 이들 조사는 전국 조사라는 점에서 지역 단위 표본 수가 크지 않다는 한계를 갖는다. 예를 들면 한국고령자연구패널의 경우 1차 조사 시 전체 표본이 10,254명인데, 이중 강원도 표본은 391명에 불과하다. 시군까지 표본 수를 제시하지 않아 정확하지는 않지만 강원도 전체 노인 중 춘천시 비율은 15% 정도로, 이를 고려하면 춘천 표본은 45~50명 정도일 것이다. 적은 수의 표본으로도 그 지역 전체를 대표할 수는 있지만 지역을 세분화하고, 지역에 거주하는 노인의 다양한 특징이 반영된 분석을 하는 것은 불가능하다. 이 점에서 전국 차원의 평균과는 다른 지역만의 특성을 분석하기 위해서는 특정 지역에 초점을 두고 조사하고 분석하는 것이 필요하다.

이 연구는 노년기의 삶이 나이에 따라 다르다는 점, 삶을 이해하기 위해서는 비 물리적 환경과 함께 물리적 환경의 영향에 대해서도 이해하는 것이 필요하다는 점, 그리고 지역 노인을 이해하기 위해서는 지역 노인의 삶을 좀 더 세밀하게 관찰하는 것이 필요하다는 점에 주목하여 계획되었다. 본 연구는 기존 노인 연구와는 다른 세 가지 특징을 갖는다.

첫째, 노년기 생애의 단계별 특성에 주목하여 본 연구는 노년기 삶을 몇 가지 단계로 나누어 연구를 진행하였다. 먼저 건강한 노인 즉 지역 사회에서 자립적으로 거주하는 노인을 대상으로 이들의 일상생활을 분석하고 삶의 질 개선을 위한 정책 대안을 제시한다. 다음 단계로 지역사회에서 살지만, 일상생활의 일부는 혼자 할 수 없는 비자립 노인과 그 돌봄 가족의 일상생활을 조사하고, 이를 바탕으로 존엄한 노후와 소진되지 않는 돌봄을 위해 민간과 공공의 역할은 무엇인지 분석한다. 마지막 단계로 노화가 진행되어 일상생활의 상당 부분을 누군가에게 도움받아야 하는 노인을 대상으로 생애 마지막 단계의 일상생활과 함께 죽음에 대한 인식을 분석한다. 이를 바탕으로 편안한 죽음을 위해 가족, 지역사회, 국가가 해야 할 노력을 검토한다.

둘째, 이 연구는 노년기 삶에서 비 물리적 환경 외에 물리적 환경이 갖는 중요성에 주목하였다. 이를 조사에 반영하여 노인이 거주하는 주택의 편리성과 지역의 교통, 생활편의시설을 측정하는 설문을 포함하였으며, 지역이라는 공간에 대해 노인이 부여하는 의미를 파악하기 위한 설문을 포함하였다. 이를 통해 본 연구는 오랫동안 거주한 공간이 노년기 삶에서 차지하는 의미와 가치를 확인하는 작업을 진행하였으며, 이를 바탕으로 떠나고 싶지만 여러 이유로 떠나지 못하는 '나쁜 지역사회거주'(Stuck in AIP)가 아닌 '좋은 지역사회거주'(Good AIP)를 위한 대안을 제시하고자 하였다.

셋째, 전국 조사 자료는 다수 있음에도 불구하고 지역사회 특히 중소 도시 단위의 조사는 많지 않다는 점에서 본 연구는 특정 지역 단위의 조사 자료를 활용하였다. 본 연구는 세 번의 조사 자료를 활용하는데, 이들 중 2개는 춘천 지역을 중심으로 진행된 양적 조사 자료이며 2개는 춘천 지역 노인을 대상으로 한 심층 인터뷰 자료이다. 이외에 비자립 노년기에 관한 양적 조사는 지역사회에서 충분히 많은 표본을 추출하기 어렵다는 한계를 고려해 전국을 대상으로 표본을 수집하였다.

이 연구는 여러 연구자의 노력이 합해진 결과물이다. 연구진별로 분석하고 작성한 부분은 다음과 같다. Aging in Place의 이론을 설명한 3장, 노인이 거주하는 주택을 분석한 8장, 지역의 물리적 환경을 분석한 9장은 임연옥이 작성하였다. 좋은 노후가 무엇인지에 대한 노인들의 생각을 인터뷰 자료를 통해 분석한 4장은 이승훈이 작성하였다. 노인의 건강 실태와 건강한 노인의 특성을 분석한 5장과 혼자 사는 노인의 삶에 대해 분석한 10장은 이승희가 작성하였다. 노년기 일과 사회활동에 대해 분석한 6장과 노인의 사회지원망에 대해 분석한 7장, 그리고 노년기 행복에 영향을 주는 요인은 무엇인지 분석한 11장은 김영범이 작성하였다. 마지막으로 건강하고 행복한 노년을 위한 제안을 담은 12장은 연구에 참여한 4명의 대담으로 구성하였다.

II

조사 방법과 조사 내용

1. 양적 조사

1) 양적 조사의 구성

본 연구에서 사용한 양적 자료는 2015년, 2017년 두 번 조사된 자료이다. 조사 대상은 춘천 지역 거주 65세 이상 노인 중 지역, 성, 나이를 고려한 할당 표집을 통해 추출하였다. 자료는 두 번의 조사 결과로 구성되어 있는데, 1차 조사는 2015년, 2차 조사는 2017년에 시행하였다. 두 번의 조사 모두 표본 수는 1,000명이다. 두 번의 조사에서 같은 대상을 반복 조사하는 패널 조사를 목표로 하였지만 1차 조사 표본 중 춘천 지역 내 재개발로 인한 주소지 확인 불가, 건강 악화로 인한 설문조사 불가능, 응답 거부 등으로 인해 1차 조사 응답자 중 418명만 2차 조사에서 재조사를 진행하였고, 추가로 582명을 표집하여 조사를 진행하였다. 설문에 대한 응답을 응답자 본인이 직접 했기 때문에, 대화가 어려운 경우는 표본에서 제외하였다. 따라서 본 조사 결과는 일상생활을 온전하게 자립하는 노인이거나, 약간의 도움이 필요하지만 의사소통에는 큰 지장이 없는 비교적 건강한 노인들만을 포함한다는 한계가 있다.[1]

설문의 구성은 크게 인구학적 특징, 건강, 심리, 주거 만족도, 주거 환경, 사회관계로 구성되어 있다. 두 번의 조사에서 영역별로 대부분 같은 설문을 활용하였지만, 2차 조사용 설문지의 경우 몇 가지 설문 내용이 추가되거나 변경되었다. 구체적인 내용은 다음과 같다. 인구학적 특징에서는 성·연령·학력·경제활동과 소득 등을 질문하였는데, 2차 조사에서는 이외에 공적 연금과 공적 부조 수급에 대한 질문을 추가하였다. 건강 영역의 경우 식생활, 음주·흡연, 신체활동, 만성질환 및 주관적 건강상태, 도구적 일상생활능력 등을 질문하였는데, 2차 조사에서는 예방접종에 관한 문항을 추가하였다. 심리상태에서는 노인우울척도(GDS-Geriatric Depression Scale), UCLA 외로움 척도, 생활 만족도 등을 측정하였다. 주거 만족도에서는 주거 공간에 대한 애착 척도와 주변 환경의 편리성에 관한 평가항목을 포함하였다. 주거 환경의 경우 1차 조사에서는 주택 및 주거 환경에 대한 만족도와 주관적 평가를 위한 문항을 주로 포함하였고, 2차 조사에서는 주택 및 주거 환경에 대한 개선 욕구를 파악하는 설문을 포함하였다. 마지막 사회관계의 경우 1차 조사에서는 van

---

[1] 1차 조사의 경우 영등포 지역에서도 조사를 진행하였지만 2차 조사에 춘천 지역만 포함된 관계로 춘천 지역에 대한 조사만을 대상으로 분석을 실시하였다.

del Poel(1993)의 사회지원망(social support network) 척도를 수정한 문항을 포함하였고, 2차 조사에서는 Lubben(1988)의 사회지원망 척도를 포함하여 조사를 진행하였다.

2) 표본의 일반적 특징

이 책에서 활용한 자료의 일반적 특징을 살펴보면 다음과 같다. 먼저 성별로는 여성이 남성에 대해 약간 더 많은데, 여성이 남성보다 평균 수명이 길다는 점에서 이는 당연한 것으로 보인다. 여성 비율이 더 높은 것은 1차, 2차, 패널 자료 모두에서 나타나는 현상이다. 평균 연령은 1차 조사 74.77세, 2차 조사 74.91세로 나타났다. 흔히 노년기를 79세 기준으로 전기 노인과 후기 노인으로 나누기도 하는데, 조사별로 각 연령대 비율을 살펴보면 1차 조사에서는 78%와 22%, 2차 조사는 74.7%, 25.3%로 나타났다.

　혼인상태는 무배우자에 비해 유배우자가 약간 더 많은 것으로 나타난다. 다만 패널 자료의 경우 유배우자 비율은 1차 조사 57.66%에서 2차 조사 54.31%로 약간 감소하였는데, 이는 2년간 사별한 노인이 등장했기 때문으로 보인다. 독거노인은 전체 조사 노인 중 30% 정도 되는데, 패널 자료에서도 2년간 큰 변화가 없는 것으로 보인다. 앞서 사별 노인이 발생한 것과 연결 지어 보면 사별한 노인이 혼자 사는 것이 아니라 다른 가족과 함께 살고 있을 가능성도 있고, 혼자 살던 노인이 자녀와 다시 함께 사는 경우가 발생한 것일 수도 있다.

　50만 원 단위로 측정한 평균 가구소득은 1차 조사 3.6점, 2차 조사

3.9점 정도로 나타나는데, 이를 소득으로 환산하면 100~200만 원 정도이다. 2017년 1인 및 2인 가구의 중위소득은 165만 2천 원, 281만 4천 원 정도라는 점에서(e-나라지표, 2022) 조사 대상인 노인 가구의 경우 상대적으로 소득이 적다는 점을 확인할 수 있다. 조사 대상 중 국민기초생활보장제도 수급자 비율은 2차 조사에서 7.9%, 패널 조사에서 8.13%로 나타나 전국 노인 대상 비율인 8.5%(보건복지부, 2021)에 비해 약간 낮은 것으로 나타나지만 큰 차이가 있는 것은 아니다. 직업이 있다고 응답한 노인은 전체 노인의 35% 수준으로 나타나는데, 2017년 65세 이상 경제활동 참가율이 31.5%인 것(KOSIS, 2022)과 비교하면 춘천 지역 노인의 경제활동 참가율은 전국 평균에 비해 약간 더 높다. 이는 도농복합지역인 춘천에서 경제활동을 지속할 수 있는 농업의 비율이 높기 때문으로 보인다.

주관적 건강상태는 1점에서 5점으로 측정하였는데, 점수가 낮을수록 좋은 건강상태를 의미한다. 응답의 평균 점수는 2점대 후반에서 3점대로 대체로 보통의 수준을 유지한다. 특기할 점은 도구적 일상생활능력에 대해 1차 조사 응답자의 33%, 2차 조사 응답자의 39%가 최소 1개 이상은 혼자 할 수 없다고 응답한 것으로 나타났다는 점이다. 패널 표본에서는 1차 조사 29.4%, 2차 조사 42.4%로 도구적 일상생활능력 비자립 노인 비율이 증가한 것으로 나타났다. 패널 조사 자료는 나이가 들어감에 따라 점점 일상생활을 혼자 할 수 없는 비자립 노인이 증가함으로 보여준다. 참고로 조사에서 5개 이상 도움이 필요하다고 응답한 경우는 1차 조사 48명(4.8%), 2차 조사 56명(5.6%)으로 본 조사의 표본 중 많은 도움이 필요한 노인은 그 수가 많지 않음을 알 수 있다. 다만 패널 자료의 경우 1차 조사 14명, 2차 조사 27명으로 패널 조사의 결과에 의하면 나이가 들어감에 따라 도움이 많이 필요한 노인도 증가하고 있음을 확인시켜준다. 만성질환 수는 두 조사 모두 평균 1.53개로 나타나는데, 패널 자료의 경우도 큰 차이는 없다.

이 외에 우울척도 점수는 1차와 2차 조사에서 2.73과 2.53으로 나타났는데, 우울증후군 6점 기준으로 판별하면(이성찬 외, 2013), 1차 조사 183명(18.3%), 2차 조사 190명(19%)으로 나타났다. 패널 자료의 경우 1차 조사 63명(15.07%), 2차 조사 89명(21.29%)로 나이가 들어감에 따라 우울증후군이 있는 노인이 증가함을 알 수 있다. 외로움의 경우는 1차와 2차 모두 33점대 초반으로 나타나 큰 변화는 없다. 다만 패널 자료에서는 1차는 32.19, 2차 조사 33.6으로 나이가 들어감에 따라 외로움이 약간 증가한 것을 알 수 있다.

마지막으로 삶의 만족도는 1차 조사 20.84, 2차 조사 19.34로 약간 감소한 것으로 나타났는데, 이는 표본의 차이로 인해 발생한 것으로 보인다. 패널 자료의 경우는 1차 조사 21.96, 2차 조사 19.53으로 나이가 들어감에 따라 삶의 만족도 점수는 약간 감소한 것으로 나타난다. 이는 나이가 들어감에 따라 행복도는 증가한다는 선행연구(Ulloa · Møller · Sousa-Poza, 2013)과 일치하지 않는 결과인데, 나이의 효과라기보다는 건강이나 다른 요인이 나이가 들어감에 따라 악화하여 나타난 결과로 보인다. 나이의 효과를 독립적으로 파악하기 위해서는 다변수 분석을 추가하는 것이 필요하다.

표 II-1. 표본의 일반적 특징

구 분	전체 표본		패널 표본	
	1차 조사	2차 조사	1차 조사	2차 조사
성				
여성	582(58.20)	586(58.60)	243(58.13)	243(58.13)
남성	418(41.80)	414(41.40)	175(41.87)	175(41.87)
나이	74.77(5.97)	74.92(6.38)	74.49(5.51)	76.49(5.51)
혼인상태				
무배우자	449(44.90)	437(43.70)	177(42.34)	191(45.69)
유배우자	551(55.10)	563(56.30)	241(57.66)	227(54.31)
독거 유무				
동거	702(70.20)	695(69.50)	289(69.14)	289(69.14)
독거	298(29.80)	305(30.50)	129(30.86)	129(30.86)
수학연수	6.82(4.80)	7.20(4.52)	7.13(4.56)	7.13(4.56)
소득	3.58(2.29)	3.93(2.26)	3.56(.12)	3.79(.11)
국민기초생활보장 수급 비율	미포함	79(7.9)	미포함	34(8.13)
직업				
없음	645(64.50)	646(64.60)	259(61.96)	269(64.35)
있음	355(35.50)	354(35.40)	159(38.04)	149(35.65)
주관적 건강 (1: 매우 좋음 ~ 5: 매우 나쁨)	3.09(1.00)	2.78(1.04)	3.02(.98)	2.78(1.02)
도구적 일상생활능력				
자립	668(66.80)	609(60.90)	295(70.57)	240(57.42)
비자립	332(33.20)	391(39.10)	123(29.43)	178(42.42)
질병 수	1.53(1.22)	1.53(1.16)	1.56(1.25)	1.53(1.11)
우울척도 점수	2.73(3.62)	2.53(3.88)	2.38(3.38)	2.49(3.74)
외로움척도 점수	33.23(9.32)	33.34(10.31)	32.19(8.71)	33.6(10.46)
삶의 만족도 점수	20.84(6.23)	19.34(5.53)	21.39(6.05)	19.53(5.47)

2. 심층 인터뷰

본서에서 분석한 인터뷰 자료는 2016, 2021년 두 차례 실시한 심층 인터뷰 결과이다. 두 번 모두 대도시를 대표하는 서울(영등포) 지역과 도농복합도시인 춘천 지역의 65세 이상의 노인들을 대상으로 심층 인터뷰를 실시하였다.

인터뷰 대상자는 각 지역 복지관 관계자의 도움을 받아, 연구 조건을 충족하는 노인들을 선정하였다. 인터뷰는 상황에 따라서 단독 또는 2~3명 집단으로 실시하였다. 인터뷰는 연구자들과 1회 이상 인터뷰 교육을 받은 연구보조원들이 시행하였다. 인터뷰 내용은 반 구조화된 설문지를 바탕으로 자율적으로 진행되었다.

두 차례에 걸쳐서 진행된 인터뷰의 자세한 내용은 다음과 같다. 이 책에서 인용하는 인터뷰 대상자는 아래 '인터뷰 대상'의 표기로 통일하여 작성하였다.

1) 2016년 심층 인터뷰

○ 기간: 2016년 2월 11일부터 5월 30일까지
○ 인터뷰 시간: 1시간에서 2시간
○ 대상: 서울(영등포), 춘천 거주 65세 이상 노인
○ 조사 방법: 반 구조화된 설문지를 바탕으로 한 심층 인터뷰
○ 인터뷰 내용: AIP에 영향을 미치는 개인적 요인(건강 등),

　　　　　　　물리적 요인(주택 환경, 지역사회 환경 등),

　　　　　　　사회적 요인(자녀/이웃 등의 사회관계, 사회 참여 등)

○ 춘천시 인터뷰 대상자

조사 연도	거주 지역	인터뷰 대상	성별	나이	거주 형태
2016년	춘천 석사동	가-1	여	71세	단독주택
	춘천 석사동	가-2	여	70세	단독주택
	춘천 석사동	가-3	여	72세	아파트
	춘천 소양동	가-4	여	73세	단독주택
	춘천 소양동	가-5	여	68세	단독주택
	춘천 소양동	가-6	여	66세	단독주택
	춘천 소양동	가-7	남	73세	단독주택
	춘천 소양동	가-8	남	72세	아파트
	춘천 신북읍	가-9	여	69세	단독주택
	춘천 신북읍	가-10	여	72세	단독주택
	춘천 신북읍	가-11	여	75세	단독주택
	춘천 신북읍	가-12	여	73세	단독주택
	춘천 신북읍	가-13	여	65세	공동주택
	춘천 신북읍	가-14	여	66세	단독주택
	춘천 동면	가-15	여	77세	단독주택
	춘천 동면	가-16	여	75세	단독주택
	춘천 석사동	가-17	남	71세	아파트
	춘천 신북읍	가-18	여	77세	아파트
	춘천 신북읍	가-19	여	72세	단독주택
	춘천 신북읍	가-20	여	70세	단독주택
	춘천 석사동	가-21	남	74세	아파트
	춘천 석사동	가-22	남	65세	아파트
	춘천 소양동	가-23	여	73세	단독주택
	춘천 소양동	가-24	여	79세	단독주택
	춘천 소양동	가-25	여	79세	단독주택

춘천 신북읍	가-26	남	78세	단독주택
춘천 신북읍	가-27	남	77세	단독주택
춘천 신북읍	가-28	남	76세	단독주택
춘천 신북읍	가-29	남	77세	단독주택
춘천 신북읍	가-30	남	78세	단독주택
춘천 신북읍	가-31	남	79세	단독주택
춘천 신북읍	가-32	남	77세	아파트
춘천 신북읍	가-33	남	73세	단독주택
춘천 석사동	가-34	남	75세	아파트
춘천 석사동	가-35	남	78세	아파트
춘천 석사동	가-36	여	74세	아파트
춘천 석사동	가-37	여	74세	아파트
춘천 석사동	가-38	여	75세	아파트
춘천 소양동	가-39	남	68세	아파트
춘천 소양동	가-40	남	75세	단독주택
춘천 석사동	가-41	여	68세	아파트
춘천 석사동	가-42	여	76세	아파트
춘천 석사동	가-43	여	77세	아파트
춘천 신북읍	가-44	여	79세	단독주택
춘천 낙원동	가-45	여	76세	단독주택
춘천 신북읍	가-46	남	82세	아파트
춘천 석사동	가-47	여	70세	단독주택
춘천 신북읍	가-48	여	75세	단독주택
춘천 소양동	가-49	여	71세	단독주택

2) 2021년 심층 인터뷰

○ 기간: 2021년 4월 6일부터 6월 27일까지

○ 인터뷰 시간: 1시간에서 2시간

○ 대상: 서울(영등포), 춘천 거주 65세 이상 노인

○ 조사 방법: 반 구조화된 설문지를 바탕으로 한 심층 인터뷰

○ 인터뷰 내용: 좋은 AIP의 조건(개인적, 물리적, 사회적 조건 등),

　　　　　　AIP를 위해 필요한 요소들, 좋은 AIP의 장애 요인 등

○ 춘천시 인터뷰 대상자

조사 연도	거주 지역	인터뷰 대상	성별	나이	거주 형태
2021년	춘천 신북읍 유포리	나-1	여	39년생 (83세)	단독주택
	춘천 신북읍 유포리	나-2	남	38년생 (84세)	단독주택
	춘천 신북읍 율문리	나-3	여	34년생 (88세)	단독주택
	춘천 신북읍 발산리	나-4	여	39년생 (83세)	단독주택
	춘천 신북읍 유포리	나-5	남	34년생 (88세)	단독주택
	춘천 신북읍 산천리	나-6	남	44년생 (78세)	단독주택
	춘천 신북읍	나-7	남	32년생 (90세)	단독주택
	춘천 신북읍 발산리	나-8	여	36년생 (86세)	단독주택
	춘천 신북읍 천전리	나-9	여	37년생 (85세)	단독주택
	춘천 신북읍 산천리	나-10	여	46년생 (76세)	단독주택
	춘천 신북읍	나-11	여	42년생 (80세)	단독주택
	춘천 신북읍	나-12	여	43년생 (79세)	아파트
	춘천 후평동	나-13	남	38년생 (84세)	아파트
	춘천 퇴계동	나-14	여	38년생 (84세)	아파트
	춘천 석사동	나-15	여	38년생 (84세)	아파트

본 연구에서는 심층 인터뷰 자료 가운데 춘천 지역 노인들에 관한 자료만을 활용하였다. 춘천 지역 연구 결과를 바탕으로, 향후 대도시 지역(서울)의 노인들과의 비교 연구를 진행할 예정이다.

III

Aging in Place 이해하기

1. 들어가면서

2020년 우리나라 국민의 기대수명은 83.5세로 OECD 32개국 중 2위에 해당하며, 10년 전인 2010년과 비교하면 3.2년이 증가하였다. 유병기간을 제외한 기대수명을 뜻하는 건강수명은 2012년 65.7세에서 2020년 66.3세로 평균수명과 비교하면 많이 늘어나지 않았다(통계청, 2021). 건강수명이 기대수명의 증가 추세를 따르지 못하는 현실에서 길어진 노년기를 어디서 누구와 함께 어떻게 무엇을 하며 살 것인가 하는 질문은 이미 노년기에 진입한 노인뿐만 아니라 노년기를 바라보는 중장년층에도 큰 화두가 되고 있다. 관련 학계를 비롯하여 정책입안자와 실천가들은 이 화두를 성공적 노화, 건강한 노화, 생산적 노화, 활동적 노화 등으로 풀어가고 있다.

그런데 인구 고령화 현상이 급속하게 진행되면서, 시설보호로 인한 인권 문제와 시설 돌봄에 대한 사회적 비용 부담 문제가 부각됨과 동시에 노인들이 시설보다는 자신의 집에서 노후를 보내고 싶다는 욕구가 크다는 사실이 확인되면서, 서구의 경우 1970년대 후반부터 Aging in Place를 중요하게 논의하기 시작하였다. 우리나라는 2020년 고령사회에 진입하게 되면서 지역사회에서의 노인돌봄 문제를 해결하기 위한 대안으로 Aging in Place를 정책 기조로 삼고 있다.

본 장은 Aging in Place가 노년기 삶에 있어서 중요한 이유와 Aging in Place의 정의를 살펴보고, 다양한 이론을 통해 Aging in Place를 이해하고자 한다. 그리고 '2017년 춘천 노인 AIP[2]) 생활환경 조사'와 '2016년 춘천 노인 AIP 생활환경 심층면접 조사' 자료를 활용하여 Aging in Place에 대한 춘천 노인의 욕구를 파악하고, Aging in Place의 이중적인 측면을 다룬 후, 진정한 Aging in Place를 실현하기 위해 필요한 요인들이 무엇인지 살펴보고자 한다.

2. 왜 Aging in Place가 중요한가

AIP는 노인 개인의 삶뿐만 아니라 사회경제적인 측면에서 의의를 지닌다. 먼저, 노인 개인의 삶 측면에서 살펴보자. 시설보호가 주로 이루어지던 1970년대 후반부터 시설 격리의 반 인권적인 면에 대한 사회적 대응으로

---

2) Aging in Place를 편의상 AIP로 축약하여 사용한다.

AIP가 부각되기 시작하였다. 시설에서 노인의 삶은 노인을 안전하게 보호하는 측면을 강조하지만, 사회와의 격리 · 감시 · 통제 · 규율을 통해 신체뿐만 아니라 정신적으로 노인을 구속함으로써 인간의 기본적인 인권과 존엄성을 침해할 가능성이 크기 때문이다(이태헌 · 김정석 · 정하영, 2020).

노인은 나이가 들수록 건강이 악화하거나 기능이 쇠퇴하여 자립적으로 생활하기가 어려워지는데, 그럼에도 불구하고 노인은 자신의 집에 그동안 살아온 방식대로 계속 살면서 가족과 친구와 어울려 살고 생을 마무리하고 싶어 한다. 그런데 노인을 집에서 돌볼 수 없는 가족들은 노인 돌봄에 대한 딜레마에 빠지게 된다. 노인과 가족 간의 갈등 상황에서 가능한 한 노인 스스로 일상생활을 통제하고 정체성을 유지하며, 삶의 가치를 추구하고 자율성과 존엄성을 보호받으며 여생을 보낼 수 있어야 한다는 점에서 AIP가 중요해졌다(Cutchin, 2003).

AIP가 가능해진다면 노인 개인의 삶의 질은 향상될 수 있다. Leeuwen 등(2019)은 재가 노인을 대상으로 이루어진 질적 연구 49개를 종합하여 노인의 삶의 질이 자율성, 역할과 활동, 건강에 대한 지각, 관계, 태도와 적응, 정서적 안정, 영성, 집과 이웃, 재정적 안정과 같은 9가지 영역3)으로 구성됨을 밝히는데, 이러한 삶의 질의 다양한 영역은 AIP를 구현함으로써 충족될 수 있다. 그리고 AIP를 통해 노인의 사회통합이 가능하다. 노인은 자신이 살던 곳에서 계속 살게 되므로 지역사회 주민과

---

3) 9개 영역은 스스로 관리하고 부담이 되지 않으며 존엄성을 유지하기(자율성); 가치와 즐거움, 참여감을 주는 역할과 활동을 하면서 시간을 보내기(역할과 활동); 몸 상태에 제한받지 않고 건강하다고 느끼기(건강에 대한 지각); 지지받고 있다는 느낌을 주고 타인을 위해 의미 있는 일을 할 수 있는 긴밀한 관계를 갖기(관계); 삶의 밝은 면을 바라보기(태도와 적응); 편안함을 느끼기(정서적 안정); 신념, 의례, 내적 성찰로부터 신앙과 자기 계발에 애착을 느끼고 경험하기(영성); 집에서 편안함을 느끼고 쾌적하고 접근하기 쉬운 이웃 환경에서 살기(집과 이웃); 재정적인 상황에 대해 제약을 느끼지 않기(재정적 안정)이다.

상호작용하고 사회활동에 참여함으로써 사회적 역할을 지속하고 있다는 역할감을 느끼며, 지역사회는 노인의 사회 참여를 통해 긍정적인 효과를 얻을 수 있다(이승훈, 2017; Wiles, et al. 2011).

AIP는 노인 개인의 삶뿐만 아니라 사회경제적으로도 큰 도움이 된다. AIP는 탈시설화의 흐름 속에서 정책입안자들의 이목을 집중시켰다. 실제 노인 인구의 급증과 함께 노년기 건강 악화와 기능 저하로 인해 도움이 필요한 노인의 수도 증가하면서 노인요양시설과 같은 시설보호를 위해 드는 사회적 비용이 AIP에 의해 절감됨을 확인할 수 있다(이윤경·강은나·김세진·변재관, 2017; 윤성은·한혜경, 2011; Marek et al., 2000; Wiles 외, 2012; Dye et al., 2011). AIP를 가능하게 하는 물리적 환경 개선이나 적절한 지원을 통해 요양시설 입주나 요양병원 입원 등을 지연시키거나 예방함으로써 시설보호로 인한 사회적 비용을 감소할 수 있다(홍이경·주서령·이성욱, 2020). 따라서 노인 문제를 다루는 정책입안자들은 시설보호로 인한 비용부담 문제를 해소하기 위해 노인이 원래 살던 집에서 살도록 지원하는 AIP를 정책 방향으로 설정하였고, 이러한 정책 기조는 전 세계적으로 확산되었다(김용득, 2018). 마찬가지로 우리나라도 2000년대 이후부터 노인복지 정책의 방향을 AIP에 맞추고 있다.

3. 'Aging in Place'란

노년사회학, 사회복지학, 지리학, 건축학, 도시공학, 주거학, 환경학 등의 다양한 학문 분야에서 Aging in Place를 다루고 있다. Aging in Place는

'살던 곳(거주지)에서 나이 듦'(백옥미, 2016), '현 거주지에서의 노화'(정용문, 2013), '지역 내 계속 거주'(권오정 외, 2014), '노인의 지역사회 계속 거주'(이윤경·강은나·김세진·변재관, 2017), '고령자의 계속 거주'(박준범·마강래, 2020), '살던 곳에서 계속 살기'(이경욱, 2020), '살아온 집에서의 노화'(서보람·김선미·허용창, 2022) 등으로 번역하여 사용된다. 다양한 학문적 배경을 지닌 학자들은 Aging in Place에 대해 정의를 내리는데, 이 정의들을 들여다보면 공통적으로 공간과 시간의 범위, 그리고 노인의 자립생활의 의미에 대해 언급한다.

1) 공간적 범위

노인이 지금까지 살아온 장소에 대해 강한 애착을 느낀다는 사실을 반영하여 Place(장소)를 '익숙한 곳으로 정의할 수 있다. 익숙한 곳을 가장 협소하게 정의하면 노인이 거주하는 집이다. Alley 등(2007)은 AIP를 개인이 나이가 들어서도 노화로 인한 제한 및 장애를 보상하기 위해 환경을 개선해가면서 자기 집에서 계속 살아가는 것으로 정의한다. Pastalan(1990)은 건강 악화와 경제력 감소 등과 같은 노년기 변화로 인해 도움을 받을 필요가 증가하더라도 살아온 친숙한 거주지에서 그대로 살 수 있도록 하는 것으로 정의한다. 그리고 이윤경 등(2017)은 노인과 전문가가 모두 희망하는 이상적인 AIP는 노인이 사망 시까지 익숙한 집에서 친구·이웃·가족 등과 친숙한 관계를 계속 유지하면서 살아가는 것이라고 정의한다.

　　장소의 범위는 익숙하게 살던 집에서 계속해서 살기 어려워진 상황에 대한 대안으로, 친숙한 동네 또는 마을·지역사회로 확장되기도 한다 (Pynoos, 1993; Cutchin, 2003; Davey, 2006; Greenfield, 2012). Pynoos(1993)와

Matsuoka(2007)는 노인이 장애나 한계에도 불구하고 적절한 지원이나 서비스를 받으면서 자신과 친숙한 주택과 지역사회에서 계속 머물며 지내는 것으로, Cutchin(2003)은 노인이 남은 생애를 그동안 살아온 친숙한 삶의 터전인 주택과 지역사회에서 지속적으로 안전하고 독립적으로 살 수 있는 상태로, Davey(2006)는 개인이 돌봄 서비스를 제공하는 시설이 아니라 자신의 집과 지역사회에서 어느 정도 독립적으로 살아가는 것으로 정의한다.

연구자에 따라 익숙한 곳의 범위를 지역사회 내에 주거복지시설을 비롯한 다양한 주거 유형까지(김수영 외, 2015; Scharlach · Moor, 2006) 포함하기도 한다. Calkins(1995)는 지역사회 내 거주 개념을 4가지 유형, 즉 같은 주택에서 계속 사는 유형, 노인계획주택으로 이주하여 그곳에서 계속 사는 유형, 하나의 건물에서 노후의 상황별 서비스 제공에 맞춰 층을 바꾸어 계속 거주하는 유형, Continuing Care Retirement Community(CCRC)와 같은 주거단지로 이동해서 거주하는 유형으로 제시한다. 결국 지역사회 보호의 중요성이 커지면서 노인에게 필요한 서비스를 제공하고 지원하는 것이 가능한, 그동안 살아온 지역사회 내의 다양한 주거복지시설이나 노인요양시설을 익숙한 장소의 범위에 포함한다.

더 나아가 장소 개념은 물리적 특성을 넘어서서 기존의 물리적 · 심리적 · 인적 네트워크를 그대로 유지할 수 있는 공동체 개념으로 확장된다(권오정 외, 2014). 권오정 등(2014)은 현재 살고 있는 집에서 계속 거주하거나 지역사회의 다른 집으로 이동하더라도 일상생활을 하는 데 기존의 물리적 · 심리적 · 인적 네트워크를 그대로 유지할 수 있는 범위로 정의한다. 김수영 등(2015)은 지역사회에서 노인이 지역사회 구성원과의 공동의 가치를 공유하며, 지역에 대한 귀속감을 가지면서 살아가는 것으로 정의한다. 이러한 정의들은 익숙한 장소의 범위를 지리적인 범위인 마을이나 동네를 의미하는 지역사회를 넘어서서 사회적 유대감과 사회통합을 바탕으로 한 공동체 의식이 유지되는 정서적인 범위까지 확장한다.

노인이 살고 있는 익숙한 집이라는 물리적 공간을 넘어서서 지역사회와 공동체로 확대된 공간적 의미를 정확히 전달하기 위해 AIP 대신 Aging in Community를 쓰기도 한다(Thomas · Blanchard, 2009). 따라서 AIP의 익숙한 장소는 그동안 살아온 친밀하고 익숙한 환경으로, 지리적으로 집으로부터 동네나 마을 범위의 지역사회를 넘어서서 정서적인 측면에서의 공동체까지 노인이 활동 가능한 범위로 이해하는 것이 타당할 것이다.

2) 시간적 범위

Aging in Place를 번역한 용어들을 살펴보면, 지속적인 거주라는 시간의 연속성을 포함한다. '지속성'에 대한 시간적 범위를 노인이 사망할 때까지, 일부 도움을 받아 자립적으로 생활할 수 있을 때까지, 자립적인 일상생활이 가능한 기능 저하 이전까지 등으로 다양하게 생각할 수 있다(이윤경 외, 2017).

Aging in Place는 결과가 아니라 나이가 들어감에 따라 인간과 환경이 변하면서 역동적인 상호작용이 지속적으로 일어나는 과정이므로(Golant, 2003) 환경과 상호작용하는 인간이 일생을 마치는 순간까지 AIP 과정은 계속된다고 할 수 있다. 이러한 맥락에서 Cutchin(2003)은 노인이 남은 생애를 친숙한 삶의 터전에서 사는 것으로 보아, 일생을 마칠 때까지 지속해서 거주하는 것이라고 정의한다. 이러한 정의에 따르면 노인의 기능 상태와 관계없이 살고 있는 집에서 죽을 때까지 사는 것이 이상적인 AIP일 수 있다.

한편, Frank(2001)는 '가능한 한 오래도록'(as long as possible) 익숙한 장소에서 남아서 살 수 있어야 한다고 정의하면서 시간 범위에 단서를 붙인다. 이것은 노인이 건강 악화나 재정 문제, 필요한 지원이나 서비스 부재 등을 비롯한 예상하지 못한 장애물로 인해 지금까지 익숙하게 생활해 온 장소가 인생에 있어서 더 이상 마지막 장소가 아닐 수 있다는 사실을 직시한 것이며, 가능한 한 오래도록 머물고 싶어 하는 노인의 심리를 AIP 정의에 반영한 것이다.

AIP의 지속적인 거주에 대한 시간적 범위에 대한 논의는 인생의 마지막 순간까지 익숙한 장소에서 거주해야 한다는 당위성과 가능한 한 오랫동안 익숙한 장소에서 머물더라도 언젠가는 다른 장소로 이동할 수밖에 없는 불가피한 현실 간의 충돌을 보여준다. 그렇다면 AIP는 노인에게 익숙한 장소에서 '주거의 연속성'을 최대한 보장하여야 한다는 점을 기본 전제로 하여야 할 것이다.

3) 자립생활의 의미

전 생애주기를 들여다보면 독립적인 생활이 가능한 시기와 돌봄이 필요한 의존적 시기가 공존한다. 장년기 후반부터는 나이가 들수록 독립생활을 할 가능성이 줄어들기 시작하여 노년기에는 독립적인 생활이 가능한 '완전 자립' 단계로부터 가족을 비롯한 외부환경으로부터 적절한 지원이나 돌봄을 받아서 자립적인 생활이 가능한 '부분 자립' 단계, 그리고 신체 및 인지기능의 감퇴로 돌봄이나 지원 없이는 독립생활이 불가능한 '완전의존' 단계로 진행된다(Stein · Moritz, 1999). AIP는 이러한 불가피한 변화 과정에 필요한 적절한 지원을 함으로써 노인이 자립적인 생활을 할 수 있도록 돕는다.

WHO는 "나이, 소득, 능력의 수준과 상관없이 누구나 자신의 집 또는 공동체에서 안전하게, 독립적으로, 그리고 편하게 사는 상태"를 추구하여야 함을 명시한다. 그리고 Pastalan(1990), Pynoos(1993)와 Matsuoka(2007) 등도 건강 악화, 신체기능과 인지기능의 감퇴, 소득 감소를 비롯한 경제적 어려움, 노후화된 주택이나 열악한 주거 환경 등과 같은 장애 요인이나 한계로 인해 독립적인 생활이 어려울지라도 노인은 정부, 지방정부 및 민간의 적절한 도움과 지원을 받으면서 익숙한 거주지나 공동체 안에서 자립적인 삶을 유지할 수 있어야 함을 강조한다.

그런데 Davey(2006)는 AIP를 "가능한 한 노인이 살아온 곳에서 일정 정도 자립성을 가지고 계속 살아가는 것"으로 정의하면서 다른 학자들과 구분되게 자립생활의 수준에 대해 언급한다. 이것은 노인의 자립생활 수준을 완전하게 독립적으로 생활하는 것만으로 제한하지 않음을 뜻하며, 부분적으로 노인이 자율적으로 기능할 수 있는 부분이 있다면 그 자립 수준을 유지하며 살아갈 수 있도록 지원해야 함을 의미한다.

따라서 AIP 정의에서 언급하는 자립적인 생활은 완전하게 자립이 가능한 노인부터 돌봄이 필요한 노인까지 자신이 자율적으로 선택한 익숙한 장소에서 적절한 지원을 받으며 생활함으로써 의존도를 줄여가며 어느 정도 자립적으로 생활하는 것을 의미한다고 볼 수 있다. 그리고 AIP를 통해 자립적인 생활을 할 때, 노인은 존엄하게 노후를 보낼 수 있다.

이상에서 살펴본 AIP의 공간적 범위, 시간적 범위, 노인의 자립생활의 의미 등을 반영하여 AIP를 정의한다면, '나이 듦에 따른 신체, 심리, 사회, 경제 상태 등의 변화와 그로 인한 어려움으로 의존이 불가피한 상황에 처할지라도 노인이 선택한 친숙한 장소에서 가능한 한 오랫동안 적절한 도움과 지원을 통해 존엄하게 살아가는 과정'이라고 할 수 있다.

4. 노화와 환경 간의 관계를 어떻게 설명할 수 있는가

AIP를 사람과 환경 간의 역동적이고 지속적인 상호작용 과정을 통해 설명한 이론들, 예를 들어 인간발달의 생태학적 모델, 환경압박-능력이론, 유사·보완 모델 이론, 연속성 이론, 노화에 대한 환경적 접근, 장소 애착 이론 등을 살펴보고 최근에 제시된 AIP에 대한 새로운 개념 모델을 소개하고자 한다.

1) 인간 발달의 생태학적 모델

Bronfenbrenner(1994)가 제안한 인간 발달의 생태학적 모델(Ecological Models of Human Development)은 인간 발달을 인간과 환경 간의 끊임없는 상호작용에 초점을 맞추어 설명한다. 생태학적 모델은 인간이 살고 있는 환경 체계를 빼고는 인간의 행동을 설명할 수 없으며, 인간을 환경에 수동적으로 반응하는 존재가 아니라 환경과 역동적이고 적극적으로 상호작용을 하면서 발전하는 존재로 본다.

인간을 둘러싼 환경 체계는 다차원으로 구분된다. 환경 체계는 인간이 직접 접하는 미시 체계(예: 부부, 부모, 아동, 가족 등), 미시 체계들 간의 상호작용이 일어나는 중간 체계(예: 가정과 학교와의 관계, 가정과 이웃과의 관계 등), 인간에게 간접적으로 영향을 미치는 사회 환경인 외부 체계(예: 사회적 지지망 등), 정치 환경과 문화 환경 등을 포함하는 거시 체계(예: 가치, 성역할, 대중매체 등), 전 생애에 걸쳐 시간의 흐름에 따라 발생하는 사건이나 환경의 변화를 포함하는 시대 체계 등으로 구성된다(Bronfenbrenner, 1979). 인간은 전 생애를 통해 이러한 체계들과 끊임없이 복합적으로 상호작용을 하면서 자아를 발달시키며, 이러한 과정은 출생에서부터 사망까지의 모든 사회적 · 물리적 환경과 연결되어 있다.

생태학적 모델의 관점에서 보면 생애주기에 따라 거주지는 다른 의미를 지닌다. 특히, 노년기의 거주지는 다른 시기에 비해 그 의미가 더욱 중요하다. 왜냐하면 노인은 평생 사회 · 구조적 환경에 의해 지배를 받으며 살아왔는데 본인 또는 배우자가 은퇴를 하면서 노년기의 생활공간이 재구성되고, 신체 · 인지 · 사회적 기능이 저하되면서 활동반경이 주거지 근처로 좁아지게 되는데, 노년기에는 주거지를 온전히 자신만의 자발적인 선택으로 결정할 수 있는 것이 아니기 때문이다(백옥미, 2016).

2) 노화에 대한 환경적 접근

환경심리학의 '노화에 대한 환경적 접근'은 노화 과정에서 일어나는 인간과 환경 간의 상호작용에 초점을 맞춘다(Wahl · Oswald, 2010). Wahl과 Oswald(2010)는 노화를 겪는 개인과 환경 간의 상호작용 과정에서 사회 환경과 물리적 환경의 편리성과 더불어 정서적 측면까지도 고려해야 함을 주장한다. 환경이 갖는 편리성은 행동으로, 정서적 측면은 소속감으로 표현된다. 노화를 경험하는 개인은 환경과 개인 능력 간의 불일치를 줄이기 위해 환경 변화에 순응하는 행동을 하거나 환경을 적극적으로 개선하고자 하는 행동을 하게 된다. 그리고 사회 환경과 물리적 환경에 관한 경험을 통해 소속감을 느끼게 된다.

나이가 들어갈수록 신체기능이 감퇴하면서 행동 측면에서는 주변 환경에 대한 통제력을 잃어가고 개인-환경 적합성이 떨어지게 되는데, 주변 사회-물리 환경과의 상호작용이 지속되면 주변 환경에 대한 소속감/귀속감이 더 강화하지만, 거주지를 이동하게 되면 친숙하지 못한 사회-물리적 환경과 직면하게 되어 정체성을 상실하게 되거나 복지감이 저하된다. 따라서 노인의 주거지에 대한 소속감은 노인의 정체성과 자율성과 매우 밀접하여, 소속감을 유지할 수 있는 물리적 환경을 지속시킬 수 있는지와 사회-물리적 환경을 노년기의 신체 변화에 적합하도록 변화시킬 수 있는지에 따라 AIP가 좌우된다.

3) 환경압박 이론(Theory of Environment Press)

Lawton(1982)은 '노화에 대한 일반적인 생태학적 이론'(General ecological theory of aging)에 기반을 두고 환경압박 이론을 제시하였다. 환경압박 이론은 인간의 행동을 노화 과정에서 나타나는 개인의 능력 변화와 환경과의 적합성에 초점을 맞춘다. 노화 과정은 지속적인 적응 과정인데, 노년기 적응은 개인 능력과 환경 간의 상호작용을 반영한다. 여기서 개인 능력은 신체 상태, 정서 상태, 지능, 학습된 능력 등을 의미하고, 환경은 개인에게 특정한 행동을 요구하는 물리적 맥락이나 주거 환경과 같은 외부 요인을 말하며, 개인 능력과 환경의 영향력은 시간의 흐름에 따라 변화한다.

노화가 진행됨에 따라 개인의 능력은 점차 감퇴하는 반면, 환경의 영향력은 더 커지게 된다. 동일한 환경일지라도 노화가 진행되면서 개인 능력이 점차 약화하여 환경의 요구에 적절하게 대응하기 어려워지면 노인은 환경으로부터 압박을 느끼게 된다. 반대로 환경의 요구를 충족시킬 수 있는 능력이 있거나, 자신의 능력에 맞게 환경압박을 줄일 수 있을 때, 상호작용이 성공적으로 이루어질 수 있다. 그렇지만 노년기에는 환경압박에 비해 개인의 능력이 부족하여 부적응 상황이 발생하기 쉽고, 그 경우 삶의 질이 저하되는 것은 불가피하다. 예를 들면, 노인의 낙상 방지를 위해 높낮이 차를 줄이거나 미끄럼 방지 매트를 설치하는 등의 실내 디자인이나 도로의 가로등, 램프형 통로, 핸드레일 등과 같은 안전한 보행을 위한 환경 개선은 노인이 느끼는 환경압박을 줄여주고 노인의 삶의 질을 계속 유지할 수 있도록 돕는다. 따라서 노년기 주거 정책이 노화에 따른 개인의 능력 변화와 물리적인 환경의 상호작용 속에서 노년기 안녕을 추구하는 방향으로 모색될 때, AIP 실현이 가능하다.

4) 유사 · 보완 모델 이론
(Complementary and Congruence Model Theory)

Frances M. Carp와 Abraham Carp가 제시한 유사 · 보완 모델 이론은 안녕감은 인간의 욕구를 적절하게 만족시켜 주는지에 따라 결정된다는 Murray

의 주장과 인간 행동은 환경과 인간의 욕구 함수로 나타내어진다는 Lewin의 주장을 통합한 것이다. 그리고 함수 '행동=f(인간, 환경, 인간과 환경의 일치 정도)'로 표현하고, 인간의 행동은 환경과 인간의 욕구에 두 요소의 일치 정도를 더한 것이라고 설명한다(변혜령, 2001을 이연숙·안소미·임수현, 2010에서 재인용).

유사·보완 모델 이론은 Maslow의 욕구 이론을 기반으로 하는 생태학적 모델로 일반 주택에 사는 노인의 안녕감과 정신건강을 위해 노인에게 적합한 환경을 제공해야 한다는 것을 이론적으로 뒷받침하는 모델이다. 특히, 인간의 욕구를 생리적 욕구와 같은 낮은 욕구와 소속과 애정에의 욕구, 자기 존중의 욕구, 자아실현의 욕구와 같은 높은 욕구의 두 단계로 구분하고, 각 욕구 단계와 환경 간의 적합성을 유사 모델과 보완 모델로 나누어 설명한다. 보완 모델은 노인이 독립적인 생활 하는 데 필요한 일상적인 활동들을 적절히 수행할 수 있도록 환경을 보완해줌으로써 낮은 단계의 생리적 욕구를 만족시킬 수 있다고 설명한다. 유사 모델은 노인이 가지고 있는 상위 단계의 욕구가 충족되는 환경을 제공한다면 노인의 독립적인 생활뿐만 아니라 안녕 및 정신건강이 유지될 수 있음을 설명한다(변혜령, 2001을 이연숙·안소미·임수현, 2010에서 재인용).

이 이론은 기능 저하 노인을 대상으로 사고나 위험을 예방하기 위한 보완적인 기능에만 초점을 맞추는 것에서 벗어나 노인의 더 높은 단계의 욕구에도 관심을 두고 대응해야 한다는 점을 강조한다(이연숙·안소미·임수현, 2010). 따라서 노인을 위한 주거 환경은 노인의 다양한 욕구에 따른 선호와 자기 결정을 반영하여야 하며(주보혜 등, 2020), 이러한 접근을 통해 노인이 자율성을 유지하며 자립적인 삶을 살게 함으로써 진정한 AIP 실현을 도모해야 한다.

5) 연속성 이론(Continuity Theory)

연속성 이론은 Atchley가 중년 이상의 성인을 대상으로 실시한 노화에 따른 적응에 관한 연구로 시작되었다. 이 연구를 통해 노화로 인해 노인이 건강, 기능, 사회 환경 등의 변화를 겪지만, 많은 노인의 경우 시간의 흐름에도 불구하고 생각, 활동, 주거 환경, 사회적 관계 패턴에서 상당히 일관성을 보인다는 점이 발견되었다(Atchley, 1989를 이연숙·안소미·임수현, 2010에서 재인용).

연속성 이론은 적응적인 선택을 할 때, 중년 및 노년은 기존의 내부와 외부 구조를 유지하려고 시도하는데, 이러한 목표를 달성하기 위해 그들은 자기의 경험과 사회 경험에서 나온 전략을 사용하는 것을 선호한다. 결국, 변화는 개인의 인지된 과거와 연결되어 내적 심리적 특성, 사회 행동 및 사회 상황 속에서 연속성을 만들어간다는 것이다. 따라서 연속성은 개인의 선호와 사회적 승인으로 촉진되는 적응 전략이라고 할 수 있다(Atchley, 1989).

그리고 연속성 이론은 피드백 시스템을 강조한다(그림 III-1 참조). 개인의 삶의 구조는 정신적 패턴(성격, 자아, 세계관, 개인 목표, 적응 기제 등), 라이프 스타일 패턴(거주행태, 사회관계, 활동, 건강관리 등)과 건강상태로 구성된다. 이 개인의 삶의 구조는 변화에 대해 반응·결정·행동하고, 그에 따른 결과를 체험하게 된다. 그리고 이 결과는 개인의 삶의 구조에 다시 영향을 미치는데, 결국 이러한 순환 과정이 계속되면서 발전이 이루어진다(이연숙·안소미·임수현, 2010). 중요한 점은 이러한 발전과정이 개인이 지속하고자 하는 연속성에서, 혹은 연속성을 지키려는 방향으로 이루어진다는 것이다(Atchley, 1999). 연속성 이론은 평생을 통해 누적된 경험을 중시하고 경험상 존재하는 핵심적인 특성이 이후의 삶에도 지속적으로 반영되어 나타남을 강조한다. 그래서 변화가 크게 생길지라도 변화에 대응하는 기제가 결국 경험의 변용으로 귀결될 가능성이 크다(이연숙·안소미·임수현, 2010).

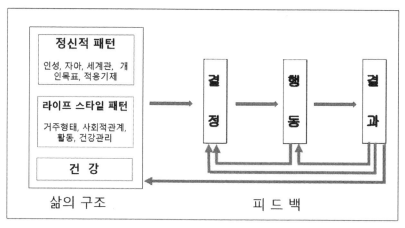

그림 III-1. 연속성 이론(이연숙, 안소미, 임수현, 2010, 재인용)

연속성 이론은 노인주거복지시설의 환경을 구성하면서 왜 노인들에게 익숙한 생활 경험을 비롯하여 주택과 거주 지역의 특성을 반영한 친숙한 디자인을 해야 하는지에 대한 설명을 제공해준다. 따라서 노인을 위한 주거 환경이 노인이 이전까지 살아온 생활 경험과 환경을 반영하여 변화된 환경 속에서도 지속될 수 있도록 해줄 때, AIP 실현이 가능해질 것이다.

6) 장소 애착 이론

장소 애착 이론은 노인과 환경 사이의 상호작용 관계에 초점을 맞춘 환경노년학에서 발전하였다. Rowles(1983)는 장소 애착을 특정 장소에 대한 감정적 유대인 동시에 긍정적인 감정 표현으로 정의하고, 노인의 정체성이 장소와 어떻게 연관되는지를 설명하였다.

　　인간은 평생 집을 옮겨 살아가면서 장소에 대한 애착을 발전시킨다. 오랜 기간 같은 지역사회에서 살아온 노인들은 환경에 대해 세 가지 유형의 애착을 유지한다. 첫째, 물리적 내면성으로 노인들은 오랜 시간 동안 자신의 일상적이고 고유한 생활 패턴을 지속하여 물리적 환경에 대해 친밀하고 친숙하며 통제 가능한 상태이다. 둘째, 사회적 내면성으로 지역사회의 사회 구조 안에서 지인들과 사회관계를 맺고 통합된 상태이다. 마지막으로 장소에 평생 축적해온 경험과 추억이 노인에게 정체성을 제공하는 자서전적 내면성이다. 한국 노인의 장소 애착은 물리적 측면에서는 장기 거주로 인한 익숙함, 지역에 대한 강한 애정, 집에 대한 만족감, 내 집이라는 생각 등으로 나타나며, 사회적 측면은 친밀한 인적 네트워크와 환경 변화에 대한 두려움, 자서전적 측면에서는 집에 얽힌 개인적 사연과 여생에 대한 체념으로 드러난다(권오정 외, 2014).

　　이러한 유형의 장소에 대한 애착심이 노인에게 남아 있기 때문에 과거의 주거 경험이 현재의 주거 환경에 영향을 미칠 수밖에 없다. 따라서 노인은 나이가 더 들어갈수록 주거 환경에 대한 장소 애착이 커져서 주거 장소를 옮기기가 쉽지 않다는 점을 통해 AIP의 어려움을 이해할 수 있다.

7) AIP에 대한 새로운 개념 모델

Rosenwohl-Mack 등(2020)은 AIP 경험에 관한 질적 연구들을 메타분석 하여 AIP에 대한 새로운 모델을 제시하였다. 이 모델에 따르면 AIP는 "익숙한 장소에서 살아가면서 얻은 '세 가지 주요한 경험'을 위협하는 상황과 대안을 선택할 수 있는 역량 간에 균형을 맞추는 능동적이고 역동적인 과정"으로 설명한다.

노인은 익숙한 장소에서 살아가면서 노인으로서의 정체성, 타인과의 연결성, 장소에 대한 감각과 같은 세 가지를 경험하는데, 이 경험들은 상호 연결되어 있다. 정체성은 익숙한 장소에서 나이가 들어감에 따라 독립성, 능력, 변화하는 사회적 역할에 지각하는 자신에 대한 감각과 관련한다. 연결성은 사회적인 접촉이나 사회적 상호작용을 통해 다른 사람과 연결되어 있다는 감각과 지역사회로부터 자신이 환영받는지 여부에 대한 느낌을 경험하는 것이다. 장소에 대한 감각은 집, 지역사회, 국가 차원에서 다양한 의미를 지닌다. 이 중에서 특히 집은 개인적인 물리적 공간으로서의 가치뿐만 아니라 사생활 유지와 자신의 삶에 대한 통제권을 의미하기도 하며, 같은 공간에서 오랜 시간 함께 살아온 사람들과 함께 느끼는 장소에 대한 친숙함과 연속성을 의미하기도 한다.

노인은 자신의 집에서 살면서 쌓아온 세 경험에 예기치 못한 위협을 당할 수 있다. 신체기능이나 인지기능이 감퇴하거나 일상적인 활동을 하기 위해 도움이 필요해지는 경우 노인의 정체성은 위협받을 수 있다. 그리고 가족이나 이웃과의 과도한 접촉이나 원치 않는 접촉 또는 차별이나 고립으로 인해 사회적 연결에 위협을 받을 수 있다. 또한 열악한 주택 환경이나 잠재적인 범죄와 차별에 노출되기도 하며, 삶의 질을 위협하는 공적 공간, 또는 교통수단의 부족이나 낮 동안 공동화되는 마을 등은 장소에 대한 경험을 위협한다.

노인은 이러한 위협에 대해 대처하고 일상생활의 여러 측면을 유지하기 위해 삶의 대안을 선택하게 된다. 즉 대안을 선택하는 역량은 각 개인이 사용할 수 있는 자원과 개인의 능력을 제한하는 장애 요인 간에 균형을 어떻게 맞추는가에 따라 좌우된다. 따라서 AIP는 그동안 쌓아온 정체성, 연결성, 장소에 대한 경험을 위협하는 상황과 대안을 선택할 수 있는 역량 간에 균형을 맞추는 능동적이고 역동적인 과정이다.

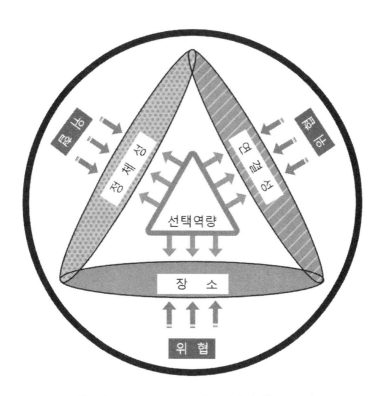

그림 III-2. Rosenwohl-Mack 등(2020)이 제시한 AIP 모델

5. 정말 Aging in Place가 실현 가능한가

세계 어느 나라든 다수의 노인이 살던 집이나 친숙한 지역에서 마지막까지 살고 싶어 한다. 2021년 미국 AARP의 설문조사에 따르면 50세 이상 인구의 77%가 가능한 한 현재 살고 있는 집에서 계속해서 살기를 선호하였고, 79%가 지역사회에 머물기를 원하였으며, 이러한 AIP 선호 경향은 나이가 많아질수록 더 증가하였다(Binette, 2021). 2020년 노인실태조사에서도 현재의 건강상태가 유지되는 조건이라면 '현재 집에서 계속 산다'라고 답한 응답자는 83.8%에 달하였으며, 56.5%는 건강이 악화하여 거동이 불편해지더라도 재가서비스를 받으면서라도 현재 사는 집에서 계속 살기를 희망하였다(이윤경 외, 2021). 읍면 거주 노인 중에서 현재의 집에서 계속 살기를 희망하는 비율이 87.8%로 동 거주 노인(82.6%)에 비해 높았으며, 거동이 불편할 때에도 현재 살고 있는 집에서 계속 거주하기를 희망하는 경우도 읍면 거주 노인(59.2%)이 동 거주 노인(55.7%)에 비해 더 높았다.

1) '춘천 노인 AIP 생활환경 조사'에서 나타난 AIP 선호

그렇다면 춘천 노인들은 여생을 어디서 보내고 싶을까? 2017년 춘천 노인을 대상으로 실시한 '춘천 노인 AIP 생활환경 조사' 중 '나는 죽을 때까지 지금 살고 있는 집에서 살고 싶다'와 '나는 죽을 때까지 지금 살고 있는 동네에서 살고 싶다'라는 2개 문항을 활용하여 AIP에 대한 선호도를 살펴보았다. 각 문항에 대해 '매우 그렇다'를 5점, '전혀 그렇지 않다'를 1점으로 하는 5점 척도로 조사하였다.

'나는 죽을 때까지 지금 살고 있는 집에서 살고 싶다'라는 문항에 대한 응답 분포를 살펴보면 '대체로 그렇다'와 '매우 그렇다'에 대한 응답 비율이 75.0%, '지금 살고 있는 동네에서 살고 싶다'라는 의사를 표현한 사람이 78.4%였다(그래프 III-1 참조). 5점 척도로 측정된 문항의 평균 점수를 계산하면 '나는 죽을 때까지 지금 살고 있는 집에서 살고 싶다' 문항은 3.96점(표준편차 0.93점), '죽을 때까지 지금 살고 있는 동네에서 살고 싶다' 문항은 4.07점(표준편차 0.89점)이었다(그래프 III-2 참조). 2020년 노인실태조사에 비해 춘천 노인의 AIP 선호 비율이 낮게 나온 것은 노인실태조사에서는 '예'와 '아니오'의 이분법으로 응답한 반면, '춘천 노인 AIP 생활환경 조사'에서는 동의 정도를 5점 척도로 구분하여 '대체로 그렇다'와 '매우 그렇다'의 적극적인 표현만을 AIP를 선호하는 것으로 구분하였기 때문이다.

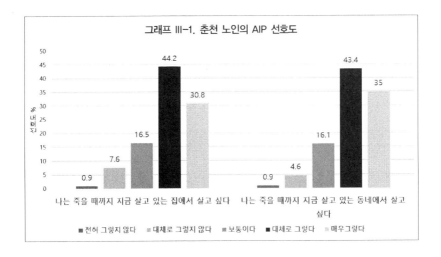

그래프 III-1. 춘천 노인의 AIP 선호도

춘천은 도농복합도시로 읍면 거주 노인과 동 거주 노인 간에 AIP에 대한 욕구의 차이를 살펴볼 필요가 있다. '지금 살고 있는 집에서 죽을 때까지 살고 싶다'와 '지금 살고 있는 동네에서 죽을 때까지 살고 싶다' 두 문항 모두 읍면 거주 노인이 4.07점과 4.30점으로 동 거주 노인(3.92점, 3.99점)에 비해 더 강하였다(t=2.21, p<.05; t=5.037, p<.001; 그래프 III-2 참조).

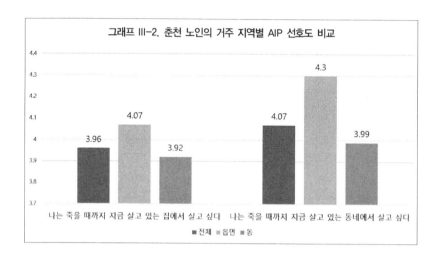

'2016년 춘천 노인 AIP 생활환경 심층면접 조사'에서도 춘천 거주 노인의 목소리를 통해 AIP를 강하게 선호함을 알 수 있었다.

난 이사 가는 건 몰라. 내 집이 있는데 어딜 가. (가-9)

이제 나이가 드니까 집에 애착이 가지. (가-5)

이제는 정이 들으니까 다른 데 가봐야 낯설잖아요. (가-34)

오래 살았으니까 멀리 가고 싶지는 않아요. 그 동네가 정이 들었으니까. (가-2)

뭐 내 고향이고, 특별히 다른 데는 내가 살아가야 할 어떤 거는 이유

도 없고... (중략) 외곽 가서 하루 이틀 정도 사는 건 괜찮지만 거기서
계속 생활한다는 건 불편한 일이니까... (가-22)

이들은 오래도록 지금까지 살아온 내 집과 동네에 정이 들었고 애착
이 간다고 표현하면서, 지금 살고 있는 고향에서 죽을 때까지 살겠다는
의지를 보인다. 그리고 지금 살고 있는 곳을 벗어나서 다른 곳에 가게 되
면 이웃 간에 아는 사람도 없어서 동네도 낯설고 불편하여 적응이 어렵
기 때문에 이사할 생각을 전혀 하지 않는다고 이야기한다.

특히, 읍면 거주 노인들이 현재 살고 있는 곳을 떠나기 싫은 이유는
'내 일(농사)이 있고', '서울(도시)과 달리 동네 사람들과 알고 지내는 친밀함'
때문으로 인터뷰 내용에서 드러난다.

이사 갈 일은 없어. 여기서 살다 인제 일 못 하게 되면 그저 하룻저
녁에 째가닥 하고... (가-48)

여기서 끝나는 거예요... (중략) 서울 같은 데는 옆에도 모르잖아? 근
데 여긴 몇백 호를 다 아니깐, 다 알고 서로 아래위 인사하고 그렇게
살잖아. 근데 거길 떠나고 싶겠어요? (가-33)

갈 데도 없지만 저 뭐야 책임감을 가지고 있기 때문에 나갈 수가 없지.
(가-27)

죽을 때까진 여 살아야지. 산천리. 우리는 전부 다 아들이고 딸이고
뭐 저 우리 모두 내외고 다 자리 잡아 사니까, 죽을 때까정 그 자리
에서 죽는 거지 뭐. (중략) 내 농사고, 내 터고 그러니까, 내 집이고
그러니까. 갈 데도 없고. 우리 방 같지 뭐, 땅도 뭐 이 동네에 있고
하니까... (가-11)

읍면에 거주하는 노인들이 현재 살고 있는 곳을 떠나기 싫은 이유는 자신의 삶을 영위할 수 있는 물리적 환경과 익숙한 이웃을 통해 자신이 원하는 형태의 삶이나 행동이 가능하기 때문이다. 그리고 농촌에서 거주하는 노인들은 나이가 들어가면서 신체 능력이 감퇴하지만 젊은 시절부터 해오던 농사를 계속함으로써 자녀에게 의존하지 않고 자립적인 삶을 유지할 수 있기 때문이다(이승훈, 2017).

2) 'Stuck in Place'의 가능성

춘천 노인이 현재 살고 있는 집과 동네에서 계속 살고자 하는 AIP 선호 경향은 설문조사와 심층면접에서 드러난다. 그렇다면 현재 살고 있는 집과 동네가 노인이 살기에 충분히 편하고 안전하고 쾌적한가? 이에 대한 대답을 "에이~~ 이사는 절대 안 가요. 안 가요 이사... 불편하면 불편한 대로 살아갈 생각을 해야지"(가-33)와 같은 이야기 속에서 찾을 수 있는데, 노인들은 오랜 기간 살고 있는 주택의 불편함과 고통을 감수하면서 살고 있다. 이러한 모습을 진정한 의미의 AIP 상태라고 볼 수 있을까?

다른 곳으로 이주할 수가 없어서 어쩔 수 없이 살고 있는 곳에 계속 머물 수밖에 없는 상태를 **Stuck in Place**라고 한다(Erickson · Call · Brown, 2012). 노인이 살고 있는 집이나 동네에 대해 애착심이 강하고, 집과 지역 환경에 대해 만족하여 자발적으로 그곳에서 살기를 결정하는 경우, AIP에 가깝다고 할 수 있다. 그러나 집이나 지역 환경에 대해 만족하지 못하면서도 떠나지 않고 사는 경우에는 Stuck in Place에 해당한다.

권오정 등(2014)은 노인은 친숙한 환경에서 안정감을 느끼므로 오래 살던 곳을 떠나기를 꺼리고, 주택이 불편하고 오래되었더라도 본인이 소유한 집에서 사는 것이 안정적이며, 새로운 환경에 적응하는 것이 두려울 뿐만 아니라 더 이상 삶에 대한 기대가 없고 어딜 가더라도 현재보다 더 나아질 것이 없다고 생각하기 때문에 지금 살고 있는 곳에서 계속 살기를 원한다고 밝힌다. 한편, 이한나와 김승희(2017)는 강원도 노인의 주거환경에 대한 평가가 만성적으로 불만족 상태임에도 불구하고, 노인의 과반이 만성적 불만족을 수용한 상태로 거주하고 있으며, 주거상황의 변화나 적응 또한 어려운 현실임을 보고한다. 춘천 노인의 인터뷰 내용을 들여다보면 Stuck in Place 가능성이 큼을 확인할 수 있다.

> 이사 안 가, 젊었으면 그런데... 나이가 이제 80이 넘었으니까 이사 가고 싶지도 않고 그냥 사는 데까지 사는 거야. (가-44)

> 죽는 날까지 살아야지. 그냥, 노인네도 팔십이 넘으셨고 나도 내년에 팔십이고, 그니까 계획이라는 거는 없어. (가-15)

> 아이고 말도 못 해요. 다 헐었어요 집이. 지금 천장도 다 내려앉고 그랬어요. (중략) 그래도 할 수 없지... 그래도 내 집이 편안하니까... 그냥 그 집에 있지... 마음이 편안하니깐... (가-25)

> 화장실도 불편하고... 그런데 누가 잔소리하는 사람이 없어요. (가-45)

일부 춘천 노인들은 집 천장이 내려앉는 등 주택 노후화가 심하여 불편하게 살고 있을지라도 이미 나이를 먹을 대로 먹어서 더 이상 이사하고 싶지 않아 했으며, 내 집이 열악한 상태일지라도 내 집이라 편안하므로 계속 살 것이라고 이야기하였다.

형편이 넉넉하면 이런저런 생각도 해보겠는데... 팍팍한 생활을 하다 보니까 여기가 내 집이지 하면서 살아요. (가-40)

이 내부가. 내부가 낡아 가지고 그 수리를 해야 되나 그러는데 쉽지 않거든요. 돈도 일이백도 아니고 천만 원이 넘게 들어가는 돈인데. ... (중략) 어뜨케든 살아야지. (가-25)

집만 무너지지 않으면은 그냥 살자 했는데.. 어디 갈래도 못 가죠. 그 돈 갖고 어디가 전세도 못 얻어요. 한다 해도... 계속 살아야지. (가-2)

그거를 팔고 아파트로 간다 해도 우린 나이 먹어 가지고 관리비 낼 돈이 안 돼, 그런 게 부담이 되니까 못 가고 그냥 사는 거지. (가-20)

아니 뭐 없으니까 계속 살아야지. 어디 갈 수가 없어. 팔아도 어디 좋은데 못 가. (중략) 못가지 갈 저게 되어야 가지. 내가 어디 갈라면 돈을 많이 써서 이사를 가야 되는데 이거 돈도 없는데 어딜 가. 여기 해강 팔아서 시내도 못 가, 시내 조그만한 집도 못 사. (가-32)

노인들은 낡고 오래된 집을 수리할 정도로 경제적 여력이 충분하지 않아 수리하지 못한 채 불편함을 감수하면서 계속 살고 있다. 또는 더 나은 조건의 집이나 방을 얻을 전세금이나 월세금 또는 관리비 등을 감당할 경제적 형편이 되지 못하여 이사도 하지 못한 채 계속 현재의 집에서 머물러 살고 있음을 밝히기도 하였다. 백옥미(2016)도 "불편한 점이 있어도 돈이 없어. 여기밖에 선택의 여지가 없으니 살 수밖에... 다른 곳으로 이사 갈 형편도 안 되고 해서 그냥 쭉 살고 있는 거지. 좋은 실버타운 같은 데 가고도 싶지만 그럴려면 돈이 많이 들잖아?"(참여자 4-3)라는 노인의 말을 통해 살던 곳에서 계속 거주하는 노인들은 돈이 없어 이사할 엄두를 내지 못하고 불편해도 계속 살고 있음을 이야기한다.

춘천 노인의 삶은 겉으로는 오랫동안 살아온 곳에서 노후를 보내는 AIP로 보이지만, 실상은 자녀에게 의존하기 싫어서 이주하지 못하거나, 불량한 주거 환경이지만 심리적 여유나 경제적 여력이 부족하여 다른 동네로 이사하거나 주택을 개조하는 것과 같은 변화를 시도하지 못한 채, 살던 곳에 그대로 체념한 상태로 머물러 살면서 고립되어 살아가는 AIP의 부정적인 측면이 보인다(Sixsmith · Sixsmith, 2008). 결국 장소의 연속성만 강조된 AIP는 온전한 의미의 AIP라기보다는 Stuck in Place라고 할 수 있다.

결론적으로 AIP가 노인이 원하는 삶이라고 할지라도, 어쩔 수 없는 사정으로 살던 곳에서 계속 거주하거나, 노인의 자발적인 선택으로 살던 곳에 계속 거주하더라도 객관적인 주거 환경이 적절하지 않다면 진정한 AIP라고 보기 어렵다. 따라서 진정한 AIP는 노인의 자발적인 선택과 함께 적절한 요인들이 갖추어져야 실현 가능함을 유념해야 한다.

6. AIP을 실현하기 위해 무엇이 갖춰져야 하는가

1) AIP 실현을 위한 요인들

춘천 거주 노인이 AIP의 욕구가 큰 반면에 Stuck in Place의 가능성도 큼을 발견하였다. AIP에 대한 선호가 강함에도 불구하고 노인이 자신의 집이나 동네에서 노년기를 보내기 어려운 이유는 무엇일까? 노인의 건강상태 악화, 주택을 유지하고 관리하기에 충분하지 못한 경제력, 불량하고 열악한 주택 여건, 안전하지 못한 지역사회 환경, 일상생활에 필요한 서비스 부재, 그리고 노인의 사회관계 유지와 사회활동을 막는 사회적 편견과 차별 등 다양한 장애 요인이 존재한다. 그렇다면 AIP를 실현하기 위해서 어떠한 장애 요인을 제거해야 하며 어떤 요인을 갖추어야 할까? 이 질문에 관해 선행연구들은 다양하게 해답을 제시한다.

선행연구들을 살펴보면, AIP의 중요 요인으로 주거 환경을 많이 언급한다. 민소영 등(2021)은 익숙한 거주지에서 만족하며 계속하게 살기 위해서는 일정한 기준을 충족하는 주거 환경과 돌봄 서비스가 필요조건이라고 밝히고, 이선영과 박상희(2020)는 외부공간과 건물과 같은 물리적 조건을, 그리고 이경욱(2021)은 편리한 집을 위한 주거와 공유 공간을 위한 지원, 다양한 이동 수단의 편이성 지원, 지지 체계의 강화가 AIP를 위해 필요함을 제언한다. 신서우와 민소영(2020)은 주택 환경, 지역사회 환경, 이웃 환경, 지역 서비스 접근성과 같은 거주 환경에 대한 만족도가 높을수록 살아온 지역사회에서 계속해서 살고 싶어 함을 보고한다.

해외 선행연구에서는 Dye 등(2011)이 농촌 노인들의 AIP 실현을 위해서는 자립과 기능적으로 독립적인 상태, 의료서비스 접근성, 건강 유지와 만성질환 관리, 도구적 지원을 비롯하여 정보 지원, 재정관리를 위한 지원 등의 사회적 지지, 독립적으로 살고 사회적 연계를 유지하기 위한 교통편의 등이 제공되어야 함을 보고한다. Grimmer 등(2015)은 AIP 성공 요인으로 HIPFACTS 8개 요인을 제시한다. HIPFACTS 중 첫 번째는 건강을 유지하기 위해 자기관리를 위한 지원과 필요한 경우 보건전문가로부터 지원 받을 수 있으며(Health), 둘째, 필요한 정보를 적시에 접근할 수 있어야 하는데, 온라인이나 면대면 등의 개인에게 가장 적합한 방법으로 얻을 수 있어야 한다(Information service). 셋째, 서비스나 지원이 대상에 맞게, 시의 적절하게, 적절한 비용으로 실질적으로 제공되어야 하며, 자기 주도적으로 서비스를 이용할 수 있어야 한다(Practical supports). 넷째, 경제적 능력과 관련된 것으로 생계유지를 위한 정부보조금 제도나 노인 대상 할인제도 등이 가능해야 한다(Finance). 다섯째, 신체활동과 정신활동을 유지해야 한다(Activity). 여섯째, 가족, 이웃, 지역공동체 및 애완동물 등과의 사회적 교류가 중요하며 사회활동을 선택할 권리가 보장되어야 한다(Company). 일곱째, 교통수단은 저렴하고, 안전하여야 하며 접근성이 커야 한다(Transport). 마지막으로 개인, 주택, 환경의 안전과 보안이 보장되어야 한다(Safety). 또한 Bigonnesse와 Chaudhury(2020)는 AIP를 다룬 문헌들을 종합하여 개인의 경험과 특성, 주택과 이웃 환경, 사회적 지지, 지역사회 기반의 서비스 및 이동 편의가 AIP에 영향을 미치는 요인임을 밝힌다.

이상에서 살펴본 국내외 선행연구들을 통해 AIP 실현을 위해서는 적정한 주거 환경 속에서 필요한 돌봄을 받을 수 있는 노인 생활 지원체계가 구축되어야 함을 알 수 있다. 그리고 언급된 요인들을 살펴보면 크게 노인 개인적인 특성, 물리적 환경 요인, 사회적 환경 요인으로 구분된다. 이 요인들은 상호 밀접하게 관련을 맺으며, 노화가 진행되는 노년기 전반에 걸쳐 AIP 실현에 기여한다. 이러한 노년기의 AIP와 AIP 요인 간의 관계를 그림으로 제시하면 아래와 같다.

그림 III-3. 노년기 Aging in Place와 관련 요인 간의 관계

2) 개인적 특성

선행연구들을 살펴보면, 개인적인 특성으로 건강상태, 재정상태, 정보 활
용 능력, 현 주거지에 대한 만족 등이 언급된다. 노인은 자신이 살아온
주택이나 지역사회 안에서 지속해서 거주하며 자립적으로 살기 위해서는
일상적인 활동을 할 수 있는 건강상태가 요구되며, 청소, 설거지, 세탁,
쓰레기 버리기, 정원과 같은 야외 작업 등의 집을 유지할 수 있는 작업능
력을 비롯하여 주택을 유지·관리하기 위해 필요한 재산세 및 가재도구
마련을 위한 비용 등을 감당할 수 있는 재정 상태를 갖추어야 한다
(Fausset, 2011; Sabia, 2008). 그리고 자립적인 삶에 필요한 일상생활 정보나
지역사회 서비스 정보를 습득하고 활용할 수 있는 능력도 요구된다
(Grimmer et al., 2015; Dye, Willoughby, Battisto, 2011; 김선자, 2009). 또한 현재의 거주

지에 대해 만족하는 심리상태로 노인이 지니는 주거지와 관련된 자아정체감이 중요하다. 주거는 삶의 근간이 됨과 동시에 삶과 경험을 축적하는 장소로 노인들은 주거를 통해서 자아를 표출하고, 자신을 드러내면서 독특한 자아정체성을 형성해나가기 때문이다(박정훈·유재우, 2011).

3) 물리적 환경: 주택 환경과 지역사회 환경

AIP는 개인과 개인을 둘러싼 환경과의 상호작용에 영향을 받으므로 물리적 환경과 사회적 환경이 중요하다. 물리적 환경은 노인이 일상생활을 영위하는 주택 환경과 지역사회 환경의 물리적 여건이나 조건을 말한다.

노인이 독립적으로 살아가기 위해서는 주택 안에서 다양한 일상 활동을 유지할 수 있어야 한다. 그런데 노인은 나이가 들수록 퇴행성 질환의 진행, 감각기관의 기능 쇠퇴, 운동기능의 저하 등으로 인하여 활동 영역이 제한되고 이동 범위가 축소되어 집 안에서 머무는 시간이 길어진다. 노인이 자신의 주택에서 계속 생활하고 싶어도 노후화된 주택은 노인의 변화를 수용하기 어려운 구조이거나 안전사고의 위험이 크고, 낡고 협소하며, 채광, 통풍, 소음 등으로 열악한 경우도 많다(이광수·박수빈, 2009). 따라서 노화로 인해 신체적 의존성이 커지더라도 자신의 집에서 자립적인 생활이 가능하도록 주택 개선과 개조(서보람·김선미·허용창, 2022; 권오정·김서연·이용민, 2021)가 이루어져야 하고, 유니버설 디자인을 적용한 고령친화적인 주택을 비롯하여 서비스 지원 주택 등(김유진·박순미·박소정, 2019; 홍이경·주서령·이성욱, 2022) 다양한 대안이 제시되어야 한다.

노인이 집 안에만 고립되지 않고 이웃 사람들과 자유롭게 교제하는 것은 물론 지역사회 모임이나 활동 등에 적극적으로 참여할 수 있는 지역사회 환경이 갖추어질 때 AIP 실현이 가능하다(Kahana, et al., 2003; Weich, et al., 2002; 김태일, 2009). 노인이 지역사회 구성원으로 자립적으로 안전하고 활동적으로 살기 위해서는 안전한 보행과 범죄나 재난으로부터 안전한 환경이 마련되어야 하며, 의료보건, 재가복지, 여가문화, 행정편의와 교통편의를 비롯한 일상생활편의 서비스 등이 근린생활권 안에서 적절하게 제공되어야 한다(전성민·권순정, 2009). 특히, 시설에 집단으로 거주하기보다는 정든 지역사회에서 계속해서 살기를 원하는 노인의 AIP를 가능하게 하기 위해서는 재가복지서비스의 공급이 충분해야 한다(Sheffield·Smith·Becker, 2013).

그런데 중요한 점 하나는 주택과 지역사회 환경의 물리적인 여건이 개선될지라도 변화된 물리적 환경에 노인이 적응하지 못한다면 AIP는 불가능하다는 점이다(Iecovich, 2014). 그러므로 주택과 지역사회 환경은 노인의 시각에서 노인의 역량으로 감당이 가능한 수준에서 갖추어져야 한다.

4) 사회 환경

노인의 생활환경을 다룬 다수의 선행연구는 노인의 신체와 심리적 특성을 고려한 주택 개조에 주로 관심을 집중하여 노인의 사회관계와 사회참여 등을 촉진하는 사회 환경을 미처 다루지 않는 경우가 있다. 그런데 AIP 실현을 위해서는 주택과 지역사회의 물리적 여건을 기반으로 한 사회 환경이 중요하다. 예를 들어, 대중교통의 접근성이나 보행 환경의 안전성이 확보되어야 친구나 이웃과의 교류가 늘어나고 다양한 상호작용이 증가하므로(Jun · Hur, 2015; Hong et al., 2018; 정재연 · 김은표 · 남석인, 2021) 지역사회 환경과 사회관계 간의 상호 관련성을 간과해서는 안 된다.

AIP는 자신의 집에서 독립적으로 생활하는 것뿐만 아니라 기존에 알던 사람의 관계를 지속하며 사회적 유대감을 느끼고 사회에 통합되는 것까지를 포함한다(Grimmer, et al., 2015). AIP가 자신의 집에서 그대로 살아가는 것에 국한될 경우 독립과 자유 등은 보장되지만 외로움, 무력감, 지루함 등의 심리적 고통이 수반될 수 있으므로, 사회적 역할, 사회관계, 생활양식이 연속성을 가지고 이어져야 바람직하다(우국희, 2017). 그래서 노인은 건강상태와 경제적 상황이 악화되더라도 자녀와 동거하기 위해 이주하기보다는 오히려 친구와의 관계나 사회관계를 유지하기 위해 현재 거주하는 지역에서 최대한 오랫동안 거주하기를 원하곤 한다(권현주 · 이수진 · 이연숙, 2008; 권오정 외, 2014; 박준범 · 마강래, 2020). 그리고 노인의 자발적인 사회참여는 노인을 지역사회의 주변인이 아닌 주체가 되게 함으로써 건강을 유지함은 물론 사회적 소외를 극복하고 자아실현을 가능하게 하여 삶의 만족도를 높인다. 예를 들어 투표 참여를 비롯하여 다양한 시민활동이나 자원봉사활동에 노인들이 자발적으로 참여할 수 있는 사회 분위기가 조성되어 노인이 지역사회에 연대감을 느낄 수 있어야 한다(Baily, 2007).

AIP 개념이 등장한 초기에는 주택과 지역사회의 물리적 환경 개선에 관심이 집중되었으나, 최근의 정책은 살던 지역사회에서 서비스를 지속해서 이용하는 것까지 확장하고 있다(Partners for Living Communities, 2013). 그런데 Vogt, Allen, Cordes(2003)는 지역사회 서비스의 객관적인 질보다도 친밀성, 신뢰, 사회적 지지 등 지역사회에 대한 주관적인 인식이 그 지역에서 계속 살아갈지를 결정하는 중요한 요소임을 밝힌다. 이는 물리적인 지역사회 환경도 중요하지만, 사회적 신뢰를 기반으로 한 사회적 자본이 지속적인 거주 여부를 결정하는 중요 요인임을 의미한다(이경영·정문기·정예은, 2018).

7. 마무리하면서

급속한 고령화로 인해 노인이 누구와 어디서 어떻게 살 것인가 하는 문제가 우리 사회에 매우 중요하게 다루어지고 있다. AIP는 노인이 친숙한 장소에서 가능한 한 오랫동안 적절한 도움과 지원을 받으면서 삶의 가치, 자율성, 존엄성을 유지하며 자립적으로 살아가는 과정이라고 할 수 있다.

AIP는 학계에서 주장하는 하나의 이상적인 개념일 수 있다(Beggs·Villemez·Arnold, 1997). 왜냐하면 여러 가지 이유로 인해 AIP를 현실 세계의 다양한 노인에게 엄격하게 적용하여 주거의 연속성을 보장하기 어려운 경우가 많으며, 노인의 AIP 실현을 위해 요구되는 여러 요인을 고려하여 필요한 지원 체계를 완벽하게 구축하는 것이 쉽지 않기 때문이다.

AIP를 실현하기 위해서는 노인의 개인 특성, 주택 환경과 지역사회 환경과 같은 물리적 여건, 그리고 사회관계와 사회참여 및 지역사회 서비스를 보장하는 사회 환경과 같은 요인들이 갖추어져야 하며, 이러한 요인들이 상호 밀접하게 연관되어 있음에 주목해야 한다. 따라서 이러한 요인들을 다루는 노년사회학, 사회복지학, 지리학, 건축학, 도시공학, 주거학, 환경학 등의 관련 학문과 전문 분야가 협력하여 통합적으로 접근함으로써 AIP 실현 가능성을 키워야 한다.

그리고 노인의 AIP 욕구와 여건은 노인의 일상생활 기능 수준, 생애 주기의 단계, 사회 문화적 환경의 변화, 지역사회 서비스와 제도를 이용하는 노인의 경험, 미래 기술의 발전 등에 따라 달라질 수 있다. 그러므로 AIP 주체인 노인의 역량과 관점에서 관련 요인들을 세밀하게 고려하여 AIP 환경을 구축해 나가야 할 것이다.

IV

'좋은 나이 듦'의 사회적 조건들

1. 들어가며

이번 장에서 다루고자 하는 것은, 좋은 AIP를 위해서 필요한 사회적 차원의 지원은 무엇인가 하는 물음이다. 나이가 들고 노인이 되는 것을 상실과 쇠퇴로 인식하는 경향이 있다. 몸이 무거워지고 활동량이 줄어들면서 다른 사람들과의 관계나 사회활동이 위축된다고 보기 때문이다. 이는 생물학적으로 자연스러운 현상으로 이해된다. 하지만 불편함이나 장애는 개인의 속성이나 능력으로 환원될 수 없다. 그것은 개인과 그를 둘러싼 외부환경과의 관계 속에서 이해되어야 한다(Bartky, 2002: 105-106). 보기를 들어, 우리는 "낮은 의자에서 몸을 빼내려고 애쓰는 노인을 볼 때면", 다리 근육이 약하거나 균형 감각이 망가져서 그렇다고 쉽게 짐작하는 경향이 있다. 노인들의 생물학적인 기능의 쇠퇴 탓으로 여기는 것이다. 하지만 노인에게 의자가 너무 낮거나 몸을 의자에 너무 깊숙이 넣어 앉은 실수 때문일 수도 있다. 의자를 노인의 몸에 맞도록 제작한다면, 즉 외부환경을 조정한다면, 이는 노인에게 전혀 문제가 되거나 불편한 상황이 안된다. 변화된 몸의 기능에 맞는 의자는 노인이 자기 몸의 상실이라고 느끼는 것의 많은 부분을 상쇄할 수 있다. 노인들은 자기 자신이 초래하지도 통제할 수도 없는 수많은 상황에 대하여 대부분 자기 자신을 탓하는 것이다(Applewhite, 2016: 33). 그런 의미에서 노인들의 불편함과 장애는 '생물학적인 것'이 아니라 '사회적인 것'이라 할 수 있다. 조르조 아감벤(Agamben, 2008)의 '벌거벗은 생명'이 사회적으로 보호받는 삶이 아니라, 오직 생물학적 생존으로서의 삶만을 의미하는 것이라면, 노인들이야말로 우리 시대의 '벌거벗은 생명'이라고 할 수 있을 것이다.

'좋은 나이 듦'이란 육체 기능의 쇠퇴를 인정하고 주어진 환경에 수동적으로 적응하며 살아가는 것이 아니다. 그것은 타인과의 소통과 사회활동에 적극적이고 활발하게 참여할 수 있을 때 가능해진다. '좋은 나이 듦'을 위한 사회적 조건은 노인들의 생물학적인 한계들을 보완할 수 있는, 사회적 차원의 지원 방안을 모색하는 것이라 할 수 있다. 이로부터 노인들이 자긍심과 자부심을 느끼고 활력 있게 살아가는, '좋은 나이 듦'이 가능해진다. 이 글은 그러한 조건 가운데 하나가 AIP임을 주장한다. 노인들이 안전감과 편안함을 느끼며, 사회에 기여할 수 있는 자신의 역량을 발휘하기 위해서는 익숙하고 편안한 장소와 사람들이 필요하기 때문이다. '좋은 나이 듦'을 위한 사회적 조건은 AIP를 가능하게 하는 조건과 다르지 않다.

이 글은 다음과 같은 순서로 구성된다. 먼저 노인이 되면서 잃어가는 것이 무엇인지를 이론적으로 논의하고, 이어서 노인들이 잃게 되는 것들을 보완할 수 있는 구체적인 방안을 AIP의 관점에서 살펴보고자 한다.

AIP를 통한 '좋은 나이 듦'은 크게 두 가지 차원으로 구분해서 접근할 수 있다. 하나는 '나이 듦'(Aging)의 차원이고, 다른 하나는 '좋은 장소'(Place)의 차원이다. '나이 듦'에서는 육체적 변화에도 불구하고 건강하고 행복하게 나이가 들어갈 수 있는 삶의 방식들이 무엇인지를 살펴볼 것이고, '좋은 장소' 차원에서는 편안할 뿐 아니라 노인들의 적극적인 활동을 지원할 수 있는 공간은 어떤 곳인지를 논의하게 될 것이다. 아래에서 인용되는 인터뷰들은 65세 이상 춘천 지역 노인들을 대상으로 2016년과 2021년 두 차례에 걸쳐 실시한 심층 인터뷰 자료에서 따온 것이다.[4]

2. 노인이 된다는 것

노인이 된다는 것은 생애 과정에서 일정한 변화를 겪게 되는 것이다. 이 변화는 이전의 활동과 관계의 많은 부분이 축소된다는 점에서, 단순한 변화가 아니라 상실로 경험하게 된다. 보통 노인들이 겪게 되는 상실은 크게 다섯 가지로 구분하여 설명할 수 있다(Améry, 2014).

1) 자기 몸으로부터 소외

노인이 된다는 것을 두려워하거나 부정적으로 생각하는 이유 가운데 하

---

4) 심층 인터뷰에 대한 자세한 내용은 이 책의 2장 '조사 방법과 조사 내용'을 참고할 것.

나는 자신의 몸이 예전과 달리 뜻대로 움직이지 못한다는 데 있을 것이다. 더 이상 무거운 것을 들어 올릴 수도 없고, 높은 곳에 빨리 오르지도 못한다. 과거에는 세상과 자신을 이어주는 매개였던 몸이 이제는 더 이상 그 역할을 해주지 못한다고 느끼는 것이다. 몸의 쇠퇴는 당연하게 여겨지는 노인들의 특징이자, 사회로부터의 배제를 정당화하는 논리가 된다.

노화는 젊은 시절 당연하다고 여겼던 것들이 돌연 낯선 것으로 나타나는 현상이다. 이는 "내가 '나 아닌 나'가 되는 깊은 충격"(Améry, 2014: 61)이다. 그 충격은 자기 몸에서 가장 먼저 나타난다. 익숙한 자기 몸이 낯설게 느껴진다는 점에서 '자기 몸으로부터의 소외'라고 할 수 있다. "오랜 세월 지녀온 젊은 나와 거울에 비친 늙어가는 나 사이의 불일치"(Améry, 2014: 65)는 자신의 정체성과 자존감을 유지하는 것과 깊은 관련이 있다. 물론 자신의 몸으로부터 소외가 단순히 달라진 겉모습에서만 기인하는 것은 아니다. 젊은 시절 당연하게만 여겨왔던 몸의 기능을 잃어버리게 되면, 몸은 더 이상 세계에 자기 자신을 드러낼 수 있게 해주던 매개가 아니게 된다. 오히려 몸은 세계를 향해 나아가는 데 장애물이 된다. 가쁜 숨결, 아픈 다리와 관절, 보이지 않는 눈 등으로 인해 몸은 이제 자신에게 '감옥'이 되는 것이다(Améry, 2014: 70).

하지만 노화와 죽음은 모든 사람이 같은 모습으로 경험하는 것이 아니다. 생애의 모든 단계와 마찬가지로, 노인으로의 변화에는 "성별, 계급, 각자가 살아 낸 시대, 각자의 가치관, 성격, 건강상태, 생애 경험 등이" 다양하게 연관되어 있다(최현숙, 2021: 371). 그런 의미에서 노인들이 겪는 상실은 생물학적인 것이 아니라, 사회적인 것이다. Silver와 Wendell이 말했듯이, '장애'란 물리적인 한계를 가진 사람들이 일상생활을 영위해나갈 수 있도록 만들어진 외부환경과의 관계 속에서 이해되어야 한다(Bartky, 2002:

105-106). 노인들이 활발하게 살아갈 수 있는 환경을 조성하고 사회적 지원을 한다면, 노인들은 많은 부분 자기 몸의 한계를 넘어설 수 있게 된다.

　　노인의 신체적인 변화는 어쩔 수 없이 받아들여야 하는 장애가 아니다. 외부의 환경이 변화된 몸을 뒷받침하지 못할 때, 그런 경우에만 노인의 몸은 장애이자 감옥이 되는 것이다. '좋은 AIP'란 노인들 몸의 상실을 뒷받침할 수 있는 외부환경을 조성하는 것과 관련 있다.

2) 사회관계의 상실

노인이 된다는 것은 관계의 폭이 좁아지는 것을 뜻한다. 인간이 사회적 동물이라는 말은 다양한 의미로 해석될 수 있겠지만, 사람은 사회관계를 통해서 비로소 사람이 될 수 있음을 뜻하기도 한다. 김현경은 사람과 인간은 서로 다르다고 말한다. "사람임은 일종의 자격이며 타인의 인정을 필요로 한다"는 것이다. 어떤 개인이 "사람이 되기 위해서는 사회 안으로 들어가야 한다". 사회 안의 타자가 그의 이름을 불러주며, 그의 자리를 만들어주어야 비로소 사람으로서 살아갈 수 있다는 것이다(김현경, 2016: 31).

　　그런 의미에서 노인이 되면서 사회관계가 점차 축소되고 상실된다는 것은 사회 안에서 '비가시적 존재'가 된다는 것에 다름 아니다. 타자의 시선에 드러나고, 그들의 인정을 받는 것은 사회의 구성원으로서 존재감을 확인하는 매우 중요한 방식이다. 사회관계의 상실로 인한 고독감은 자신에 대한 그런 존재감을 위협하게 된다.

　　사회적 존재로 인정받기 위해 필요로 하는 타자는 크게 세 가지 차원으로 구분할 수 있다. 첫째는 과거부터 직접적인 상호작용을 통해서 형성된 '의미 있는 타자들'이 있다. 가족, 친구, 중요한 이웃이 그들이다. 보통 친밀한 사람과의 관계와 물리적 접촉은 아이들의 성장과 발달에서 있어 매우 중요한 요소라고 지적되곤 한다. 하지만 이는 성인이나 노인에게도 해당하는 이야기이다. 아이들에게만큼 직접적인 결과를 끼치는 것은 아니지만, 여전히 성인(노인)에게도 타자들과의 관계와 물리적 접촉은 자존감의 유지와 발달에 중요한 요소라고 할 수 있을 것이다(Bartky, 2002: 102). "정말 소중한 몇몇 사람에게 중요한 시간을 투자하는 것이 나이 듦의 질을 결정하는 요소"이기 때문이다(Applewhite, 2016: 271).

둘째, 직접적인 접촉은 없지만, 보통 사람들의 시선도 타자의 범주에 포함될 수 있다. 자기 자신을 의미 있는 존재로 바라보는 낯선/보통 사람들의 시선 또한 자신의 존재감과 자존감을 유지하는 데 매우 중요한 요소라고 지적된다. 외모나 복장에 대한 관심과 언급, 활동과 업적에 대한 가벼운 칭찬 등도 타인의 시선에 해당된다. 사소하고 작은 이런 시선의 주고받음 속에서 자신이 사회 속의 의미 있는 구성원임을 확인하게 되는 것이다(Bartky, 2002: 104). Bartky는 젊은 시절 자신에게 보였던 사람들의 친절과 관심이 사라진 것을 노인으로서 겪게 되는 큰 상실감 가운데 하나로 지적한다. 그런 의미에서 깊지 않은 옅은 관계의 사람이라고 할지라도, 사소한 인사나 소통을 할 수 있는 '아는 사람들' 역시 노인들에게 매우 중요한 존재라 할 수 있다. 특별한 상호작용이 없더라도, 아는 사람들이 있는 '살던 곳'이 노인들에게 중요한 환경이 될 수 있는 이유이다.

셋째, 자신이 속한 범주/집단에 대한 사회의 평판 역시 중요한 타자 가운데 하나라고 할 수 있을 것이다. 노인에 대한 부정적이거나 수동적인 사회 인식은 노인들의 자존감에 중요한 영향을 미치는 요인 가운데 하나이다. 그런 의미에서 보자면, 노인을 젊은이들이 짊어져야 할 부담으로 묘사하거나, 노인에 대한 혐오 표현 등이 증가하는 것은, 현재 한국 사회에서 노인들의 사회관계가 상실되는 하나의 지표라고 할 수 있을 것이다.

이처럼 노인의 사회적 상호작용, 주변 사람들의 시선, 그리고 사회평판 등은 '좋은 나이 듦'을 위해서 요구되는 요소라고 할 수 있다.

3) 세계로부터 소외

노인이 되면서 느끼게 되는 상실감의 세 번째는 세계로부터 소외된다고 느끼는 것이다. 몸이 자유로운 사람의 관심은 자기 자신을 넘어서 일과 세계로 확장된다. 장 아메리의 표현처럼, "건강한 사람은 자기 바깥에 머무른다. 그에게 속한 공간에, 떼려야 뗄 수 없는 자아와 맞물린 세계에 나아가는 게 건강한 사람의 태도"라고 할 수 있다(Améry, 2014: 69-70). 하지만 스스로 몸을 감옥으로 느끼는 노인의 경우, 관심이 자신의 몸으로 제한된다. 세상을 향해 나아가는 데 자기 몸이 장애가 된다고 보는 것이다. 그럴수록 자기 자신의 세계로 침잠하게 된다.

노년기에 사회활동에 적극적으로 참여하는 것은 노인들의 행복과 밀접한 관련이 있다고 알려져 있다. 사회활동을 통하여 자신의 역할과 활동에 대한 긍정적인 반응을 얻게 되면, 자신의 존재와 의미에 대하여 긍정적인 인식을 할 수 있기 때문이다. 하지만 노년기가 되면 직업 세계에서 은퇴하게 될 뿐 아니라, 불편한 몸으로 인하여 외부 활동이 외축되면서 세계/사회로부터 소외된다. 노인들을 향한 차별적인 시선 또한 세계/사회에 참여하는 것을 막는 요인 가운데 하나이다. Applewhite는 "새로운 기술을 습득하지 못한다" "에너지가 소진되었다" "창의적이지 못하다" 등 노인에 대한 다양한 편견이 일과 세계로부터 노인들을 소외시키는 요인들이라고 지적한다. 당연하지만 이것은 편견일 뿐이다(Applewhite, 2016: 233-235). 이러한 사회적 편견이 세계로부터의 소외를 부추긴다.

노년기의 행복에 사회 참여가 중요하다고 한다면, 노인들을 세계로부터 배제하려는 현대 사회의 흐름에 거슬러 갈 수 있어야 한다. 현재의 상황에 이의를 제기하고, 밖으로 적극적으로 나와서 자신을 둘러싼 세상이 위축되는 것을 막아야 한다. 개인적인 차원에서는 무엇보다도 먼저 자신의 일과 역할을 찾을 수 있어야 한다. 이 사회에서 자신의 쓸모를 확인하고 타인으로부터 인정받을 수 있는 활동을 발견하고 거기에 참여해야 한다. 노인에게 일과 자신의 쓸모는 세상과 자신을 이어주는 일종의 통로이기 때문이다.

노인들도 당연히 사회에 참여하여 기여할 수 있는 방식이 있다. 사회적인 편견과는 반대로 노인들은 평생을 바쳐서 일했던 자신만의 전문 영역이나 익숙한 일이 있기 마련이다. 그 일이 반드시 유급노동일 필요는 없다. 텃밭이나 화분을 가꾸는 일, 공공기관이나 종교단체에서 봉사활동에 참여하는 일 등 다양할 수 있다. 자신이 의미를 부여할 수 있고, 다른 사람들이 이들의 기여를 인정해준다면, 자신의 쓸모와 존재감을 확인하기에 충분한 일이라고 할 수 있다. Applewhite는 "많은 70대가 80대 이웃을 방문해서 챙기고, 많은 80대가 90대 친구들을 방문해서 챙긴다"라고 말한다. 그가 인터뷰한 노인들은 "이런저런 기능에 한계가 있는 평범한 최고령자보다 더 평범한 이들이 집안 대대로 내려오는 조리법과 구전 지식을 전수하고, 졸업 선물을 골라주고, 영감을 불러일으키"면서 삶을 꾸려가고 있다고 말한다(Applewhite, 2016: 258). 보이지 않는 일상의 많은 영역에서 노인들은 나름대로 자신의 일을 통해서 세계에 참여하고, 자신의 쓸모와 존재감을 확인하고 있다는 것이다. 이처럼 '좋은 나이 듦'을 위해서 노인이 세계/사회에 참여할 수 있는 영역과 방법을 제공할 수 있어야 한다.

4) 문화적 노화

노년기가 되면서 경험하게 되는 현상 가운데 하나는 자신이 살아가는 사회가 "더는 알 수 없는 세상"이 되었다는 느낌이다. 이것은 문화적 상실 감이라고 할 수 있을 것이다. 사람은 누구나 빠르든 늦든 언젠가는 이 세상이 더는 알 수 없는 세상이 되었다고 한탄할 때가 오기 마련이다. 장 아메리는 이를 '문화적인 나이 듦'이라고 부른다(Améry, 2014: 135). 문화적으로 소외된 노인은 잘 알지 못하는 표시 체계나 "새로운 신호로 가득한 상황에서 길을 찾느라 어려움을 겪는 사람에 비유할 수 있"을 것이다. "마치 자신이 젊은 시절을 보낸 도시의 풍경이 달이 갈수록, 해를 거듭하면서 그 풍경이 바뀌어 길을 잃고 헤매는 노인의 처지"와 같다는 것이다 (Améry, 2014: 139–140).

　"인간의 문화적 실존은 그가 살아가는 사회적 실존의 한 형식이다"(Améry, 2014: 154). 자신이 살아가는 사회의 문화생활로부터 소외된다는 것은 의미 있고 행복한 삶을 방해하는 요인 가운데 하나이다. 새로운 표현이나 기호로부터 소외되면 소외될수록, 과거의 세계 속에 멈추게 되고 그 밖으로 나오는 것을 주저하게 된다.

　'좋은 나이 듦'을 위한 조건 가운데 하나는 노인들이 현대 문화의 기호 체계에 익숙해져야 한다는 것이다. 대표적인 것이 인터넷이다. Applewhite는 노년기 의미 있는 삶을 영위하기 위해서는 "인터넷을 이용하라"고 충고한다. 인터넷은 "뉴스와 정보에 접근하고, 친구들 및 가족들과 연락하고, 친구를 새로 사귀고, 갖가지 커뮤니티를 구축하는 데 없어서는 안 되는 도구"이기 때문이다(Applewhite, 2016: 290). 하지만 노인들은 최신 기술을 사용하지 못하거나 사용하지 않는다고 쉽게 단정 짓곤 한다. 그는 이것을 노인을 포함한 우리 사고방식에 깊이 뿌리 내려 있는 '내면화된 연령차별'이라고 지적한다. 물론 새로운 신기술을 배우는 것은 쉽지 않다. 그럼에도 세상의 주변부로 내몰리지 않으려면 배워야 하고 또—약간의 도움이 필요할 수는 있겠지만—그럴 수 있다고 주장한다(Applewhite, 2016: 294).

물론 노인들의 의지와 노력만으로 문제를 해결할 수 있는 것은 아니다. 최근 논란이 되는 '키오스크 문제'가 그것이다. 점점 더 키오스크 사용이 보편화하는 현실에서, 노인들이 겪는 문화적 소외의 대표적인 사례의 하나라고 보기 때문이다. 문화적 소외를 극복하기 위해서는 키오스크 사용법을 배우고 익히는 것이 필요하겠지만, 동시에 노인/장애인 접근성을 갖추어 모든 사람들이 이용할 수 있도록 법/기기/환경 등을 고쳐나가는 것이 또한 요구된다(한겨레21, 2022.1.15). 사회 모든 분야에서 노인들이 새로운 기술/문화에 소외되지 않도록, 노인 친화적인 환경을 조성하는 것은 '좋은 나이 듦'의 필요조건이라고 할 수 있을 것이다.

3. '좋은 나이 듦'과 AIP

'좋은 나이 듦'을 위해서 필요한 사회적 차원의 지원은 어떤 것들이 있을까? 이번 장에서는 실제 춘천 지역 노인들의 인터뷰 자료를 바탕으로, 이들에게 필요한 사회적 차원의 지원을 확인하고, 그에 대한 방안을 모색하고자 한다. 논의를 위해서, '좋은 AIP'를 나이 듦(A) 차원과 장소(P)의 차원으로 구분하여 살펴보고자 한다.

1) '좋은 나이 듦'에 필요한 것들

(1) "그냥 산다"는 것

나이 듦의 과정을 많은 사람들은 생물학적 쇠퇴의 과정이자, 자연스럽고 필연적인 과정이라고 생각한다. 이러한 이해에 따르면, 노인이 된다는 것은 젊은 시절의 자립적이고 독립적인 생활에서 의존적인 생활로 변화하게 되는, 부정적인 과정으로 인식하게 된다. 사회 일반뿐 아니라, 노인들 스스로 자신의 상황을 그렇게 인식하는 것이다. 이것은 더 나아가 노인들이 스스로 삶을 수동적이고 퇴행적으로 인식하며, 세계나 사회활동으로부터 소외를 낳게 하는 이유가 된다. 노년기의 삶을 무의미하고 어쩔 수 없이 견뎌야 하는 부정적 시기로 인식하는 것이다. 인터뷰를 한 대부분의 노인은 현재 생활이 어떠냐는 질문에 대해서 "그냥 살아"라고 답한다. 이때 '그냥'은 부정적인 의미를 담은 말이다. 적극적으로 활동한다기보다는, 주어진 상황에 무기력하게 적응하고 있음을 의미한다.

그저 이젠 살아 있는 동안, 그저 먹고 그저 이대로 있는 거죠. 뭐. (나-13)

이 나이에 뭐. 할 수 없이 사는 거야, 이제는. (가-15)

"그냥 산다" 또는 "그저 산다"라는 표현은 자신의 처지와 세상을 바라보는 노인들의 시각을 가장 잘 보여주는 말이라고 할 수 있을 것이다. 현재 생활에 만족한다고 하지만, 그것은 자긍심을 가지고 적극적으로 살아가고 있음을 의미하지 않는다. 미래에 대한 기대가 없기 때문에, 더 나빠지지만 않았으면 좋겠다는, 자신의 삶에 대한 부정적인 전망을 담고 있다.

> 지금 우리 나이 세대에는 사는 게 아니라 살아있는 거지. 사는 건 아니라고. 살아있는 거하고, 사는 건 확실히 틀리지. 사는 건 내가 맘대로 산에 올라가고 수영하고 싶으면 수영하고 또 뭐 참 달리고 싶으면 달리고 이게 사는 거고. 우리는 지금 살아있는 것뿐이야. (가-31)

장 아메리가 말한 것처럼, 몸이 이제는 자신의 삶을 살아가는 데 장애처럼 인식되는 것이다. 의지대로 몸을 움직일 수 없고, 누군가/무엇인가의 도움에 의존해야 한다는 사실이 자존감, 사회관계, 세계로부터 도피하게 되는 이유가 되기도 한다. 따라서 "그냥 산다"는 세계/사회로부터 단절된 채 자신만의 세계로 도피해 살아가고 있다는 것을 고백하는 것에 다름 아니다.

> 죽을 때까지 사는 거지 뭐. 어차피 큰 희망도 없고 이제는... 바랄 것도 없고... (가-30)

> 친구 많았죠. 그런데 (몸이 아파서-옮긴이) 서로 안 다니니까 몰라요. 큰 집도 못 가고... (나-1)

몸의 움직임이 둔해지면서 생기는 문제는 일상생활의 단순한 불편함이 아니다. 기존의 친숙했던 사회관계들이 단절되고, 세상에 대한 관심이나 참여가 사라지게 된다. "희망이 없다"거나 "의욕이 없다"는 것은 그런 노인들의 현실을 보여주는 말이다. 이것은 더 나아가 자신의 존재감이나 자존감의 상실로 이어지게 된다.

(2) 의존에 대한 부정적 인식

노인들이 다른 사람들의 도움을 받아야 하고 의존해야 할 필요가 있다는 것은 부정할 수 없을 것이다. 따라서 '좋은 나이 듦'을 위해서 국가나 다른 누군가에게서 받는 이러한 도움을 부정적으로 생각해서는 안 된다. "남에게 의존하지 않는 사람은 아무도 없다"(Applewhite, 2016: 285). 어린아이들은 부모에게 의존하며, 젊은이들도 가족이나 친구, 동료들의 도움 없이 자립할 수는 없다. 의존은 노인에게만 해당되는 용어가 아니다. 모든 연령층에서 완전한 독립이나 자립이란 하나의 환상일 뿐이다. 하지만 인터뷰를 한 대부분의 노인은 누군가에게 도움을 받는다는 사실을 끔찍하게 두려워한다.

> 이렇게 수급자들 이렇게 뭐 이렇게 하고 이래도 나하고는 상관없는 줄 알았어요. ... (중략) ... 그랬는데 허유 내가 너무 힘들어갖고. 그러니깐 또 누가 그러더라고요. 동사무소에 한번 가보라고... 그래서 아.. 정말 창피하고, 막 그래도 남들 도와주고 살고 싶지, 뭐 세상에 왔다가 얻어먹고 가고 싶지는 않았거든(감정에 복받쳐 슬퍼함). (가-45)

> 그건 한 가지는 있어요. 우리가 수급자가 되고 나서 진짜 이건 내 자격지심인지. 나는 친구들하고 다 끝났어요. 내가 멀리 했어요. (가-49)

이처럼 사회의 도움을 받는다는 것은 노인들의 자존감에도 부정적 영향을 줄 뿐 아니라, 스스로 사회관계를 단절하여 고립하게 되는 원인이 되기도 한다. 국가나 다른 누군가의 도움에 의존해야 한다는 사실은 노인들에게 어른답지 못한, 더 나아가 인간답지 못한 일이다. 도움을 받는 현재의 상황이 만족스럽다고 대답하는 경우들도 있다. 하지만 이 또한 자신의 상황에 대한 반어적 표현으로 해석할 수 있다.

> 이것도 국가에서 이렇게 잘 주시고. 이런 시설을 돈을 조금 내고도 이러니까 그것만 해도 난 행복합니다. 그것만 해도 행복해. … 나보다 더한 사람도 있지. (나-14)

사람은 누구나 다른 사람들의 도움을 통하여 자신의 삶을 영위해 나간다. 인간이 사회적 동물이란 뜻에는 이런 의존성도 포함하는 것이다. Applewhite는 "상호의존이야말로 우리 인생의 진리"라고 말한다. 마이카 로예의 연구를 인용하면서, 80~90대 노인들은 가족이나 친구들에게 도움을 요청함으로써, 일상생활을 통제해나갈 수 있고, 삶의 질을 높여주는 '안전망'을 구축할 수 있다고 말한다. "그들은 도움을 요청함으로써 상황을 통제할 힘을 얻었고, 그들을 돕는 사람들은 자신이 중요한 사람이라는 느낌을 받았으며 더 관대해졌다"고 한다(Applewhite, 2016: 314-315). 믿기 어렵겠지만 역설적으로 "도움을 청하면 무언가를 할 수 있는 힘이 생긴다"라고 말한다(Applewhite, 2016: 313).

나이가 들면서 변화하는 상황을 잘 통제하며 주체적으로 살아가기 위해서라도, 다른 누군가의 도움을 받는 것을 부끄러운 일로 여기지 말아야 한다. 이런 이유로 Applewhite는 "나이를 늙음과 젊음으로 구분되는 이분법"이 아니라 "하나의 스펙트럼"으로 보자고 제안한다. 늙음과 젊음을 이분법, 곧 의존과 자립, 주는 이와 받는 이, 수동과 능동이라는 틀로 규정해서 바라보게 되면, "복잡하고 미묘하며 상호 간의 위험과 이득이 수반되는 인간 사이의 무수한 주고받음이 일방 거래로 축소"될 위험이 있기 때문이다. 하지만 "상황을 통제하지 못하는 것과 무력한 것은 같은 것이 아니다. … 의존과 자립은 상호 배타적인 관계가 아니"라고 말한다(Applewhite, 2016: 308).

'좋은 나이 듦'을 위해서는 의존과 도움이 부끄러운 일이 아니라 자연스러운 일임을, 나아가 마땅히 누려야 할 권리로 인식할 수 있어야 한다. 돌봄 제공 또한 이들이 수치스럽게 느끼지 않도록, 구체적인 제공 방식을 모색해야 할 것이다.

(3) 노인의 '쓸모'와 자존감

좋은 나이 듦을 위한 두 번째 문제이자 대안은 노인이 적극적으로 자신의 쓸모를 발견하고, 이를 타인들로부터 인정받는 것이다. 하지만 노인들의 자기 인식은 세상에 짐이 되는 존재이다. 자신의 쓸모를 통해 세상에 기여하는 존재가 아니라, 사회가 책임져야 하는 부담스러운 사람인 것이다.

> 에이, 정부에서 뭐 그 노인네들이 한두 명이야? 그 지원 이십만 원씩
> 노령 연금 하는 것도 보통이 아니에요, 사실은. 그렇잖아. 지금 노령
> 사회라서 노인들이 많이 살잖아. 나도 오래 살고. 옛날에는 육십을
> 사는 사람이 없어서 환갑을 해 먹었잖아. 지금은 육십 몇, 칠십 몇,
> 팔십, 구십, 뭐 백 살까지 사는데…" (가-16)

행복한 노년을 위한 조건으로 '돈'의 필요성을 강조하면서도, 국가로부터 지원받는 것은 사회에 부담을 주는 일이라고 부정적으로 이야기한다. 이런 인식은 노인에 대한 사회의 주류 시각을 그대로 반영하는 것으로 보인다. 우리 사회는 생산성과 효율성, 육체적인 강함과 미(美)를 정상성의 기준으로 삼는다. 이 기준으로 평가하자면 노인들은 비정상이며 비가시적 존재로 배제된다. 노인 문제를 경제적 차원으로만 접근하여, 사회가 져야 할 부담으로 바라보는 인식은 노인들이 스스로 긍정적으로 인식하는 것을 방해하는 요인이다. 노인에 대한 사회의 주류 담론은 알게 모르게 나이 듦에 대한 노인들의 부정적 인식에 영향을 미친다.

　　앞서 보았듯이, 노년에 대한 긍정적인 사회 인식은 노인 개인의 긍정적 자기 인식에 필수적인 요소이며, '좋은 나이 듦'을 위한 필요조건이다. 노인에 대한 사회적 접근과 인식을 바꿀 필요가 있다.

　　노인 개인 차원에서도 사회의 짐인 존재가 아니라, 다른 사람들에게 도움이 되는 존재임을 확인할 수 있어야 한다. 타인의 시선을 통해서, 또는 자신의 '일'을 통해서 살아가는 의미를 발견할 수 있어야 한다. 이를 위해서 첫째, 세상과 관계를 맺고 교류를 유지할 다양한 방법을 찾아야 한다. 여러 사람과의 교류는 자신의 존재(외모, 옷차림, 활동 등)에 대한 긍정적인 피드백을 받고, 자신의 존재감을 확인할 수 있는 중요한 방법이다.

> 행복이 뭐 있겠습니까? 지금 그저 먹고 지금은 저 하루 저 밥 세끼 먹고 여기(복지관) 나오는 거... 나왔다 하는 것 밖에는 뭐 다른 것 모르고 있습니다. ... (중략) ... 또 여기 나오면 전부 할머니, 할아버지들이니까. 그래도 서로 대화하기도 하고... 그저 시간 보내는 거죠. (나-13)

'나-13'은 자신이 하는 유일한 활동은 "그저 먹고" 복지관의 노인들과 대화 나누는 것이라고 한다. 그것이 삶의 유일한(?) 낙이자 시간을 보내는 방법이다. 하지만 이 사소한(?) 일상의 대화는 노인이 자신의 존재감을 확인하는 하나의 방법이라고 할 수 있다. 자신의 말을 들어주고 관심을 보여주는 사람들이 있고, 반대로 누군가에게 자신이 그런 역할을 한다는 뿌듯함을 줄 수 있기 때문이다. '좋은 나이 듦'을 위해서 노인들이 '대화'를 나눌 수 있는 사회관계망은 반드시 필요한 것이다.

둘째, 자신이 익숙한 영역을 활용하여 다른 사람들을 돕는 기회를 갖는 것도 자신의 '쓸모'를 확인하는 방식이다. 대부분의 노인은 지나온 삶의 경험을 통해서 다른 누구보다도 많이 알고 능숙한 영역이 있다. 손주든 이웃이든 지인이든 도움이 필요한 사람들을 돕기 위해 바로 그 노하우를 활용하는 것도 '좋은 나이 듦'의 방법 가운데 하나이다. 인터뷰에 참여한 노인들은 대부분 "노인네들한테는 시골이 최고"(가-10)라고 말한다. 시골이 좋은 이유는 공기가 좋고, 마을 공동체도 도시보다는 활발하다는 것 등 다양하다. 그 가운데 시골은 도시보다 노인들이 할 수 있는 일이 많다는 것도 포함된다. '가-10'과 '가-11'은 현재 거주하는 집을 직접 지었다고 한다. 또 집과 일터가 크게 분리되지 않아서 멀리 가지 않고 일을 할 수 있다는 것을 강조한다. 이런 이유가 농촌 생활이 도시보다 좋다는 것이다. 일을 통해서 자신의 쓸모를 확인할 수 있다는 것이 시골 생활의 좋은 점이라고 해석할 수 있는 부분이다.

(도시형 아파트에서는) 저 조그만 데에서 닭장 안에 갇힌 사람 같고 그래요, 꼭. 단독 갖고 있으면 한 10평 되는 땅에 하다못해 고구마 한 뿌리라도 심어보고, 뭐 이러면서 사는 게 낙인데, 뭐 이런 게 없으니까

아무것도 아니죠, 뭐. (가-35)

우리는 (농촌) 주택에 살면 그냥 온 곳이 다 터졌잖아. 터진 게 아무 곳에나 나가도 흙 밟고 논밭이 있으니까, 하다못해 봄이 되면 쑥도 캐고, 어 나물도 캐고 이러지만.. 저런데 아파트 있다가는 나가면 맨 콘크리트 바닥에다가 어디 뭐 할 데가 있어? (가-13)

저는 예전에 일 좀 하고 그랬는데. 요즘은 하도 심심하고 그래서 노인 일자리 창출하는 게 있어요. 거기에 갔다 왔는데. 올해 3년째 가서 환경정리 그런 거... (웃음) ... 일주일에 세 번씩 나가요. 그것도 십여 명씩 모여서 가니까 이야기 주고받고 떠들고 이런 재미를 뭐. (가-34)

'가-34'는 노인들을 위한 일자리에 가는 것에 대한 쑥스러움, 아마도 사회로부터 도움을 받는 것이 부끄럽다는 감정이 섞인 웃음을 보인다. 하지만 노인 일자리 활동은 경제적 문제와 함께 쓸모 있는 일을 한다는 자존감, 그리고 사회관계를 맺고 유지해가는 중요한 역할을 하는 것으로 보인다.

현재는 아직까지는 (자녀들한테) 손 안 벌리지. ... (중략) ... 나는 뭐 아직까지는 저기 뭐 기대고 저기 할 정도는 아니니깐... 용돈이라도 벌어 쓰니까... (가-13)

자녀에게 의지하지 않고 자립해서 생활을 할 수 있다는 것은 노인들에게 아직 자신은 쓸모 있는 사람임을 확인시켜주는 중요한 일이다. 농촌에서 가벼운 밭일 등을 도우면서 용돈을 버는 것은 돈 자체도 중요하지만, 스스로 누군가에게 의지하지 않고 자립할 수 있다는 점에서 자신에 대한 긍정적인 인식의 바탕이 된다. 나아가 자녀나 손주들에게 적으나마 도움을 주는 경우에는 그 자긍심이 더 높아진다.

> 난 자식을 위해서 피땀을 흘리면서 이제 농사를 지어가지고 먹인다
> 는 그런 건데. 흡족하다 그거지. (가-26)

> (손주들이) 대학교 들어가고 그러면 애들 입학금 한 번씩 내주고 그거
> 지... 할머니 되었으면 줘야지. (나-10)

이상과 같이 아는 사람들과의 일상적인 만남, 자신의 쓸모를 확인할
수 있는 소일거리들, 그리고 자녀나 이웃에게 도움을 주고 있다는 자긍심
등은 나이가 들어감에도 자신의 존재감이나 자긍심을 확인하는 방법이
된다.

2) 노인에게 '좋은 장소'의 조건

노인들이 살기 좋은 장소는 구체적으로 어떤 조건을 갖춘 곳이어야 할까?
아마도 가장 핵심적인 요소는 '익숙함'일 것이다. 익숙함이란 노인들에게
안정감을 의미한다. 그것은 타인과의 연결성, 그리고 다른 장소로의 이동
가능성과 관련해서 중요한 요소이다. 현대 사회의 빠른 변화와 속도가 주
는 스트레스, 스스로 과거의 삶과 다른 환경에 처하게 된 상황 등을 고려
할 때 노인들에게 익숙함이란 요소는 매우 중요하다. 현대 사회의 문화적
환경에 적응하기 위해서라도 익숙한 환경이 전제되어야 하고, 사회생활에
참여하기 위해서라도 익숙한 거리와 아는 사람들이 필요하기 때문이다.
이는 변화와 속도가 주는 스트레스를 완화시키기 위한 중요한 조건이다.

(1) 익숙한 집

무엇보다도 노인들에게 좋은 장소란 익숙한 집을 의미한다. 익숙한 집은 단순히 편리함이라는 차원을 넘어서 자신이 살아온 삶의 과정과 흔적이 녹아있는 공간이다. 따라서 자신의 정체성의 중요한 부분을 차지한다. 노인들에게 집이란 자신의 과거, 자신의 세계를 구성하는 중요한 연결고리이기도 하다(Bartky, 2002: 105).

집이 낡고 고칠 곳도 많지만, 죽을 때까지 그 집에서 살고 싶다는 '가-31'에게 그 이유를 물었을 때 다음과 같이 대답했다.

> 아니 그러니까, 정이 들어서 그런 거야. 정이 들어서... 환경이라는 게 그래. 환경이라는 게. 저 서울동물원, 과천 새로 지어가지고 이사 가서 (동물들이) 거의 다 죽었잖아. 여기서도 아파트로 이사 간 사람들 2-3년 살다 다 죽더라고. 그리고 환경이 바뀌면 동물도 저기 옮겨놓으면 그렇게 못 살아. 불편해하고. (가-31)

> (집이 낡아서 불편하지만) 그래도 할 수 없지... 그래도 내 집이 편안하니까, 그냥 집에 있지. 그렇지 마음이 편안하니까. (가-25)

낡은 집이라 할지라도 그곳에 계속 살고 싶은 이유로 대부분 "정이 들었"거나 "편안하기" 때문이라고 대답했다. 시설이나 조건이 더 좋다고 하더라도 새로운 환경은 '불편'하다. '정'이라는 말은 '익숙함'이란 말의 다른 표현이라고 할 수 있을 것이다. 이것은 요양시설과 대비하여 자신의 집을 설명할 때, 다른 방식으로 표현된다.

> 내 집에 가 있으니 좋죠. 자유롭고, 내 집이 좋죠. (나-3)

(요양원 가면) 꼼짝도 못 하잖아. 자유가 없잖아. 자유가 없어. (나-10)

요양시설과 대비하여 집을 말할 때는 '정'이나 '편안함'보다, '자유롭다'는 표현을 많이 사용한다. 집은 자유로운 데 반해 요양시설에 가면 내 마음대로 할 수 없다는 부정적 인식을 내보이는 것이다. 내 집에서는 원할 때, 원하는 곳으로 의지에 따라 움직일 수 있다는 것을 의미한다. 이 경우 '자유롭다'는 것은 집이란 공간에 대한 익숙함과 몸을 움직일 수 있는 육체적 능력, 이 두 가지가 전제되어 있는 말이다.

만날 그니까, 그저 만날 저 혼자 앉았다 심심하면... 앉아 있으면 심심하니까... 그래다 이제 정 답답하면 밭에 좀 돌아보고... 죽지 않고 살아가는 거지. (나-8)

'나8'의 인터뷰는 '자유롭다'는 것의 의미가 무엇인지를 좀 더 구체적으로 보여준다. 익숙한 장소를 돌아다닐 수 있다는 것은 내 자유로움의 조건이다. 심심하면 자신의 의지로 갈 곳이 있는 것이다. 하지만 요양원은 낯설기도 하고, 움직이는 데 누군가의 통제를 받아야 한다는 점에서 자유가 없는 곳으로 인식된다.

최현숙은 알츠하이머 어머니를 돌보았던 경험을 적은 글에서 시설이 좋은 실버타운조차도 어머니에게는 '갇힘'을 의미했다고 말한다. 그곳은 "그녀가 살던 사회와 (자식과 남편을 제외한) 모든 인간관계로부터 유리된" 곳이자, "집도 동네도 사회도 아니"고 "세상의 어느 한구석 갇힌 공간, 외딴 섬"이었다고 말한다(최현숙, 2021: 260). 변화의 속도에 적응하기 어려워하는 노인들에게 익숙한 환경은 무엇보다도 살아가기 좋은 조건이다. 그런 의미에서 노인에게 '좋은 장소'는 익숙한 동네와 집이라고 할 수 있을 것이다.

(2) '아는 사람들'의 익숙함

노인에게 좋은 장소란 익숙한 이웃과 지인들이 있는 곳을 의미하기도 한다. 익숙함이란 단순히 집이나 지역 등과 같은 물리적 환경만을 의미하는 것이 아니다. 나에게 중요한 이웃이나 가족이 있는 곳, 그리고 깊은 교제는 아닐지라도 얼굴을 알고 있는 익숙한 사람들이 거주하며 지나다니는 곳을 말한다.

살기 좋은 장소를 설명하면서 도시와 농촌을 대비하여 말하는 아래의 인터뷰 내용은 노인들에게 살기 좋은 장소가 단지 물리적 환경만을 의미하는 것이 아니란 것을 알려준다.

> 도시하고 농촌하고 비교하면 아무래도 농촌이 인심도 후하다고 봐야죠. 도시는 뭐 이렇게 좁은 공간에서 갇혀 있다고 보고. 시골은 농촌은 조금 이렇게 개방되어 있다고. (가-28)

> 한 동네는 다 알고 누가 오늘 어떻게 누가 왔다갔는지 이런 건 다 알지. 대충은... (중략) ... 시내 살던 사람은 풍습이 달라. 독단주의고, 자기만 알고, 그저 제 자식만 알지. 남은 뭐 관심도 없어. (가-27)

> 다 알고 서로 아래 위 인사하고... 서로 그렇게 살잖아. 근데 거길 떠나고 싶겠어요? (가-33)

도시와 농촌의 실제적인 삶이 그렇다는 것이 아니다. 위 인터뷰 대상자들 가운데 도시에 사는 사람들도 있다. 그리고 현재 농촌 지역에서의 생활도 점점 더 사람들 사이의 관계가 단절되어 간다고 지적하기도 한다. 다만, 이들에게 도시란 살기 좋지 않은 장소에 대한 상징이다. 도시화란 자기만 알고 남에게는 관심도 없어서 서로 단절되어가는 현상을 지적하는 이들만의 표현이다. 반대로 말하자면, 살기 좋은 장소란 개방되어 서로 알고 지내며 관심을 주고받는 그런 관계들이 형성되어 있는 곳이다. 좋은 장소란 사람들 사이의 유대감과 공동체적 관계가 살아 있는 곳이라고 할 수 있다.

'아는 사람들'은 친밀함의 정도에 따라 다양하게 구분할 수 있다. 그 정도에 따라 상대에게 기대하는 것도 달라진다. 설문조사 결과를 살펴보면, 아플 때 간병을 부탁하거나 돈이 필요할 때처럼, 비교적 생활에 실질적인 도움은 자녀나 친척처럼 높은 친밀도가 있는 사람들로부터 받을 수 있을 것이라고 응답한다. 이에 비해 일상의 자잘한 도구적 필요에 도움을 주는 사람들은 가까운 거리에 있는 이웃들이다. 고민을 상담할 수 있는 사람이나 일상에 필요한 간단한 도움을 요청할 수 있는 사람은 가까운 거리에 있는 주변의 이웃이라는 것이다. 옆집이나 걸어서 10~20분 거리에 있는 이웃들이 일상의 도움을 주고받을 수 있는 관계가 되는 것이다. 관계의 정도가 얼마인가에 상관없이, 가까운 이웃들은 일상을 살아가고 어려움을 극복하는 데 중요한 환경이라고 할 수 있다. 하지만 도움을 주고받는 관계가 아닌, 그저 얼굴을 알고 인사를 나누는 정도는 옅은 관계의 이웃도 노인들이 살아가기 위한 '좋은 장소'의 조건이 될 수 있다.

나가면 그래도 다 나왔느냐고 그러고, 어디 아프신 덴 없냐 그러고... 이웃 사람들이 잘 물어봐주더라구... (도움을 요청할 정도의 관계는 아니고) 그냥 나오면은 인사 정도.. 그리고 건강히 계시냐고 그런 거지. 그렇

게 도움을 받을 사람은 없어요. … (중략) … 오래 살았으니깐 의지는
되죠, 서로. 아주 모르는 사람은 아니니까는… (가-3)

이제는 정이 들었으니까 다른 데 가봐야 낯설잖아요… (중략) … 정이
들고 만나면 오래간만이라도 인사도 하고. 그래서 딴 데 갈 마음 없
어요. 지금은. 이렇게 살다가… (가-34)

(동네 사람들이-옮긴이) 하루라도 내가 안 보이면 뭐 이거 어디 아픈가
하고 들어와유. 아, 우리 착해유. (나-7)

친밀하고 깊은 관계가 아닌, 그래서 필요한 도움을 요청하지도 기대
하지도 않는, 단지 아는 사이라 할지라도 편안하고 익숙한 장소의 조건이
될 수 있다. 자신에게 관심을 가지고 지켜보는, 단지 아는 사람이 있다는
것만으로도 안심이 된다고 말한다. 도구적인 도움을 주기 때문이 아니라,
심리적인 안정감을 주기 때문이다. 독거노인들의 경우, 자신이 아프거나
죽어도 아무도 모르지 않을까 하는 일이 매우 두려운 일 가운데 하나라고
말한다. 아는 사람이 있다는 것은 그런 걱정과 두려움을 덜어주는 조건이
될 수 있다. 장소의 익숙함은 이렇게 '아는 사람들'로부터 충족되기도 한다.

4. 나가며

이 글에서는 '좋은 나이 듦'을 위한 AIP의 사회적 조건들이 무엇인지를 논
의하였다. 젊은 시절과 비교하여 노인들이 느끼는 상실은 자연스러운 것
도, 불가피한 것도 아니다. 장애와 불편함은 외부환경과의 상호작용의 산

물이다. 생활에서 노인들이 느끼게 되는 불편함도 이들의 생물학적인 조건 때문에 발생하는 것만은 아니다. 외부환경을 통해 육체적인 장애나 한계를 보완한다면, 노인들도 얼마든지 활동적으로 생활하며 이웃과 사회에 기여하는 건강한 삶을 살아갈 수 있다.

이 글에서 '좋은 나이 듦'의 조건으로서 강조한 것은 크게 네 가지이다. 첫째는 도움의 관계망을 구축하는 것이다. 이를 위해서는 국가나 다른 누군가에게 의존하며 도움을 받아야 한다는 사실을 당연하게 인정해야 한다. 사람은 모두 나이에 상관없이 누군가에게 의존하며 살아간다. 도움이 노인들에게만 필요한 것이 아니라는 것이다. 도움을 부끄럽게 인식하지 않는 것, 그리고 상대가 수치심을 느끼지 않도록 도움을 제공하는 것 등은 '좋은 나이 듦'을 위한 가장 기본적이면서 중요한 조건이라고 할 수 있다. 둘째는 노인들이 자신의 재능을 발휘할 수 있도록 함으로써, 다른 사람이나 사회에 도움이 되고 있다는 자긍심을 갖도록 하는 것이다. 노인은 에너지가 부족하고 전문성이나 창의성도 없기 때문에, 누군가에게 도움이 될 수 있는 생산적인 일을 할 수 없을 것이라고 생각하는 것은 사회적 편견일 뿐이다. 노인들에게는 오랜 세월의 경험을 통해서 쌓아온 전문적인 분야나 익숙한 일이 있기 마련이다. 이런 능력을 발휘할 수 있는 장을 마련하는 것은 노인들 개인적으로나 사회적으로 매우 의미 있는 일이라고 할 수 있을 것이다. 셋째, 노인들이 익숙한 집이나 마을에서 살 수 있도록 지원을 하는 일이다. 물리적으로 익숙한 장소에서 살아가는 것은 심리적으로 편안함과 자신감을 줄뿐 아니라, 주체적으로 살아가기 위한 기본적 조건이라고 할 수 있다. 요양시설로 가는 것을 '갇히는 것'으로 인식하는 것은 자신의 의지에 따라서 자유롭게 활동할 수 없는 것을 두려워하기 때문이다. 익숙하지 않은, 낯선 환경과 공간은 노인들의 불편함과 두려움의 원인이 된다. 마지막으로 노인들이 익숙한 곳에서 좋게 나이 들어 갈 수 있는 조건은 '아는 사람들'과 함께 어울리며 살아가는 것이다. 물리적인 환경과 함께, 아는 사람들 속에서 살아가는 것은 노인들에게 편안함과 자신감의 원인이 된다. 이들이 실제적인 도움이 주기 때문이 아니라, 심리적인 안정감을 제공해주기 때문이다. 이러한 사회적 차원의 지원을 어떤 정책과 제도를 통해서 지원할 수 있을 것인가는 좀 더 깊은 정책적 고민이 필요한 부분이라고 할 수 있을 것이다. 이에 대한 내용은 추후에 구체적으로 논의할 수 있을 것이다.

'좋은 나이 듦'에 대한 사회적 차원의 지원을 논의하면서 중요한 요소임에도 불구하고 상대적으로 덜 다뤄진 내용을 지적할 수 있을 것 같다. 인터뷰 대상자들과의 인터뷰를 통해서 '좋은 나이 듦'을 위해서 노인들에게 가장 필요한 부분이 경제적 조건임을 확인할 수 있었다. '돈'은 AIP(Aging In Place)과 SIP(Stuck In Place)를 구분하는 중요한 변수이다. 살던 곳에서 그냥 살고 싶다는 노인들의 바람은 익숙한 곳에서 살고 싶다는 바람의 표현이기도 하지만, 동시에 돈 때문에 어쩔 수 없이 살던 곳에 있어야 한다는 부정적인 의미이기도 하다. 같은 조건이라면 익숙한 곳에서 계속 살아가고 싶다는 마음이 우선하는 것은 어쩌면 당연한 사실이라고 할수 있을 것이다. 하지만 건강과 집의 불편함 때문에 다른 곳으로 옮겨야 함에도 불구하고, 그냥 살고 싶다고 하는 것은 자신의 바람이나 의지라기보다는, 어쩔 수 없는 상황에 대한 간접적인 표현이다.

계급적 상황의 영향은 단지 경제적 문제에 국한되지 않는다. 경제적으로 여유가 있는 노인들의 경우, 사회활동에도 활발하게 참여하고 있었으며 네트워크가 넓고 타자에 대한 태도도 너그러운 것으로 나타났다. 반면 빈곤한 노인들은 이웃이나 친구 관계도 위축되고 자신의 미래나 사회에 대한 인식도 부정적으로 것으로 조사되었다.

> 그것도 돈이 있어 봐야, 어디 친구네 집도 가고 뭐 어디 놀라가고...
> 나가면 다 돈 써야 되는 거잖아요? (가-2)

> 내가 살기 위해서 돈이 필요한 게... 돈이라는 게 돈이 있음으로써
> 내가 살아가는 데 모든 걸 할 수 있잖아요. 내가 먹고 싶은 것도 먹
> 을 수가 있고, 맛있는 거. 집에서 밥보다 맛있는 거 나가서 먹을 수
> 가 있고. 그러니까 오늘 어디 가고 싶어도 차를 타고 갈 수가 있고.
> 돈이 없어 봐요. 먹고 싶은 거 있으면 먹을 수가 있냐고, 뭐 갈 수가
> 있나요? 그것만, 이 돈만 있으면 인생이 늙어 가는 게 빨리 안 가고
> 좀 늦춰지지 않을까... 그래서 나는 돈이라고 봐요. (가-17)

노인들의 경제적 상황은 자신의 능력을 발휘하여 일을 하거나, 사회/
문화 활동을 할 수 있는 중요한 조건이다. 또 익숙한 집에서 노후를 보내
거나, 친밀한 사람들과의 관계망을 유지하는 데에도 필요하다. 물론 '돈'
만 있으면 다 된다고 말할 수는 없을 것이다. 또 이 글에서 논의한 사회
적 차원의 지원이 중요하지 않다는 것도 아니다. 경제적 조건의 마련과
사회적 지원이 함께 시행될 때, '좋은 나이 듦'이 가능하다는 것을 강조하
기 위함이다. 정책적으로 사회적 지원을 논의하면서 경제적 차원에 대한
고려가 빠져서는 안 될 것이다.

V

건강한 노인이란

1. 건강한 노후

우리나라는 노인 인구의 증가와 함께 2020년 현재 기대수명 또한 남자 80.5세, 여자 86.5세로 크게 늘어나(통계청, 2021) 건강한 노후에 대한 관심이 증가하고 있다. 건강한 노후의 개념은 신체적 건강, 인지·정신적 건강, 사회적 건강의 세 가지 범주로 크게 나누어진다. 이 세 가지 범주의 건강이 조화를 이룰 때 건강한 노후라고 할 수 있다(Miller, 1991; Tyler·Schuller, 1991; Boyle·Counts, 1988).

1) 건강한 노후 — 신체적 건강

노후의 신체적 건강과 관련된 요인으로는 일상생활 수행능력을 포함한 신체적 기능 상태, 영양, 건강 행위, 질병 등이 있다. 타인의 도움 없이 노년기에 자립적으로 일상생활을 수행할 수 있는지는 노인 건강과 삶의 질, 사망률을 예측할 때 매우 중요한 척도이다(Amici et al., 2008). 게다가 일상생활 수행능력의 감퇴로 인한 일상 활동의 장애는 노인이 가족과 사회에 의존하도록 하고 의료서비스 이용을 증가시켜 사회적 비용을 일으킨다. 그러므로 노년기에 일상생활능력을 자립적으로 유지토록 하는 것이야말로 노인의 삶의 질에 매우 중요한 요인이라 할 수 있다.

양호한 영양은 노인의 건강에 긍정적인 영향을 미치고, 영양불량은 노년기에 흔히 발생할 수 있는 건강문제이다. 선행연구에 의하면 우리나라 노인들은 식욕부진, 만성질환 등으로 인해 식이 섭취를 포함한 영양상태가 불량한 것으로 보고된다(한규상·양은주, 2018). 노인의 식욕부진은 활동량의 감소와 노화에 따른 기초대사율 저하, 소화기계의 변화, 미각, 시각, 후각 등 신체 감각기관의 둔화와 같은 생리적인 요인과 식품의 구매 또는 조리의 어려움, 경제력 감소, 고독, 우울감 같은 요인과도 관련이 있다(홍현방, 2003). 노인의 영양상태는 곧바로 건강과 직결되므로 건강한 노후를 위해서는 적당한 단백질, 비타민, 무기질, 탄수화물을 제공하는 식사가 필요하다.

노화가 진행될수록 노인의 건강은 악화하기 쉽다. 실제로 노인의 대다수는 한두 가지 이상의 만성질환을 보유한 것으로 알려진다. 고혈압·당뇨·고지혈증·뇌졸중·퇴행성관절염은 가장 흔한 노인성 만성질환으로 비만과 관련이 높으며, 금연·절주·운동과 같은 건강 행위를 얼마나 실천하느냐에 따라 이와 연관된 건강 결과가 달라지는 것으로 보고되었다 (고대선·원영신, 2009; 서수경, 2013). 건강 행위란 개인이 건강을 관리하고 기능을 유지 증진하기 위한 행위로 선행연구에 따르면 신체적 활동, 금연, 절주 등의 바람직한 건강행위는 건강한 노후에 긍정적인 영향을 미치며, 건강행위의 실천 부족은 만성질환 이환의 가능성을 높여 건강한 노후를 어렵게 만드는 것으로도 알려져 있다(고대선·원영신, 2009; 김미현, 2016).

우리나라 재가 노인의 건강상태를 전국 65세 이상 10,097명의 재가 노인을 대상으로 조사한 2020년 노인실태조사(보건복지부, 2020)를 통해 살펴보면, 노인의 49.3%는 평소 자신의 건강상태가 좋은 것(매우 건강 4.5%, 건강한 편 44.8%)으로 평가하였고, 19.9%(건강이 나쁜 편 17.6%, 매우 나쁨 2.3%)는 건강이 나쁜 것으로 평가하여 대체로 긍정적으로 평가하는 비율이 더 높았다. 의사의 진단을 받은 만성질병이 있는 재가 노인의 비율은 84.0%, 2개 이상의 만성질병을 지닌 복합이환자는 54.9%였으며, 평균 1.9개의 만성질병이 있었다. 65세 이상 재가 노인의 만성질병 종류별 유병률을 보면, 고혈압이 56.8%로 가장 높고, 그 다음은 당뇨병 24.2%, 고지혈증 17.1%, 관절염 16.5% 등의 순이었다. 재가 노인의 일상생활 수행능력을 ADL과 IADL 항목에 기초하여 기능 상태를 살펴보면 87.8%는 기능 제한이 전혀 없지만 6.6%는 IADL만 제한을 경험하였으며, 5.6%는 ADL의 제한까지도 경험하였다. 연령이 높을수록 일상생활 수행능력의 제한율이 높아 85세 이상에서는 ADL의 제한 비율이 22.8%에 이르렀다. 재가 노인의 일상생활 수행능력은 연령이 높을수록, 만성질환이 많을수록, 통증이 클수록, 우울 정도가 심할수록 낮았으나, 공식적 사회관계망이 많을수록, 종교단체 및 기타 단체에 많이 참여하는 노인일수록 일상생활 수행능력의 수준이 높았다(김영범, 2021; 백옥미, 2015). 한편, 재가 노인의 건강 관련 삶의 질은 사회활동에 활발하게 참여할수록, 주관적 건강상태가 좋을수록, 일상생활 수행 능력이 높을수록, 스트레스와 우울 증상이 적을수록 높은 것으로 보고된 다(김영범·이승희, 2018).

국민건강영양조사 자료로 우리나라 재가 노인의 식습관과 영양섭취를 연구한 한규상과 양은주(2018)의 연구에 따르면 아침, 점심, 저녁, 간식을 모두 섭취하는 비율이 남자 노인은 79.7%, 여자 노인은 69.7%로 차이를 보였으며, 주요 에너지 공급원은 탄수화물로 양질의 영양공급이 이루어지지 않고, 영양상태는 연령이 증가할수록, 혼자 사는 경우 더 불량한 것으로 나타났다. 따라서 결식 우려가 있는 혼자 사는 노인과 고령의 사회경제적으로 어려움에 처한 노인들을 우선 대상으로 하여 도시락을 배달하거나 식료품 등 영양지원 정책을 강화할 필요가 있을 것이다. 노인정이나 노인복지관의 노인들을 대상으로 영양교육과 식생활개선 프로그램을 운영하는 것도 하나의 방안이 될 수 것이다.

허약한 노인은 장애상태에 놓인 것은 아니지만 건강한 노인과 구분되는 중간상태의 노인집단으로 상해가 발생할 위험에 장기간 노출되어 있거나 전반적인 건강수준이 위험에 빠질 수 있는 상태에 있는 노인이다. 허약은 노인에게 낙상, 장애, 사망, 시설입소, 삶의 질 저하, 인지장애 및 치매 등의 부정적 건강 결과를 초래할 수 있으므로(Borges·Canevelli·Cesari·Aprahamian, 2019) 허약한 노인에 대한 정책적 관심도 요구된다.

우리나라 재가 노인의 지난 1년간 낙상 경험한 비율은 7.2%이며, 평균 낙상 경험은 평균 1.6회로 보고된다. 성별로는 여자(8.1%)가 남자(6.1%)에 비해 약간 높았으며, 연령이 높을수록, 기능 상태에 제한이 많을수록 낙상률이 높았다. 낙상 후 병원 치료율은 72.5%였다. 낙상의 원인은 환경적 요인과 신체적 요인으로 나눌 수 있는데, 실내외 환경적 요인으로는 바닥, 도로, 문턱, 부적합한 조명 등이 원인이 되며, 신체적 요인으로는 발을 헛디디거나 어지럽거나, 힘이 없는 것 등으로 조사되었다(보건복지부, 2020). 신체기능의 저하는 재가 노인 낙상 발생의 대표적인 원인이므로 재가 노인을 대상으로 한 낙상 관련 체력과 신체기능 향상에 초점을 둔 낙상예방 운동프로그램이 적극적으로 운영되어야 하며, 지방자치단체에서도 노인 낙상예방을 위한 지역 환경 조성에 노력해야 할 것이다.

재가 노인의 건강행태를 살펴보면, 현재 흡연자는 11.9%, 지난 1년간 음주 경험자는 38.6%였다. 평소 운동을 실천하는 노인은 53.7%였고, 이들 중 권장수준(1주일에 150분 이상)의 운동을 하는 경우는 37.6%였다. 영양 관리 상태는 72.2%가 양호한 수준이었고, 19.0%는 영양 관리의 주의가 요구되는 수준이며, 8.8%는 영양 관리 개선이 필요한 수준이었다. 지난 1년간 병의원 미 치료 경험률은 2.5%였으며, 병의원 미 치료 이유는 경제적 어려움 41.8%, 증상이 가벼움 27.0%, 거동 불편 12.6%, 교통 불편 5.4%, 진단과 치료 과정의 두려움 4.8%, 병원 예약·진료 대기 어려움 4.1%, 시간 부족 3.1%, 의료정보 부족 1.1% 등이었다(보건복지부, 2020). 재가 노인의 건강 행위에 영향을 미치는 요인에 관한 연구에 의하면 노인이 자신의 건강상태가 나쁘다고 지각할수록, 자아존중감과 자기효능감이 높을수록 건강 행위를 많이 수행하는 것으로 보고된다(서기순, 2008). 재가 노인의 건강 행위를 향상시키기 위해서는 보건소가 적극적으로 나서, 노인복지관 등 지역의 복지시설과 연계하여 노인이 스스로 건강증진을 위해 생활양식이나 습관을 개선할 수 있도록 지지하고, 환경을 조성하여야 할 것이다.

2) 건강한 노후 — 인지·정신적 건강

건강한 노후는 인지적이고 정신적인 요소들에 좌우되기도 한다. 지속적인 학습과 지식의 습득, 지적인 자극 또는 사회적 상호작용들은 노년기의 인지기능을 유지하는 데 큰 도움을 준다. 선행연구들은 이러한 정신적 활동과 자극이 노인의 인지적 능력과 정신적인 건강을 유지해준다고 보고했다(Lee·Kim, 2016; 이정은, 2022). 인지기능이란 자신의 일상생활 속에서 일어나는 일들에 대해 이해하는 능력, 상황을 판단하여 의사결정 하는 능력, 자신이 처한 환경에 적응하는 능력 등을 말한다. 인지기능을 평가하기 위한 하위영역에는 기억력, 집중력, 지남력, 언어능력, 시공간 기능, 실행기능, 추상화 등이 있다(Lu, et al., 2021). 인지기능의 감소는 노화와 관련이 있어 연령이 증가할수록 인지기능이 감소하는 경향을 보이지만 시간의 흐름에 따른 인지기능의 변화에는 개인차가 크다고 한다(백옥미, 2015). 우리나라는 노인 인구의 급격한 증가로 노인성 치매를 비롯한 인지기능에 장애가 있는 노인의 수도 증가하여 이로 인한 사회적 부담이 가중되는 실정이다.

　대부분의 노인은 노화와 함께 찾아오는 변화와 스트레스에 대해 융통성과 강인함, 평정심, 용기, 유머를 동원하여 적절히 정신적인 건강을 유지하지만 더러는 제대로 적응하지 못하거나 정신적인 문제를 갖게 되는 취약한 노인들도 생긴다. 노년기에 자주 발생하는 정신건강 문제에는 노인 우울증이 있다. 우울증은 노화의 정상적인 과정이 아니며, 대다수의 노인은 신체적인 퇴행에도 불구하고 그들의 삶에 만족한다. 우울과 질병은 함께 발생하는 경우가 많은데, 몸이 아프면 대부분 우울해진다. 또한 우울해지면 몸이 아프게 된다. 노년기에 우울증은 인지기능 감소와 긍정적인 관련성을 가져 인지기능 감소가 심할수록 우울 증상도 심해지는 것으로 보고된다(Park et al. 2014).

2020년 노인실태조사에 의하면 MMSE-DS로 측정한 우리나라 재가 노인의 인지기능 점수는 평균 24.5점(범위: 0-30점)이었으며, 노인의 25.3%가 인지저하자인 것으로 파악되었고, 연령이 높을수록 인지저하 비율이 높아져 85세 이상에서는 34.0%가 인지저하자인 것으로 나타났다(보건복지부, 2020). 재가 노인의 인지기능은 연령이 높을수록, 교육수준이 낮을수록, 뇌졸중 과거력이 있는 경우에 감소하는 것으로 보고된다. 하지만 꾸준한 걷기운동 등 정기적인 운동을 하거나 사회활동에 많이 참여하거나, 다양한 지적인 활동에 노출되는 경우 인지기능의 감소가 늦어지는 것으로 나타났다(Lee · Kim, 2016; 이정은, 2022). 재가 노인을 대상으로 운동 또는 인지프로그램을 적용한 효과를 분석한 선행연구들은 운동 또는 인지프로그램이 재가 노인의 인지기능 향상에 유의미하게 효과가 있음을 보고하여(손성민 · 박아름, 2021) 이러한 프로그램의 확대 실시와 참여를 독려할 필요가 있다. 인지기능은 우울 증상과도 연관성이 있어 인지기능 감소와 우울 증상이 함께 나타나는 경우도 많은 것으로 보고되어 이러한 노인에 대한 관심이 요구된다(Lee · Kim, 2016; 윤현진 · 차혜경 · 이희주, 2022).

재가 노인의 우울 증상을 조사한 자료에 의하면, 단축형 노인우울척도(SGDS)를 사용하여 8점 이상을 우울 증상이라고 정의했을 때 재가 노인의 13.5%가 우울 증상을 지닌다(보건복지부, 2020). 성별 비율을 살펴보면, 남자 노인의 우울 증상이 10.9%, 여자 노인의 우울 증상이 15.5%로 여자 노인의 우울 증상 비율이 더 높게 나타났으며, 연령이 높아질수록 우울 증상이 심해졌다(보건복지부, 2020). 선행연구에 의하면 재가 노인의 우울 증상의 수준은 여성인 경우와 월 가구소득이 100만 원 미만인 경우, 교육수준이 무학인 경우, 현재 배우자가 없는 경우, 기초생활수급 대상인 경우, 자신의 건강상태가 나쁘다고 지각하는 경우, 저작 불편을 호소하는 경우, 건강 행위를 실천하지 않는 경우에서 높게 나타났다(이현주·강상경·이준영, 2008). 그리고 사회적 지지와 사회적 연결망이 적을수록 우울 증상이 유의하게 증가하였다(Kim·Lee, 2019; 김남현·정민숙, 2017). 따라서 이러한 재가 노인의 우울 증상과 관련된 위험요인을 고려한 건강정책과 우울 예방 및 관리 프로그램이 활발하게 진행되어야 할 것이다.

3) 건강한 노후 — 사회적 건강

사회적 건강은 건강한 노후의 세 번째 범주로 환경, 가족, 친구, 이웃 그리고 지역사회는 노년기의 사회적 건강에 있어서 모두 중요한 측면이라고 할 수 있다. 사회적 건강상태는 개인이 사회적 기대에 부응하여 사회적 역할을 적절히 수행함으로써 얼마나 사회에 잘 적응하는지 사회적 활동의 정도와 질에 의해 측정할 수 있다. 인간은 생물학적인 존재이면서 정신적인 존재일 뿐만 아니라 다른 사람과 상호작용하는 사회적인 존재이다. 역할은 개인이 집단이나 사회와 관계를 갖는 가장 중요한 수단이며, 역할을 통해서 개인은 사회에 참여하고 이것을 통해 개인의 사회적 가치가 인정되고 또한 자아정체감을 유지하는 기반이 된다. 노년기로의 전이는 주로 노년기로의 역할의 전이에 의해 이루어지는데, 노년기 역할로의 전이는 특별한 통과의식이 없다는 것과 역할의 불연속성 때문에 쉽지 않다. 인생의 마지막 단계인 노년기에 노인은 많은 역할 변화를 경험하고, 특히 역할을 새롭게 획득하기보다는 역할상실이 더 많아 문제가 된다. 노인의 사회적 활동과 역할 수행이 사회적 건강상태에 미치는 영향을 살펴보면 사회적 역할 활동이 활발할 때 노인의 생활 만족도가 높아지며, 마음을 터놓고 이야기할 수 있는 친구나 동반자, 자녀 등과 밀접한 관계를 맺은 사람은 역할상실을 상쇄할만한 완충지대가 있어 그렇지 않은 사람들보다 덜 우울해 하며 더 만족스럽게 생활하는 것으로 보고된다(김경희·이성국·윤희정·권기홍, 2015). 게다가 역할이 상실되면 노인의 사회참여가 저하되고, 자아가치감과 자존심이 감소되며, 무가치함을 느낀 나머지 스스로 사회로부터 소외되기 시작한다. 그러므로 노년기에 친구나 동반자, 자녀와 밀접한 관계를 계속 유지하는 것과 어느 정도의 사회적 역할을 수행하는 것이 사회적 건강을 유지, 증진하는 데 매우 중요하다고 할 수 있다.

노인의 건강은 건강과 질병의 연속선상에서 건강과 노화가 상호작용하여 신체적, 인지·정신적, 사회적 기능력이 감소하는 상태로 나타난다. 노화로 인해 신체의 건강 예비력이 감퇴하며, 지적 기능의 저하와 심리적 기능의 저하, 사회·환경과의 적응력 저하로 정신건강의 변화가 생긴다. 따라서 노년기에 노인은 이러한 신체적 건강, 인지·정신적 건강, 사회적 건강상태가 서로 밀접하게 관련하며 상호작용하는 건강상태의 변화를 겪게 된다. 그러므로 노년기 노인의 건강한 노후는 신체적 건강, 인지·정신적 건강, 사회적 건강 등 어느 한 가지 개념의 정의라기보다는 이 세 가지 모두가 조화롭게 적절히 기능을 유지할 때 건강한 노후라 할 수 있다.

2. 춘천 지역 재가 노인의 건강상태

그렇다면 춘천 지역 재가 노인의 건강상태는 어떠할까? 여기서는 건강한 노후의 모습 중 신체적 건강을 중점적으로 다루고자 한다. 2015년 춘천 노인을 대상으로 실시한 '춘천 노인 AIP 생활환경 조사' 중 '대상자의 주관적 건강상태'와 '진단받은 질환', '도구적 일상생활 수행능력', '건강행위', '의료기관 이용'의 5개 문항을 활용하여 춘천 지역 재가 노인의 건강상태를 살펴보았다.

춘천 지역 재가 노인의 주관적 건강상태는 '보통이다'가 36.7%, '아주 나쁘다' '나쁘다'가 34%, '아주 좋다', '좋다'가 29.3%였다. 전국 65세 이상 재가 노인을 대상으로 한 노인실태조사에서는 '건강이 나쁘다', '매우 나쁘다'로 자신의 건강을 평가한 비율이 19.9%였는데(보건복지부, 2020), 춘천 지역에서는 그 비율이 34.0%로 더 높은 것을 알 수 있다.

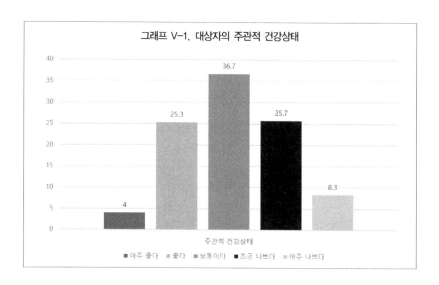

그래프 V-1. 대상자의 주관적 건강상태

춘천 지역 재가 노인의 의사로부터 진단받은 만성질병의 종류별 유병률을 보면 고혈압 59.1%, 관절염 32.0%, 당뇨 20.7%, 심장질환(심근경색 또는 협심증) 13.7%, 뇌졸중 7.8% 등의 순이었으며, 평균 진단받은 만성질병의 수는 1.53개(±1.22)이었다. 이를 전국 65세 이상 재가 노인(보건복지부, 2020)과 비교했을 때 의사로부터 진단받은 만성질병의 수는 춘천 1.53개, 전국 1.90개로 유사하였다. 유병률이 높은 만성질병은 전국 노인의 경우 고혈압이 56.8%로 가장 높고, 그 다음은 당뇨병 24.2%, 고지혈증 17.1%, 관절염 16.5% 등의 순이었다(보건복지부, 2020). 이를 통해 춘천 지역은 관절염을 앓는 재가 노인의 비율이 전국 노인에 비해 상당히 높음을 알 수 있다.

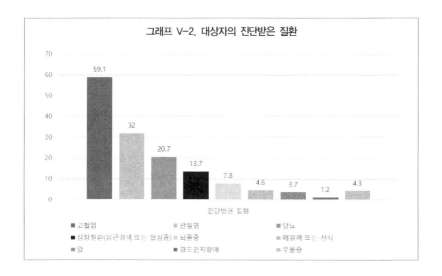

춘천 지역 재가 노인의 도구적 일상생활 수행능력의 각 항목을 통해 기능 상태를 살펴보면 '제때에 정확한 용량의 약을 혼자 잘 챙겨 드십니까?'가 98.8%, '몸단장(세수나 목욕)을 할 수 있습니까?'가 98.7%로 자립률이

높았다. 하지만 '빨래를 할 수 있습니까?'가 78.8%, '자신의 식사준비를 할 수 있습니까?'가 81.6%, '집안일(청소나 정리정돈)을 할 수 있습니까?'가 84.5% 로 자립률이 다소 낮았다.

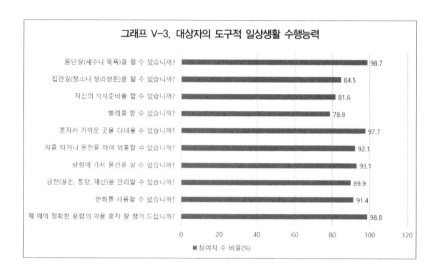

춘천 지역 재가 노인의 건강 행위는 흡연 비율이 11.1%, 음주의 경우 '최근 1년간 전혀 마시지 않음'이 66.4%로 대부분을 차지했다. 이는 전국 65세 이상 재가 노인의 흡연비율 11.9%, 지난 1년간 음주 미경험 비율 61.4%(보건복지부, 2020)와 유사하였다.

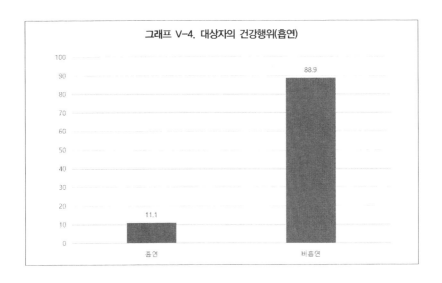

그래프 V-4. 대상자의 건강행위(흡연)

88.9

11.1

흡연   비흡연

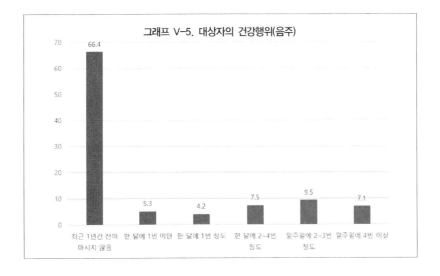

그래프 V-5. 대상자의 건강행위(음주)

66.4

5.3   4.2   7.5   9.5   7.1

최근 1년간 전혀   한 달에 1번 미만   한 달에 1번 정도   한 달에 2~4번   일주일에 2~3번   일주일에 4번 이상
마시지 않음   정도   정도

　춘천 지역 재가 노인의 지난 2일 간 식사횟수는 6번이 89.9%으로 대
부분 하루 3번 식사를 하는 것으로 나타났으며, 최근 1년간 의료기관에

가고 싶을 때 가지 못한 경험 유무는 '없음'이 91.2%로 대체로 이용하고 싶을 때 의료기관을 이용하는 것으로 나타났다.

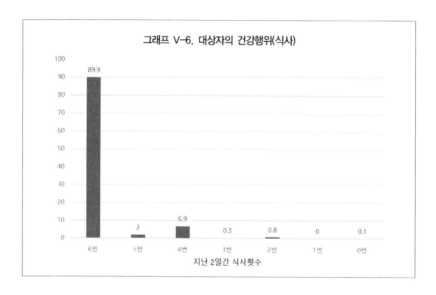

그래프 V-6. 대상자의 건강행위(식사)

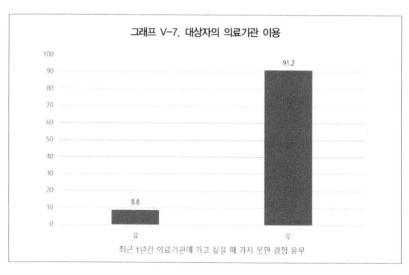

그래프 V-7. 대상자의 의료기관 이용

춘천 지역 재가 노인의 일반적 특성에 따른 주관적 건강상태를 살펴
보면 여성이 남성에 비해, 75세 이상이 65~74세에 비해 유의하게 나빴다
(t=4.99, p<.001; t=-4.34, p<.001). 또, 무배우자가 유배우자보다, 독거가 비독거
보다 주관적 건강상태가 더 나빴다(t=5.74, p<.001; t=-5.57, p<.001). 가구소득
이 100만 원 미만이 100만 원 이상보다 주관적 건강상태가 더 나빴다
(t=8.78, p<.001).

표 V-1. 일반적 특성에 따른 주관적 건강상태

특 성	구 분	n(%) or M±SD	t-value
성별	남성	2.91±0.05	4.99***
	여성	3.22±0.04	
연령	65~74세	2.95±0.04	-4.34***
	75세 이상	3.22±0.04	
배우자 유무	배우자 유	2.93±0.04	5.74***
	배우자 무	3.29±0.05	
독거유무	독거	3.36±0.06	-5.57***
	비독거	2.98±0.04	
가구소득	100만 원 미만	3.40±0.05	8.78***
	100만 원 이상	2.86±0.04	

*p < .05, **p < .01, ***p < .001

춘천 지역 재가 노인의 일반적 특성에 따른 진단받은 질환 수를 살
펴보면 남성이 여성에 비해, 75세 이상이 65~74세보다 유의하게 더 많았
다(t=5.75, p<.001; t=-3.23, p<.001). 또, 유배우자가 무배우자보다, 독거가 비독

거보다 진단받은 질환 수가 더 많았다(t=5.57, p<.001; t=-4.51, p<.001). 가구소득이 100만 원 미만이 100만 원 이상보다 진단받은 질환 수가 더 많았다 (t=6.54, p<.001).

표 V-2. 일반적 특성에 따른 진단받은 질환 수

특 성	구 분	M±SD	t-value
성별	남성	1.72±0.05	5.75***
	여성	1.27±0.05	
연령	65~74세	1.41±0.05	-3.23***
	75세 이상	1.65±0.05	
배우자 유무	배우자 유	1.77±0.06	5.57***
	배우자 무	1.34±0.05	
독거유무	독거	1.80±0.08	-4.51***
	비독거	1.42±0.04	
가구소득	100만 원 미만	1.82±0.06	6.54***
	100만 원 이상	1.32±0.04	

*p < .05, **p < .01, ***p < .001

춘천 지역 재가 노인의 일반적 특성에 따른 도구적 일상생활 수행능력을 살펴보면 여성이 남성에 비해, 65~74세가 75세 이상보다 유의하게 자립률이 높았다(t=49.88, p<.001; t=10.12, p<.001). 또, 무배우자가 유배우자보다, 독거가 비독거보다 유의하게 자립률이 높았다(t=15.40, p<.001; t=34.38, p<.001). 가구소득이 100만 원 미만이 100만 원 이상보다 유의하게 자립률이 높았다(t=14.94, p<.001).

표 V-3. 일반적 특성에 따른 도구적 일상생활 수행능력

특 성	구 분	자립 n(%)	비자립 n(%)	X^2
성별	남성	228(54.4)	191(45.6)	49.88***
	여성	440(75.7)	141(24.3)	
연령	65~74세	349(71.7)	138(28.3)	10.12***
	75세 이상	319(62.2)	194(37.8)	
배우자 유무	배우자 유	339(61.5)	212(38.5)	15.40***
	배우자 무	329(73.3)	120(26.7)	
독거유무	독거	239(80.2)	59(19.8)	34.38***
	비독거	429(61.1)	273(38.9)	
가구소득	100만 원 미만	311(73.5)	112(26.5)	14.94***
	100만 원 이상	357(61.9)	220(38.1)	

*p < .05, **p < .01, ***p < .001

표 V-4. 일반적 특성에 따른 흡연

특 성	구 분	비흡연 n(%)	흡연 n(%)	X^2
성별	남성	324(77.3)	95(22.7)	97.88***
	여성	565(97.3)	16(2.7)	
연령	65~74세	425(87.3)	62(12.7)	2.56
	75세 이상	464(90.5)	49(9.5)	
배우자 유무	배우자 유	484(87.8)	67(12.2)	1.40
	배우자 무	405(90.2)	44(9.8)	
독거유무	독거	262(87.9)	36(12.1)	0.41
	비독거	627(89.3)	75(10.7)	
가구소득	100만 원 미만	372(87.9)	51(12.1)	0.68
	100만 원 이상	517(89.6)	60(10.4)	

*p < .05, **p < .01, ***p < .001

춘천 지역 재가 노인의 일반적 특성에 따른 흡연율을 살펴보면 남성이 여성에 비해 유의하게 흡연율이 높았다(t=97.88, p<.001). 연령, 배우자 유무, 독거 유무, 가구소득에서는 유의한 차이가 없었다.

춘천 지역 재가 노인의 일반적 특성에 따른 음주 횟수를 살펴보면 남성이 여성에 비해, 유배우자가 무배우자보다 유의하게 음주 횟수가 많았다(t=-13.75, p<.001; t=-4.78, p<.001). 또 비독거가 독거보다, 가구소득이 100만 원 이상이 100만 원 미만보다 유의하게 음주 횟수가 많았다(t=2.56, p<.001; t=-3.39, p<.001).

표 V-5. 일반적 특성에 따른 음주 횟수

특 성	구 분	M±SD	t-value
성별	남성	2.91±0.10	-13.75***
	여성	1.51±0.05	
연령	65~74세	2.18±0.08	1.53
	75세 이상	2.02±0.08	
배우자 유무	배우자 유	2.33±0.08	-4.78***
	배우자 무	1.81±0.07	
독거유무	독거	1.88±0.09	2.56*
	비독거	2.19±0.07	
가구소득	100만 원 미만	1.88±0.08	-3.39***
	100만 원 이상	2.25±0.07	

*p < .05, **p < .01, ***p < .001

춘천 지역 재가 노인의 일반적 특성에 따른 지난 2일간 식사 횟수를 살펴보면 여성이 남성에 비해, 유배우자가 무배우자보다 유의하게 지난 2

일간 식사 횟수가 많았다(t=-2.78, p<.01; t=-2.67, p<.01). 또 비독거가 독거보다, 가구소득이 100만 원 이상이 100만 원 미만보다 유의하게 지난 2일간 식사 횟수가 많았다(t=2.69, p<.01; t=-4.68, p<.001).

표 V-6. 일반적 특성에 따른 지난 2일간 식사횟수

특 성	구 분	M±SD	t-value
성별	남성	5.75±0.03	-2.78**
	여성	5.86±0.03	
연령	65~74세	5.79±0.03	-0.21
	75세 이상	5.80±0.03	
배우자 유무	배우자 유	5.85±0.03	-2.67**
	배우자 무	5.73±0.03	
독거유무	독거	5.71±0.04	2.69**
	비독거	5.83±0.02	
가구소득	100만 원 미만	5.68±0.04	-4.68***
	100만 원 이상	5.88±0.02	

*p < .05, **p < .01, ***p < .001

춘천 지역 재가 노인의 일반적 특성에 따른 의료기관에 가고 싶을 때 가지 못한 경험 유무를 살펴보면 여성이 남성에 비해, 무배우자가 유배우자보다 유의하게 의료기관에 가고 싶을 때 가지 못한 경험이 있는 것으로 나타났다(t=21.14, p<.001; t=21.14, p<.001). 또 독거가 비독거보다, 가구소득이 100만 원 미만이 100만 원 이상보다 유의하게 의료기관에 가고 싶을 때 가지 못한 경험이 있는 것으로 나타났다(t=23.29, p<.001; t=26.48, p<.001).

표 V-7. 일반적 특성에 따른 의료기관에 가고 싶을 때 가지 못한 경험 유무

특 성	구 분	유 n(%)	무 n(%)	X^2
성별	남성	21(5.0)	398(95.0)	21.14***
	여성	67(11.5)	514(88.5)	
연령	65~74세	36(7.4)	451(92.6)	2.34
	75세 이상	52(10.1)	461(89.9)	
배우자 유무	배우자 유	28(5.1)	523(94.9)	21.14***
	배우자 무	60(13.4)	389(86.6)	
독거유무	독거	46(15.4)	252(84.6)	23.29***
	비독거	42(6.0)	660(94.0)	
가구소득	100만 원 미만	60(14.2)	363(85.8)	26.48***
	100만 원 이상	28(4.9)	549(95.1)	

*p < .05, **p < .01, ***p < .001

3. 나가며

노년기에 건강해야 자신이 거주하는 지역사회에서 계속 거주하며 생활할 수 있다는 것은 잘 알려진 사실이다. "어떤 노인이 건강한가?"를 살펴보면, 노인이 자립적으로 일상생활을 수행하며, 영양상태가 좋고, 규칙적인 운동과 금연·절주로 건강생활을 실천하고, 배우자와 자녀, 친구 등과 밀접한 관계를 맺으며 만족스러운 사회적 활동을 하고, 경제적으로 어려움이 없는 경우에 건강한 것으로 나타난다. 반대로 노년기에 건강하지 못한 노인은 대체로 식이 섭취를 포함한 영양상태가 불량하고, 일상생활 수행

능력에 제한이 있으며, 과도한 흡연과 과음 등 나쁜 건강행태를 보이고, 경제적으로 어려우며, 배우자가 없거나 독거노인으로 사회적으로 고립된 경우가 많은 것으로 나타난다.

건강하게 노후를 보내고 싶은 것은 우리 모두의 바람일 것이다. 노인이 자신이 거주하는 집에서 오랫동안 건강하게 노후를 보낼 수 있도록 하기 위해서는 건강한 생활습관의 유지와 건강관리를 통해 최대한 스스로 일상생활을 유지할 수 있도록 해야 한다. 이를 위해서는 개인은 물론, 가족과 지역사회, 국가가 함께 노력해야 할 것이다. 건강 관련 정책으로는 무엇보다 노인이 규칙적인 운동과 금연, 절주, 영양관리 등의 건강행위를 잘 실천할 수 있도록 돕는 건강정책과 프로그램을 마련하여 노인의 건강관리가 잘 이루어질 수 있도록 지속적으로 지원해야 한다. 또한 질병치료 중심의 의료정책을 확장하여 만성질병 예방과 기능상태의 악화를 방지하기 위한 건강관리 정책이 필요하다. 이를 위해 지역사회 내 경로당과 노인복지관, 보건소 등을 적극 활용하여 운동실천과 금연, 금주, 건강검진 실시 등 지역단위 노인건강관리 프로그램을 확대하여야 할 것이다. 한편, 고연령 또는 배우자가 없거나 독거노인인 경우, 영양관리 개선이 요구되는 취약집단에 속하므로 이러한 노인에게 장기요양서비스나 맞춤형노인돌봄사업 서비스를 제공할 때, 식사 제공 등 영양관리에 대한 지원을 강화해야 할 것이다. 대다수의 노인은 건강이 유지된다면 자신의 현재 집에서 계속 살고 싶어 하므로 거동이 불편해지더라도 자신의 집에서 살수 있도록 생활하기에 불편한 집의 구조를 수리하거나 주거 환경을 개선하는 사업을 확장해야 할 것이다. 지역에서의 노인의 이동권이 보장될 수 있도록 대중교통을 확대하고 노인의 낙상을 예방할 수 있도록 고령친화적인 안전한 지역사회 환경의 조성이 필요하다.

경제적 어려움이 노인의 건강한 노후를 저해하므로 국가는 공적연금 제도의 보완과 함께 노인이 스스로 노후준비를 할 수 있게 지원할 필요가 있다. 젊을 때부터 미리 합리적인 수준의 노후소득을 마련할 수 있도록 국민들에게 노후준비의 필요성과 중요성을 홍보하고 관련 제도와 정책을 지속적으로 개선해야 할 것이다. 또한, 노년기의 소득 상실이나 경제적 곤궁은 질병에의 위험과 고립감을 가중시켜 삶의 질을 저하할 수 있으므로 경제적으로 취약한 노인의 노후소득을 점진적으로 확충하여야 할 것이다. 이와 관련하여 노인일자리사업의 확대와 질적 향상이 요구된다.

노년기의 역할상실과 사회적 고립감은 노인의 신체적 건강은 물론 우울과 인지기능 감소 등 정신적 건강을 악화시킬 수 있으므로 이에 대한 관심이 필요하다. 노인의 배우자나 자녀와의 관계는 공식적 관계가 감소하는 노년기에 주요한 비공식적 관계망이라고 할 수 있다. 이 외에도 형제자매를 포함한 친인척, 친구나 이웃과의 만남이나 연락 등 다양한 사회적 관계를 통해 사회활동을 다각화할 수 있도록 사회 정책적 지원이 필요하다. 건강한 노후를 위해 취미나 여가활동, 친목도모활동, 문화예술 참여활동 등 노인의 다양한 사회참여가 요구된다. 대표적인 노인 여가복지시설인 노인복지관과 경로당의 사회참여 서비스, 취미여가 프로그램, 식사서비스, 건강서비스 등의 사업을 다각화하고 내실을 기해 이용 노인의 만족도를 향상시켜야 할 것이다. 경로당과 노인복지관의 식사서비스의 경우 고연령의 노인, 기능 제한이 있는 노인, 무배우 노인들도 많이 이용하고 있으므로 이들의 식사서비스와 여가활동에 대한 욕구를 충족시켜 줄 수 있도록 관련 서비스가 향상되어야 할 것이다.

자녀 중심의 사적 관계망 약화와 자녀 동거율 감소로 독거노인 또는 고령 부부 노인, 신체·정신적 기능이 악화된 노인의 경우 사회적으로 고립될 위험이 높을 수 있으므로 이들에 대한 사회의 관심과 지원이 요구된다. 또한 가정 내 노인 학대와 부적절한 돌봄, 고독사 등을 예방하기 위한 선제적 대응 및 정책이 마련되어야 할 것이다.

VI

노인의 경제활동과 사회활동

1. 노년기 경제활동과 사회활동의 중요성

나이가 들어감에 따라 신체 능력이 감소하면서 점점 더 사회활동과 경제
활동을 하는 것이 어려워진다. 경제활동은 자신의 의지라기보다는 사회
의 요구 때문에 종결되는 경우가 많은데, 생산성보다 높은 임금이 지급되
는 나이가 되면 기업은 퇴직을 종용하기 때문이다(Mutchler · Burr · Massagli ·
Pienta, 1999). 경제활동을 제외한 다른 사회활동의 경우 경제활동으로부터
해방되었기 때문에 시간의 여유를 갖게 되어 더 많이 참여할 수도 있지
만 몇 가지 이유로 나이가 들어감에 따라 그 참여 정도가 감소하게 된다
(Carstensen · Fung · charles, 2003). 첫째, 사회활동은 비용이 드는 활동이다. 친
구를 만나거나 복지관 프로그램에 참여하는 것은 교통비, 식사비 등 여러
가지 비용을 동반하는데, 나이가 들어 경제활동을 종료하면 소득이 감소

하여 비용이 드는 활동에 적극적으로 참여하기 어렵다. 둘째, 나이가 들어감에 따라 신체적, 정신적 능력이 약화되기 때문에 멀리 이동하는 외부 활동이나 정신적, 신체적으로 강도 높은 활동에 참여하는 것이 어려워진다. 셋째, 나이가 들어감에 따라 가까운 사람들의 죽음을 더 많이 경험하게 되는데, 이에 따라 사회활동을 함께 할 사람들의 수가 줄어들게 된다.

나이가 들어감에 따라 사회활동을 감소시키는 여러 가지 상황에 직면하게 되지만 여전히 사회활동에 참여하는 것은 노년기 삶에서 매우 중요하다. 노년기에 다양한 사회활동에 참여하는 것이 중요한 이유는 그것이 노년기 행복과 연관되어 있기 때문이다. 사회노년학의 대표적인 이론인 활동이론(activity theory)에 의하면 사회활동에 더 많이 참여하는 노인일수록 더 행복한 노후를 보낸다고 주장한다. 그렇다면 사회활동 참여는 왜 노년기의 행복을 증가시키는가? 사회활동과 행복과의 관계를 살펴보기 전에 어떤 경우 사람들이 행복한가에 대해 잠시 살펴보자. 상징적 상호교섭론(symbolic interactionism)에 의하면 사람들은 의미를 해석하면서 살아가게 되는데, 행복과 관련하여 해석하면 특정한 역할의 수행에 대해 사람들이 긍정적인 반응을 보이면 사람들은 행복해진다고 주장한다.[5] 예를 들면 학생이라는 구조적 지위를 차지하는 '김군'이 시험을 잘 보는 경우 가족이나 친구들로부터 잘했다는 칭찬을 받게 되는데, 이러한 칭찬 때문에 '김군'은 행복해진다.

---

5) 참고로 역할이란 차지하고 있는 구조적 위치에 대해 사람들이 기대하는 행동방식을 의미한다. 예를 들면 학생이라는 구조적 위치에 대해 수업 시간에 잠을 자는 행동을 기대하지는 않는다. 만약 학생이 수업 시간에 잠을 자면 이는 역할을 제대로 수행하지 못한 것이 된다(Biddle, 1986).

역할을 잘 수행하면 주변으로부터 긍정적 반응을 얻게 되어 행복할 수 있는데, 문제는 노인의 경우 역할이 점점 줄어든다는 것이다. 사람은 생애과정을 통해 자녀, 학생, 친구, 배우자, 근로자 등 다양한 구조적 위치를 점유하게 된다. 사회구조 속에서 특정 위치를 갖게 되면 다양한 역할을 부여받게 되는데, 노년기가 되면 역할을 부여하는 구조적 위치가 줄어든다. 즉 직장에서 퇴직하여 근로자라는 위치도 소멸하게 되고, 배우자가 사망하게 되면 남편이나 아내라는 위치도 없어진다. 또 자녀가 성장해 멀리 떨어져 살게 되면 부모라는 위치 역시 소멸할 수 있다. 이처럼 나이가 들어감에 따라 기존의 위치는 소멸하는 반면 사회에서 주어지는 새로운 위치는 등장하지 않는다. 다시 말해 나이가 들어가면서 사회적 위치가 소멸하고 따라서 역할이 없어지게 되어 행복해질 수 있는 기회도 줄어들게 된다는 것이다(Lemon · Bengtson · Peterson, 1972).

그렇다면 사회활동은 왜 행복과 관련이 있는가? 이에 대해서는 사회활동이 '역할'(role)을 제공한다는 점에서 그 이유를 찾을 수 있다. 종교 활동을 하거나 복지관 프로그램에 참여하게 되면 사람들과 만나게 되고 새로운 지위와 역할을 부여받을 수 있다. 예를 들면 조기 축구회에 들어가 활동하게 되면 친구도 사귈 수 있고, 축구회 총무가 될 수 있다. 이런 것들은 모두 새로운 사회적 지위와 역할을 부여하는 것이다. 축구회에서 만난 친구가 플레이가 좋았다고 칭찬하거나 예산을 잘 운영해서 축구회 예산이 풍족해졌다는 칭찬을 듣게 되면 행복해질 가능성이 커진다. 이처럼 사회활동 참여를 통해 새로운 지위와 역할을 얻을 수 있다는 점에서 노년기에 다양한 사회활동에 참여할수록 행복해질 가능성도 커진다.

2. 노년기 사회활동과 행복

노년기의 사회활동이 갖는 중요성을 앞서 살펴보았지만, 사회활동 참여가 항상 긍정적 결과를 보이는 것은 아니라는 주장도 있다. 우선 근대 사회의 특징을 고려해 볼 때 노인이 자신의 지위와 역할을 젊은 세대에게 이전시키는 것이 필요하다는 점에서 노년기 사회활동 참여는 바람직하지 않다고 주장한다(Cumming · Henry, 1961). 어느 세대나 사회의 권력을 노인 세대에서 젊은 세대로 이전하는 문화와 관습이 존재한다. 이는 새로운 지식을 갖춘 젊은 세대가 중요한 결정을 내리는 지위를 차지할 때 사회는 안정적으로 재생산될 수 있기 때문이다. 산업화와 자본주의를 토대로 하는 근대 사회의 경우 이러한 경향이 더욱 두드러지는데, 이는 새로운 지식과 기술이 경험이 아니라 과학적 방법에 의해 발견되기 때문이다. 과거 전근대사회의 경우 지식이 주로 경험에 기초하였기 때문에 경험이 많은 노인이 사회의 중요한 결정을 내리는 지위를 차지할 수 있었다. 그러나 근대 사회로 이행하면서 과학적 원리에 기초한 지식이 중요해지고, 자본주의의 확대로 인해 성인의 경우 부모의 경제적 지원이 갖는 중요성이 감소함에 따라 점차 노인의 사회적 지위는 약화되었고, 이로 인해 퇴직 등 노인이 갖고 있던 사회적 지위를 젊은 세대에게 이전시키는 제도와 문화가 발전하게 되었다.

개별 노인으로서 행복해지기 위해서는 사회의 요구에 자신의 욕망을 맞추어야 하는데, 따라서 사회활동을 축소하는 방향으로 나아가는 것이 노년기에 행복을 지키는 것이라고 볼 수 있다. 이른바 분리이론(disengagement theory)이라는 이러한 주장은 모든 사회활동을 다 축소하는 것이 바람직한 것은 아니며 경제활동이나 공식적 조직에서의 활동과 같은 공식적인 사회활동보다는 친구나 이웃 등과의 비공식적 사회활동이나 취미활동에 집중하는 것이 바람직하다고 주장한다.

3. 노년기 경제활동과 은퇴의 의미

경제활동은 생활에 필요한 소득을 제공할 뿐만 아니라 삶을 규율하는 수단을 제공한다는 점에서 중요하다. 사람들은 사회적 지위에 따라 역할을 부여받게 되면 그에 맞추어 하루하루의 일상을 진행한다. 예를 들면 아침 9시에 회사 일이 시작되면 8시 50분까지는 출근하고, 12시부터 점심시간이면 12시~1시 사이에 점심을 먹는다. 만약 오후 6시가 퇴근이면 오후 2시나 3시에 친구와 모임 약속을 잡지는 않는다. 학생이나 주부, 자영업자 모두 사회적 위치에 따라 부여된 역할에 맞추어 일상생활의 시간표를 만든다. 경제활동은 생활의 시간표를 작성하기 위해 고려되는 중요한 기준 중 하나가 된다.

다른 한편으로 일은 내가 누구인지에 대한 인식 즉 자아 정체성을 만드는 기준이 되기도 한다. 일은 하루 중 가장 많은 시간을 소비하는 활동이다. 또 사람들 사이의 상호작용 중 많은 부분은 일을 통해 일어난다. 일은 또한 타인이 내가 누구인지, 그리고 어떻게 상호작용해야 하는지를 판단하는 기준이 된다. 이처럼 일은 내가 누구인지 스스로 인식하는 기준이 되며, 타인이 나를 인식하게 하는 기준이 된다.

다른 한편으로 일이 부여하는 구체적 활동, 즉 직무를 수행하면서 나는 다양한 경험을 하게 된다. 이러한 경험은 부모나 자녀라는 위치에서는 경험할 수 없는 독특한 것으로 일을 통해 사람들은 더욱 풍부한 경험을 하게 된다.

일이 갖는 다양한 긍정적 효과에도 불구하고 누구나 일정 나이가 되면 경제활동을 종료한다. 은퇴는 경제활동 참여가 종료되는 것을 말한다. 은퇴에 대해 우리가 착각하기 쉬운 것은 은퇴가 한 번에 이루어지는 것이 아니라는 점이다. 오래 다닌 혹은 자신의 주요 경력이 되는 직장에서 퇴직이 곧 은퇴를 의미하지 않기 때문이다(김영범, 2008). 서구에서나 우리나라에서도 퇴직이 곧 은퇴로 이어지는 경우는 경제적으로 여유가 있는 또는 아주 오랫동안 일할 수 있는 직장을 가진 전문직이나 관리직의 경우에만 해당한다. 대부분의 경우 주 직장에서 퇴직하게 되면 경제적 이유 때문에라도 지속적으로 새로운 일을 찾게 된다. 즉 은퇴는 단 한 번의 선택이 아니라 퇴직과 취업을 반복하면서 진행되는 과정이다.

오래 다닌 주 직장에서 퇴직한 이후 사람들은 대부분 완전하게 경제활동을 종료하는 시점까지 새로운 직장을 얻거나 자영업자로 전환하게 되는데, 대체로 이러한 일자리들은 임금이나 근로조건이 더 열악한 일자리가 대부분이다. 이외에 경제활동과 여가활동을 병행하고자 하는 목적으로 근로 시간을 유연하게 조정하기도 한다. 주 직장 퇴직 후 갖게 되는 이러한 일자리들은 연결 일자리(bridge job)라고 불리기도 한다(김영범, 2008).

그렇다면 사람들은 왜 퇴직 또는 은퇴하게 되는가? 이에 대해서는 크게 압박요인(push)과 촉진요인(pull)으로 구분하여 설명한다(김영범, 2008). 퇴직을 압박하는 요인은 대체로 임금과 근로자의 생산성이 역전되는 시점이 오면 기업이 퇴직을 강요한다는 점과 관련이 있다. 나이가 들면 신체 능력이 감소하게 되는데, 생산성이 임금보다 낮아지면 기업은 퇴직을 강요한다. 새로운 기술이나 지식을 활용하면 더 높은 생산성을 얻은 수 있는데, 나이가 들면 새로운 기술이나 지식을 빠르게 습득하기 어렵다. 이런 경우 역시 기업은 퇴직을 강요한다.

촉진요인은 주로 자발적으로 퇴직을 선택하게 되는 요인을 의미하는데, 우선 사회복지제도의 확충을 들 수 있다. 대부분의 선진 국가들은 일정 나이나 가입 기간을 정해두고 연금(pension)을 지급한다. 연금을 받을 나이가 되어 연금으로 생활할 수 있다고 판단되면 사람들은 은퇴할 수 있다. 특히 50대 후반에서 60대에 이르게 되면 가족을 꾸리고 생활하면서 드는 여러 비용을 줄일 수 있는데, 예를 들면 자녀에 대한 교육비, 주택 마련을 위한 대출 등이 감소하게 되어 생활비를 줄일 수 있다. 다른 한편으로 여가에 대한 사회적 시선이 긍정적으로 변화된 것 역시 은퇴를 촉진하는 요인이 될 수 있다. 더 오래 일하는 것을 긍정적으로 보는 시각에서 벗어나 여가를 즐기는 것이 노년의 바람직한 모습이라는 규범이 확산되어 좀 더 편안하게 은퇴를 선택할 수 있게 된 것이다. 마지막으로 여가생활에 대한 욕구가 나이가 들어감에 따라 증가하게 되어 자발적으로 퇴직이나 은퇴를 선택하게 된다. 주직장 퇴직의 경우 경제활동을 완전하게 종료하기보다는 일을 하는 시간을 줄여 여가와 일을 병행하는 경우도 있다.

연금과 같은 노후 사회복지제도가 발전하고, 노년기의 여가생활에 대한 인식이 긍정적으로 바뀌었음에도 여전히 상당수의 노인들은 일을 하고 싶어 한다. 우리나라 노인의 최근 고용률을 살펴보면 2021년 65-69세의 경우 49.4%, 70세 이상은 27.5%로 나이가 많은 노인의 경우도 상당수는 일자리를 원하고 있음을 알 수 있다. 다른 국가들과 비교해 보면 우리나라의 노인 고용률이 상당히 높은 것을 알 수 있는데, 서구의 주요 국가들은 물론 멕시코나 스페인보다도 높은 고용률을 보인다. 주요 국가 중

65~69세 노인 고용률이 우리나라와 비슷한 국가는 일본이 유일하다.

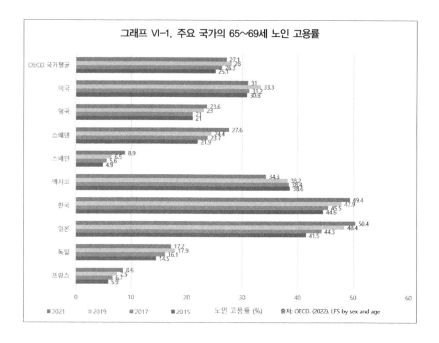

그렇다면 왜 우리나라 노인들은 일을 계속 하고 싶어 하는가? 이는 무엇보다도 노인들의 경제적 어려움이 크다는 점 때문으로 이해할 수 있다. 1988년 시작된 국민연금제도 아래 이제 20년 완전 노령연금을 받는 노인의 수가 80만 명이 넘고 국민연금으로 매월 200만 원 이상 받는 사람이 있음에도 불구하고 여전히 다수의 노인들은 국민연금 수급 자격이 없거나 자격이 있더라도 급여가 매우 적다. 2020년 현재 65세 이상 노인 대비 국민연금 수급자는 44.4%이며, 수급 액수 역시 50만 원 미만이 전체 수급자의 70%를 넘는다(국민연금공단, 2021). 55~79세 노인에 대해 일을 하

고 싶어 하는 이유를 조사한바 역시 '생활비에 보탬이 되고 싶어서'가 절
반 이상을 차지하는 것으로 나타난 바 있다(통계청, 2021).

　이제 조사 자료를 바탕으로 노인의 경제활동과 사회활동이 인구 사
회적 특징에 따라 어떠한 차이를 보이는지, 그리고 노인의 사회활동과 경
제활동이 정신건강과 어떤 관련성이 있는지 살펴보자.

4. 노인의 경제활동: 인구 사회적 특징에 따른 분석

1) 경제활동

경제활동 참여 수준을 살펴보면 전체 1,000명 중 355명이 현재 일을 하는
것으로 나타났다. 일하는 사람의 비율은 사회경제적 특징에 따라 차이가
나는데, 당연히 여성보다 남성에서, 65~74세 집단에서 75세 이상 집단보
다 높은 것으로 나타났다. 이외에 무배우자에 비해 유배우자가, 읍·면
지역 노인이 동 지역 노인보다 일을 하는 노인의 비율이 높은 것으로 확
인된다. 도구적 일상생활능력의 경우 자립 노인과 비자립 노인 사이에 유
의미한 차이가 없는데, 이는 척도 항목 10개 중 1개라도 비자립으로 응답
한 경우 비자립 노인으로 분류했기 때문이다. 여러 항목에서 누군가의 도
움이 필요한 경우 일자리를 갖고 있는 비율은 큰 폭으로 줄어드는데, 도
구적 일상생활능력 10개 항목 중 5개 이상 비자립이라고 응답한 48명 중
일자리를 갖고 있다고 응답한 경우는 4명으로 8.3%에 불과하다.

표 VI-1. 경제활동 참여: 인구 사회적 특징

구분	경제활동 참여 빈도(%)
전체 평균	355(35.5)
성	*
여성(582)	192(32.99)
남성(418)	163(39.00)
연령	***
65~74세(487)	209(42.92)
75세 이상(513)	146(28.49)
혼인 상태	**
무배우자(449)	137(30.51)
유배우자(551)	218(39.56)
거주 지역	***
읍/면(256)	138(53.91)
동(744)	217(29.17)
가구 형태	
동거(702)	252(35.90)
독거(298)	103(34.56)
도구적 일상생활능력	
자립(668)	248(37.13)
비자립(332)	107(32.23)
가구소득	
100만 원 미만(423)	148(34.99)
100만 원 이상(577)	207(35.88)

*p < .05, **p < .01, ***p < .001

현재 일하는 노인을 대상으로 직업을 조사한 결과 판매·서비스직이 절반을 넘으며, 농업이라고 응답한 비율도 1/3을 넘는다. 즉 직업이 있는 노인의 경우 90% 이상이 판매·서비스직이 아니면 농업에 종사하는 것으로 나타난다. 대체로 판매·서비스직이나 농업의 경우 소득이 많지 않은 일자리이다. 앞서 가구소득에 따라 일을 하는지 살펴본 결과에서 소득에 따라 유의미한 차이가 없는 것으로 나타난 바 있는데, 이는 노인의 일자리가 저소득 일자리이기 때문으로 보인다.

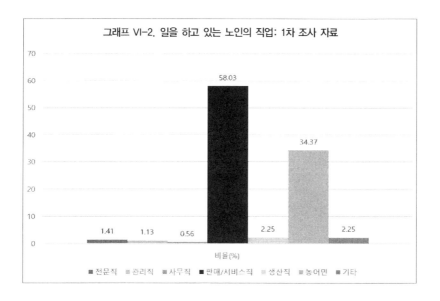

그렇다면 노년기 경제활동을 하는 것과 하지 않는 것에 따라 정신건강에 유의미한 차이가 있는지 살펴보자. 우울과 외로움 척도를 대상으로 현재 직업 유무에 따라 나누어 살펴본 결과에 의하면 우울과 외로움 모두 직업이 없는 노인이 직업이 있는 노인에 비해 유의미하게 높은 것으로 확인된다. 이는 직업 활동이 소득을 향상시킬 뿐만 아니라 사회관계를 접촉할 수 있는 기회를 제공하며, 자기효능감을 강화시키기 때문으로 보인다. 다만 삶의 만족도와 직업 유무는 유의미한 관련성이 없는 것으로 나타났다. 이는 경제적으로 어려운 노인들은 경제활동에 참여하는 반면, 상대적으로 여유로운 노인들은 참여하지 않기 때문에 나타난 결과로 보

인다. 즉 경제활동 참여 노인은 역할을 부여받고 그것을 수행함으로써 긍정적 효과를 얻을 수 있지만, 경제적 어려움은 역으로 행복감을 감소시킨다. 반대로 경제활동 비참여 노인은 역할을 부여받지 못해 긍정적 효과를 얻을 수는 없지만, 경제적 어려움으로 인한 부정적 효과 역시 없다. 따라서 경제활동 여부에 따른 긍정적, 부정적 효과와 경제적 어려움에 따른 부정적, 긍정적 효과가 서로 상쇄되어 직업활동에 따라 행복도에 유의미한 차이가 나지 않는 것으로 해석할 수 있다.

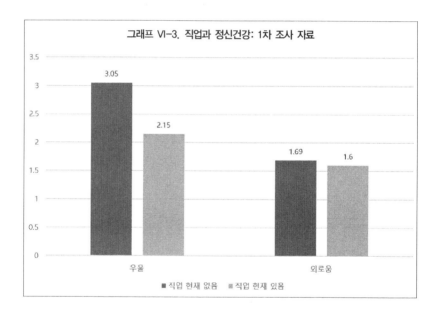

그래프 VI-3. 직업과 정신건강: 1차 조사 자료

5. 사회활동

사회활동은 일을 하지 않는 노인들에게서 특히 중요하다. 앞서 살펴보았듯 사회활동 참여는 역할을 제시함으로써 행복 수준을 향상할 수 있는 기회를 제공한다. 다른 한편으로 노인이 되면, 은퇴나 자녀와의 별거 등으로 자유로운 시간이 많아진다. 새롭게 얻어진 시간을 어떻게 보내야 할지에 대한 고민도 같이 커지는데 경제활동과 마찬가지로 정기적으로 참여하는 사회활동이 있는 경우 하루하루의 삶을 어떻게 구성해야 할지 결정하는 하나의 기준을 마련할 수 있다. 즉 사회활동에 참여하게 되면 매일의 삶을 규율하는 기준을 가질 수 있다. 사회활동 참여는 또 유사한 집단과 접촉하게 하는 수단이라는 점에서 사회관계를 확대하는 데도 기여할 수 있다. 이를 통해 외로움이나 우울 등 노년기 부정적인 정신건강을 개선하는 데도 사회활동 참여가 도움이 될 수 있다.

먼저 사회활동에 어느 정도 참여하는지 살펴보자. 이 자료에서는 참여수준을 '① 전혀 참여하지 않는다' ~ '⑩ 매일 참여한다'까지 10점 척도로 나누어 측정하였다. 우선 참여하는 사회활동 종류를 살펴보자. 분석에서는 '① 전혀 참여하지 않는다'와 '② 1년에 1회 미만 참여'를 참여하지 않는 것으로 분류하였다. 먼저 여러 사회활동 중 한 가지라도 참여하는 경우는 1,000명 중 928명 즉 92.8%의 응답자는 단 한 가지의 사회활동이라도 참여하는 것으로 나타났다. 이는 반대로 72명, 즉 7.2%는 단 한 가지의 사회활동에도 참여하지 않음을 의미한다. 앞서 살펴본 직업 여부와 결합해 분석해 본 결과, 일도 하지 않으면서 사회활동에 전혀 참여하지 않는 응답자는 44명 즉 4.4%로 나타났다. 일이나 사회활동이 타인과 접촉하는 주요한 수단이라는 점에서 이 모두를 하지 않는 이 집단은 사회적 고립의 가능성이 큰 것으로 볼 수 있다.

사회활동 종류별로 참여 수준을 살펴보면 가장 높은 참여율을 보이는 활동은 친목모임으로 전체 응답자의 77.6%가 참여하는 것으로 나타났다. 이외에 종교모임, 여가활동, 종친회나 동창회 같은 연고모임의 참여율이 20% 이상으로 나타난다. 기타 활동, 즉 자원봉사나 시민사회 참여와 같은 활동은 참여율이 다른 활동에 비해 낮은 것으로 나타났다.

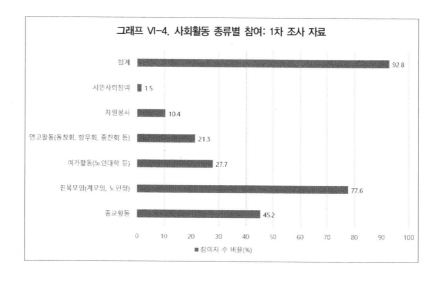

그렇다면 응답자들이 참여하는 사회활동 종류는 몇 가지인지 살펴보자. 앞서 전혀 참여하지 않는 경우(응답 중 전혀 참여하지 않는다 + 1년에 1번 미만)는 7.2%로 나타난 바 있다. 참여하는 사회활동 종류의 수는 1~2개가 전체의 69.9%로 다수를 차지하며, 3개 이상은 23.2%로 나타난다. 앞서 사회활동 종류별 분석과 결합해 보면 노인 대부분이 친목모임, 종교활동, 연고활동을 중심으로 참여하고 있음을 알 수 있다.

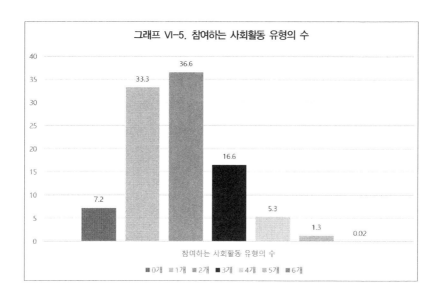

그래프 VI-5. 참여하는 사회활동 유형의 수

참여하는 사회활동 유형의 수

■ 0개 ■ 1개 ▨ 2개 ■ 3개 ■ 4개 ▨ 5개 ▨ 6개

　　사회활동은 개인의 인구·사회적 특징에 따라 참여율에 차이를 보일 수 있다. 예를 들면 연고활동의 경우 동창회를 포함하는데, 학력이 높을수록 더 많은 동창회에 가입할 수 있고, 따라서 참여할 가능성도 커진다. 그렇다면 노인의 경우 전반적으로 남성이 여성에 비해 학력이 높기 때문에 동창회 참여 비율 역시 남성이 여성에 비해 높을 가능성이 있다. 인구·사회적 특징에 따라 참여 활동 수의 차이를 살펴보면 다음과 같다. 6개 항목으로 측정한 사회활동 중 몇 개에 참여하고 있는지 살펴보면 전체 평균은 1.84개로 참여하는 사회활동이 2개 미만으로 나타난다. 노인은 비교적 자유로운 시간이 많다는 점에서 참여하는 사회활동이 2개 미만이라는 점은 의외의 결과로 볼 수 있다. 참여하는 사회활동 종류의 수는 인구·사회적 특징에 따라 상이한데, 남성이 여성에 비해, 75세 미만 노인 집단이 75세 이상 집단에 비해, 유배우자가 무배우자에 비해 참여하는 사회활동의 수가 더 많은 것으로 나타난다. 흔히 유배우자와 무배우자의 차

이는 유배우자의 경우 자신이 혼자 참여하는 활동 외에 배우자가 참여하는 사회활동에 함께 참여하기 때문에 더 다양한 사회활동에 참여할 수 있는 것으로 이해할 수 있다. 다만 이러한 결과는 성에 따라 차이를 보일 수 있는데, 여성의 경우 남편에 대한 돌봄 부담 때문에 무배우자가 자유 시간을 더 많이 가질 수 있고 이로 인해 남편이 있는 여성에 비해 더 많이 사회활동에 참여할 수 있다.

표 VI-2. 참여 사회활동 수: 인구 사회적 특징

구분	참여 사회활동 수(s.d)
전체 평균	1.84(1.06)
성	*
여성(581)	1.75(.96)
남성(419)	1.95(1.17)
연령	***
65~74세(487)	1.97(1.11)
75세 이상(513)	1.71(.99)
혼인상태	***
무배우자(449)	1.65(.90)
유배우자(551)	1.99(1.15)
거주 지역	
읍/면(256)	1.77(1.06)
동(744)	1.86(1.06)
가구형태	*
동거(702)	1.88(1.10)
독거(297)	1.72(.94)
도구적 일상생활능력	***
자립(668)	1.93(1.03)
비자립(332)	1.64(1.09)
가구소득	***
100만 원 미만(423)	1.68(.99)
100만 원 이상(577)	2.07(1.11)

*$p < .05$, **$p < .01$, ***$p < .001$

이외에 동거노인이 독거노인에 비해, 혼자 일상생활을 자립할 수 있는 노인이 일상생활 비자립 노인에 비해, 가구소득이 100만 원 이상 노인이 100만 원 미만 노인에 비해 사회활동 참여 종류가 더 많은 것으로 나타났다. 이러한 결과는 결국 함께 사회활동을 할 수 있는 동반자가 있고, 신체 능력이나 소득 등에서 사회활동 참여가 가능한 환경에 있는 노인일수록 더 다양한 사회활동에 참여하고 있음을 보여준다.

그렇다면 이제 사회활동 별로 어떤 활동에 더 많이 참여하는지 살펴보자. 표 VI-3은 인구·사회적 특징에 따라 사회활동 종류별 참여율을 살펴본 것이다. 우선 성별로 살펴보면 종교활동과 친목활동은 여성이 남성에 비해 유의미하게 더 많이 참여하는 것으로 나타난 반면, 여가활동과 연고활동은 남성이 더 많이 참여하는 것으로 나타난다. 시민사회 참여의 경우 남성의 참여율이 여성에 비해 더 높기는 하지만 참여율 자체가 너무 낮아서 유의미한 결과로 보기는 어렵다.

연령별로 보면 종교활동과 친목모임은 유의미한 차이가 없지만, 여가·연고·자원봉사 활동에 75세 미만 집단이 75세 이상 집단에 비해 더 많이 참여하는 것으로 나타난다. 혼인 상태에 따라서 살펴보면 연령과 유사하게 세 가지 활동에 대하여 무배우자 집단에 비해 유배우자 집단에서 참여율이 더 높은 것으로 나타나며, 거주 지역의 경우 종교활동과 연고활동에서 읍/면 지역 거주자가 동 지역 거주자에 비해 참여율이 더 높은 것으로 나타난다.

독거 여부에 따라서는 종교활동과 연고활동에서 차이를 보이는데, 전자는 독거노인이 후자는 비 독거노인이 더 높은 참여율을 보인다. 도구적 일상생활능력의 경우 모든 활동에서 자립 노인이 비자립 노인에 비해 높은 참여율을 보인다. 마지막으로 소득에 따른 차이를 살펴보면 종교활동과 시민사회 참여를 제외한 4가지 활동 모두 가구소득 100만 원 이상 집단이 100만 원 미만 집단에 비해 참여율이 높은 것으로 나타난다. 이러한 결과를 종합해 보면 노인의 사회활동 참여는 우선 건강, 소득에 따라 차이를 보임을 알 수 있다. 건강상태가 양호하고 소득이 많은 노인일수록 다양한 사회활동에 참여하고 있다. 다른 한편으로 성이나 연령, 혼인 상태에 따라 참여하는 사회활동의 종류가 다른 것으로 나타나는데, 여성, 고연령층, 무배우자 노인은 그렇지 않은 노인에 비해 여가활동, 연고활동, 자원봉사 등에서 그 참여율이 낮은 것으로 나타난다.

여성, 고연령층, 무배우자 집단은 대체로 소득이 낮고 건강상태도 열악한 상황일 가능성이 크다. 건강이나 소득이 열악함에도 불구하고 이들 집단은 종교활동과 친목모임 참여율이 높은데, 이들 활동은 오랫동안 참여하여 활동에 익숙할 뿐만 아니라 다른 참여자와도 비교적 친밀성이 높은 활동이다. 사회활동 종류별 참여율 자료를 통해 우리는 나이가 들어감에 따라 노인이 모든 사회활동을 중지하는 것이 아니라 익숙하지 않은 활동을 먼저 중단하고 익숙한 활동은 유지하고자 한다는 점을 알 수 있다.

표 Ⅵ-3. 인구 사회적 특징별 참여 사회활동 수

구분		종교활동	친목모임	여가활동	연고활동	자원봉사	시민사회 참여
성	여성(581)	299(51.46)***	475(81.76)***	147(25.30)*	45(7.75)***	52(8.95)	3(.52)**
	남성(419)	153(35.52)	301(71.84)	130(31.03)	168(40.10)	52(12.41)	12(2.86)
연령	65~74세(487)	229(47.02)	368(75.56)	161(33.06)***	117(24.02)*	75(15.40)***	10(2.05)
	75세 이상(513)	223(43.47)	408(79.53)	116(22.61)	96(18.71)	29(5.65)	5(.97)
혼인상태	무배우자(449)	251(47.88)	351(78.17)	103(22.94)**	41(9.13)***	28(6.24)***	3(.67)
	유배우자(551)	237(43.01)	425(77.13)	174(31.58)	172(31.22)	76(13.79)	12(2.18)
거주 지역	읍/면(256)	85(33.20)***	213(83.20)*	64(25.00)	70(27.34)**	21(8.20)	0(.00)
	동(744)	367(49.33)	563(75.67)	213(28.63)	143(19.22)	83(11.16)	15(2.02)
가구형태	동거(702)	295(42.02)**	550(78.35)**	198(28.35)	187(26.64)***	80(11.40)	12(1.17)
	독거(297)	157(52.68)	226(75.84)	78(26.17)	26(8.72)	24(8.05)	3(1.01)
도구적 일상생활능력	자립(668)	330(49.40)***	538(80.54)**	199(29.79)*	135(20.21)***	83(12.43)**	6(.90)*
	비자립(332)	122(26.99)	238(71.69)	78(23.49)	78(23.49)	21(6.33)	9(2.71)
가구소득	100만 원 미만(423)	280(46.05)***	458(75.33)*	145(23.85)**	91(14.97)***	43(7.07)***	7(1.15)
	100만 원 이상(577)	172(43.88)	318(81.12)	133(33.67)	122(31.12)	61(15.56)	8(2.04)

*p < .05, **p < .01, ***p < .001

그렇다면 사회활동 참여 수준은 2년간 얼마나 변화하였는가? 본 연구는 2015년 1차 조사에 이어 2017년 2차 조사를 시행하였다. 나이가 들어감에 따라 사회활동 참여는 감소한다는 점에서 1차 조사보다는 2차 조사에서 참여 수준이 약간 감소한 결과가 나타났을 수도 있다. 1차와 2차 조사모두 참여한 경우는 1,000명 중 418명으로 이들을 대상으로 1차 조사와 2차 조사에서 사회활동 참여에 차이가 있는지 살펴보자. 2년간의 변화를 살펴보면 참여하는 사회활동 종류는 1차 조사에 비해 2차 조사에서 약간 감소한 것으로 나타난다. 즉 1차 조사의 경우 1.92개에서 2차 조사에서는 1.79개로 약간 감소하였다. 개별 활동에 대한 참여율은 활동의 종류에 따라 차이를 보이는데, 친목모임은 증가했지만, 여가활동과 자원봉사는 감소하였다. 사회정서선택이론에 의하면 나이가 들수록 정서적인 즐거움에 대한 욕구가 커지기 때문에 친밀한 사람과의 접촉이 증가할 것이라고 예상한다. 본 자료의 이러한 변화 역시 나이가 들어감에 따라 친숙한 관계와의 만남이 증가함을 보여주는 것으로 해석할 수 있다.

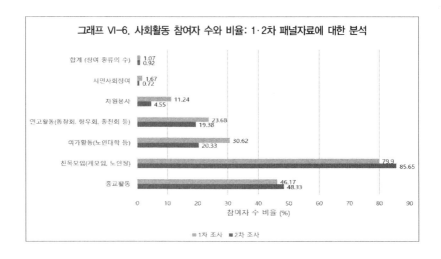

그래프 VI-6. 사회활동 참여자 수와 비율: 1·2차 패널자료에 대한 분석

표 VI-4. 우울 수준과 사회활동 참여의 상관관계: 1차 조사 결과

	합계	종교활동	친목모임	여가활동	연고활동	자원봉사	시민사회 참여
우울	-.21***	-.03	-.14***	-.12***	-.17***	-.10**	-.06
외로움	-.23***	-.04	-.17***	-.09**	-.14***	-.08**	-.06
삶의 만족	.24***	.06	.10**	.10**	.22***	.17***	.08**

*p < .05, **p < .01, ***p < .001

사회활동에 참여하는 경우 우울과 외로움이 감소한다는 점은 잘 알려진 사실이다. 본 자료를 통해서도 이를 다시 한번 확인할 수 있었다. 표 VI-4에서 확인할 수 있듯 다양한 종류의 사회활동에 참여할수록 우울과 외로움은 낮아지는 것으로 나타났다. 특정 사회활동에 참여하는 것 역시 우울과 외로움을 완화하는 데 도움이 되는 것으로 나타난다. 다만 종교활동과 시민사회 참여는 그 효과가 유의미하지 않은 것으로 나타났다. 종교활동이 삶의 만족이나 우울과 관련이 있다는 서구의 연구와는 달리 유의미한 관련성이 없다는 국내 연구가 존재하는데(김영범·이승훈, 2008), 국내 연구의 경우 종교활동을 통해 얻는 도구적 이점[6]이 서구에 비해 적다는 점 때문으로 보인다.

5개의 항목으로 측정한 삶의 만족도와 사회활동은 종교활동을 제외하면 모두 통계적으로 정적 관계를 보인다. 즉 종교활동을 제외한 다른 사회활동에 더 많이 참여할수록 행복도 역시 높은 것으로 나타난다. 사회

---

6) 도구적 이점이란 종교활동에 참여함으로써 생활에 필요한 도움을 얻을 수 있는 정도를 말한다. 구체적으로 음식이나 필요한 서비스를 제공받는 것 등이 포함된다. 다른 한편으로 사회관계의 확장이라는 측면에서 종교활동은 다른 사회활동에 비해 그 효과가 크지 않다는 주장도 있다. 종교는 신과 인간의 1대1 관계를 강조하기 때문에 다른 사람과의 접촉이나 관계를 확대하는 측면에서는 다른 사회활동에 비해 그 효용성이 적다(김영범·이승훈, 2008).

활동에 적극적으로 참여하면 그 과정에서 역할을 얻을 수 있고, 또 그 과정에서 긍정적 반응을 얻게 되면 더 행복할 수 있다. 삶의 만족도와 사회활동 참여 사이의 관계를 이러한 주장을 다시 한번 확인해주는 것으로 보인다. 다만 종교활동은 역할보다는 신과 나의 일대일 관계를 강조한다는 점에서 역할을 갖기 어렵기 때문에 삶의 만족에 대한 긍정적 효과 역시 크지 않은 것으로 보인다.

6. 노년기 일과 사회활동의 의미

일과 사회활동은 사회관계를 형성하고 교류할 수 있는 토대를 제공한다는 점에서 사회적 존재인 인간에게는 매우 중요한 활동이 아닐 수 없다. 일이나 사회활동 참여는 사회와 개인이 만나는 접점이라는 점에서 고립되지 않고 살아가기 위해서 꼭 필요한 활동이다. 혼자 사는 노인에게 일이나 사회활동은 특히 중요한데, 일과 사회활동 참여가 자신의 상황을 외부에 확인시키는 통로가 되기 때문이다. 매일 출근하는 노인이 출근하지 않으면 누군가가 왜 출근을 안 했는지 확인하는데, 만약 노인에게 건강상 문제가 발생하는 경우 빠른 대처를 할 수 있다. 일과 사회활동에 참여하지 않으면 주변에 자신의 상황을 알릴 수 있는 통로가 없고 따라서 도움을 받기도 어렵다.

위 분석에서 확인되었듯 일하지 않는 노인은 일하는 노인에 비해 우울·외로움 수준이 더 높고, 사회활동 참여가 적을수록 삶의 만족도도 낮다. 일과 사회활동이 갖는 중요성에도 불구하고 노년기가 되면 은퇴, 건강 악화, 친밀한 사람의 사망 등으로 일과 사회활동 참여가 더욱 어려워지는 것 역시 사실이다. 일과 사회활동에 참여할 수 없는 경우 사회관계의 접촉이 감소하게 되고, 결과적으로 사회적 고립이 발생할 가능성도 있다. 이 점에서 가능한 한 일을 하고, 사회활동에 참여할 수 있는 환경을 마련하는 것은 노년기 행복한 삶을 지속하기 위해서 매우 중요하다.

일이 주는 여러 가지 이점도 중요하지만 단순히 돈을 더 벌기 위해 일하고자 하는 노인도 많다. 2022년 발표된 2021년 고령자 통계에 의하면 우리나라 노인의 경우 일하고자 하는 이유에 대해 생활비에 보탬이라는 응답이 절반(53.3%)을 넘어서며, 노인 빈곤율 역시 43.2%에 이른다. 또 생활비를 연금과 퇴직금으로 충당한다는 비율은 35.1%에 불과하다. 이러한 현실을 통해 역할을 부여하고 자기효능감을 높이거나 타인과의 교류를 위한 장을 마련하여, 사회활동에 참여할 수 있는 기회를 제공하는 것과 같은 일이 주는 긍정적 이점보다는 경제적 어려움 때문에 일하고자 하는 노인이 많다는 점을 알 수 있다.

경제적 어려움 때문에 일하게 되면 일하는 시간, 강도, 내용을 스스로 조정할 수 없을 가능성이 크다. 이런 일을 하게 되면 일하기 때문에 누릴 수 있는 여러 가지 장점을 누릴 수 없거나 그 긍정적 효과가 줄어들 수 있다. 이 점에서 노년기 경제활동 이유를 소득이 아닌 다른 것에서 찾을 수 있도록 환경을 조성하는 것이 필요하다. 무엇보다도 노년기 소득을 생활에 부족하지 않도록 하는 것이 중요한데, 이는 청장년기 동안 안정적인 일자리를 가지면 해결될 수 있다. 국민연금과 같은 사회보험은 그 기여금을 오래 납입하고 많이 낼수록 급여를 많이 받을 수 있다. 국민연금 급여를 월 200만 원 이상 받는 가입자가 등장하였는데(국민연금 보도자료, 2021), 이 경우 역시 장기간 기여금을 냈기 때문에 가능한 것이다. 노년기 일이 갖는 긍정적 효과를 확대하기 위해서는 중장기적으로 노동시장에서 안정적으로 일할 수 있는 정규직 일자리를 확대하는 것이 필요하다.

다른 한편으로 현재 노인의 경우 기초연금을 인상하는 것도 한 방법으로 보인다. 국민연금을 개시할 당시 이미 노인이 되었거나 50대 이후 장년층에게는 기여금을 납입할 수 있는 기회가 없거나 기간이 짧았기 때문에 이들은 연금이 없거나 금액이 적을 수밖에 없다. 연금이 없거나 그 금액이 적은 노인에게는 기초연금을 인상하여 경제적 어려움을 완화하는 것이 필요하다.

사회활동은 그 종류에 따라 참여율이 차이를 보이지만 대체로 노년기 삶의 질을 향상하는 데 기여하는 것으로 나타난다. 이 점에서 더 많은 노인들이 사회활동에 참여할 수 있도록 지원하는 것이 필요하다. 사회활동 참여는 저소득, 고연령 층에서 상대적으로 낮은 것으로 확인되는데, 이들 집단은 참여를 위한 비용을 충당하기 부담스럽고, 외부 활동이 어렵다는 점 때문으로 보인다. 이 점에서 참여를 위한 비용을 낮추는 방안과 함께 외부 활동이 아니라 집 내부에서도 사회활동에 참여하는 방안을 강화하는 것이 필요하다. 복지관이나 종교시설의 경우 무료버스를 운영하거나 프로그램을 무료로 운영하는 경우, 그리고 점심을 무료로 제공하는 경우 상대적으로 참여율이 높다. 사회활동에 참여하는 비용을 낮추는 노력이 필요해 보인다. 외부 활동에 제약이 있는 경우 실내에서 참여할 수 있는 사회활동을 개발하는 것이 중요한데, 한 예로 스마트 TV를 활용해 타인과 연결할 수 있는 프로그램을 개발하는 것도 고려해 볼 수 있다.

VII

노인에 대한 도움과 지원은 누가

1. 노년기 도움의 필요성

사람들은 누구나 부모, 배우자, 자녀, 친구, 이웃 등 주변 사람과 도움을 주고받으며 살아간다. 어려서는 부모의 도움이 절대적이며, 나이가 들어 감에 따라 배우자에게, 그리고 노인이 되면 자녀나 친구·이웃에게 점점 의존하게 되는데, 도움을 받을 수 있는 사람이 있는지에 따라 삶의 기회 나 질은 큰 차이를 보이게 된다. 자신을 둘러싼 배우자나 자녀, 친구 등과 같은 친밀한 관계는 노년기에 더 중요한데, 이는 나이가 들어감에 따라 신체 능력이 감소하게 되어 스스로 일상에 필요한 모든 활동을 자립적으 로 할 수 없게 되고, 소득이 줄면서 생활에 필요한 여러 가지 비용 역시 누군가로부터 도움을 받아야 하는 필요성이 커지기 때문이다.

노년기의 삶을 연구하는 사회노년학에서 누구에게 어떤 도움을 받는

가는 핵심적인 연구과제 중 하나로 여겨져 왔다. 도움을 주고받는 대상이 있는가, 또 그들은 누구인가, 도움을 주고받는 대상이 있다는 점은 어떤 측면에서 노년기 삶에 긍정적인 영향을 주는가? 등은 사회노년학에서 주로 연구되어 온 주제이다. 사회노년학을 포함한 사회과학에서는 자신을 둘러싼 사회관계의 구성과 영향에 대한 연구를 사회연결망(social network) 또는 사회지원망(social support network) 연구 분야로 분류하는데, 사회관계에 대한 독특한 분석 방법을 토대로 사회연결망이 개인의 삶에 어떤 영향을 주는지에 대해 많은 연구가 진행되어 왔다(Crohan · Antonucci, 1989; Wellman · Wortley, 1990). 이 글에서는 우선 노인의 사회연결망 또는 사회지원망에 대한 사회노년학에서의 연구를 살펴보고, 다음으로 현재 우리나라 노인의 사회지원망 특성을 강원도 춘천 지역의 노인을 대상으로 한 조사 자료를 바탕으로 분석하고자 한다.

우선 왜 사회연결망이 노년기 삶에 도움이 되는지 그 이유를 살펴보자. 인간은 누구나 다양한 정보를 습득하여 이를 토대로 중요한 결정을 내리는데, 정보가 많으면 올바른 결정을 내릴 가능성이 크다. 일상생활에서 필요한 정보를 얻는 방법은 다양하다. 우선 언론이나 인터넷과 같은 매체를 통해 정보를 얻을 수 있다. 다른 한편으로 내가 알고 있는 사람이 습득한 정보를 내게 전달함으로써 필요한 정보를 알 수도 있다. 사회연결망이 노년기의 삶에 중요한 이유는 사회관계를 통해 더 많은 정보를 얻을 수 있기 때문이다. 대중매체나 인터넷의 정보는 일반대중을 대상으로 한 것이지만, 나를 잘 알고 있는 사람으로부터의 정보는 내가 필요한 그 어떤 것일 가능성이 크다. 예를 들면 내가 일자리가 필요할 때 나를 잘 아는 사람은 내 능력에 적합한 일자리 정보를 제공할 수 있다. 내가 특정 질병으로 인해 치료가 필요할 때 나를 아는 사람은 그 질병을 잘 치료하는 병원을 소개해줄 수도 있다. 이런 사례처럼 사회관계가 풍부할수록 다른 사람이 알고 있는 정보를 더 많이 이용할 수 있다.

다른 한편으로 사회학자인 뒤르케임(Durkheim, 1951(2019))이 주장하듯 사회관계에 통합되면 신체적, 정신적으로 부정적인 행동을 할 가능성도 줄어든다. 뒤르케임은 이를 자살을 통해 설명하는데, 자살에 대한 욕망이 생기더라도 사회관계에 통합된 사람은 이를 억제하는 힘을 가지고 있어서 자살에 대한 욕망을 억누를 수 있다는 것이다. 현대에서는 이러한 효과를 두 가지로 나누어 설명하는데, 첫째 다양한 사회관계를 맺은 경우 관계 맺고 있는 사람들을 실망시키지 않기 위해 사회적으로 부정적인 행동을 자발적으로 억제한다는 것이다. 구체적으로, 결혼하면서 배우자가 싫어하는 담배를 끊거나, 건강을 유지하기 위해 운동을 하는 것 등이 이를 보여주는 사례이다. 둘째, 사회관계를 많이 맺게 되면 감시 효과 (monitoring effect)를 얻을 수 있다. 즉 사회관계가 풍부한 사람은 보는 눈이 많아서 부정적 행동을 적게 한다. 과도한 음주나 흡연처럼 부정적인 행동을 하면 주변 사회관계로부터 비난받을 가능성이 큰데, 비난에 대한 두려움 때문에 사람들은 부정적 행동에 대한 욕망을 억제한다. 예를 들면, 주변 친구나 이웃이 음주 습관을 비난하거나 배우자가 금연을 독촉하면 우리는 음주 습관을 고치거나 금연할 가능성이 커진다.

셋째, 사회관계가 풍부하면 그들로부터 도움을 받을 가능성도 커진다. 도움을 더 많이 받을 수 있다는 점은 사회연결망이 노년기 삶을 개선하는 또 다른 이유가 될 수 있다. 이외에 도움을 받을 수 있다는 믿음 때문에 문제가 발생해도 그로 인한 정신적, 심리적 충격을 덜 받을 수 있다. 이를 사회과학에서는 완충 효과(buffering effect)라고 하는데 예를 들면 내가 아플 때 병간호해줄 사람이 있다고 믿으면 질병에 걸렸을 때 그로 인한 스트레스나 불안감이 완화할 수 있다.

그럼 한국의 노인들은 누가 도와주고, 무엇을 어떻게 도와주는가? 아래에서는 국가나 지방자치단체, 복지기관 등 이른바 공식적 제도들을 제외하고 도움을 받을 수 있는 관계의 망, 즉 비공식 사회연결망 또는 사회지원망은 어떤 유형으로 구성되어 있는지, 그리고 각 유형에 속하는 사람들의 인구·사회적 특성은 무엇인지 살펴보자. 아래에서는 먼저 몇 가지 이론적 주제를 살펴보고, 본 연구진이 조사한 자료에 대한 분석 결과를 공유한다.

2. 사회연결망에 관한 선행연구들

1) 도움을 누구에게 요청하는가

신체 능력이나 인지 능력과 무관하게 사람들은 누구나 다른 사람으로부터 도움을 받아야 살아갈 수 있다. 금전적인 도움부터 간단한 심부름까지 다른 사람과 도움을 주고받으며 사람들은 인생을 살아간다. 노년기에 들어서서 점차 나이가 들어가면 타인과 도움을 주고받는 것은 더욱 중요해진다. 특히 신체 능력이 약화하면 점점 더 도움을 요청하는 경우가 많아지는데, 어떤 도움을 누구에게 요청하는가에 대해서는 상반된 두 가지 관점이 제시된다.

먼저 위계적 보상모델(Hierarchical compensation model)에 의하면(Messeri · Silverstein · Litwak, 1993) 사람들은 가까운 사람에게 도움을 요청하기 때문에

도움의 내용이나 성격과 관계없이 가깝다고 생각하는(primacy of relationship) 사람에게 먼저 도움을 요청한다는 것이다. 예를 들면 드라이버나 설탕을 빌리는 것과 병간호를 부탁하는 것은 시간과 노력의 측면에서 매우 다른 성격을 갖지만 두 가지 모두 가장 가깝다고 생각하는 사람에게 도움을 요청하고 그 사람이 안 되는 경우에만 그 다음으로 가깝다고 생각하는 사람에게 도움을 요청한다는 것이다. 즉 노인 도움 요청은 도움 내용과 무관하게 대체로 배우자에서 자녀로, 그리고 친구나 친척, 이웃의 순서로 진행된다고 주장한다.

이와는 달리 역할 구분 모델(Task-specific model)은 도움의 성격과 가장 유사한 특성을 보이는 대상에게 도움을 요청한다고 주장한다(Litwak · Messeri · Wolfe · Gorman · Silverstein · Guilarte, 1989). Litwak에 의하면 도움은 도움 빈도와 대면접촉 정도, 도움을 주는 기간 등을 중심으로 몇 가지로 구분할 수 있는데 식사 제공이나 물건 빌리기는 대면 접촉이 일어나며, 반복적인 성격을 갖는다. 이와는 달리 병간호는 대면 접촉은 있지만 자주 반복되지는 않는다. 이외에 정서적으로 위안이 되는 전화 통화의 경우 대면 접촉도 없고 근접성도 없다.

표 VII-1. 도움 제공자와 도움의 성격

구분	도움 제공자				
	부부	자녀/친족	친구	이웃	공식 조직
근접성	동거	거리	거리	근접	거리
개입기간	장기	장기	중간	제한	제한
삶의 유사성	아주 높음	중간	높음	낮음	아주 낮음
크기	매우 적음	중간	적음	적음	큼
지원 동기	내면 가치	내면 가치	내면 가치	내면 가치	경제적 동기
노동 분업	최소	최소	최소	최소	세부적
지식 수준	낮음	낮음	낮음	낮음	높음
도움 분야	요리, 목욕, 쇼핑	금전지원, 일시간병	여기활동, 직업정보	도둑신고, 도구대여	장기노인요양

자료: Litwak, 1985.

Litwak(1985)은 도움 내용과 도움 요청 대상을 근접성에서 지식 수준 까지 7가지 기준을 가지고 구분하였는데, 예를 들면 요리나 목욕 같은 도 움은 동거해야 하고, 장기간 도움을 주어야 하며, 삶의 유사성이 매우 높 은 대상에게 부탁할 수 있다. 대체로 이 경우는 배우자가 최적의 도움 제 공자가 된다. 이와는 달리 도둑 신고나 도구 대여는 가까이 있는 사람에 게 부탁해야 하지만 개입 기간은 짧고, 삶의 유사성도 높을 필요가 없다. 이 경우 도움을 요청할 수 있는 최적의 대상은 이웃이다. 즉 역할 구분 모델에 따르면 모든 도움 요청이 가까운 관계의 사람에서 덜 가까운 사 람에게로 확산되는 것이 아니라 도움의 성격과 유사한 특징을 가진 대상 에게 도움을 요청한다는 것이다.

마지막으로 다양한 사회연결망을 가진 경우가 그렇지 않은 경우에 비해 더 많은 도움을 받을 수 있는데, 이는 관계망을 구성하는 사람들이

다양할수록 다양한 능력과 자원을 가진 사람과 연결될 수 있기 때문이다
(Wellman · Wortley, 1990).

2) 사회연결망은 어떻게 측정하는가

다른 한편으로 사회연결망 혹은 지원망을 어떻게 측정할 것인가에 대해서
도 다양한 연구가 진행되어 왔다. 사회연결망(social network)의 경우 가장 일
반적인 방법은 아래의 질문에 해당하는 사람의 이름을 적도록 하는 것이다
(Marsden, 2011). 이 방법은 흔히 이름생성기(name generator)로 불린다.

사람들은 가끔 중요한 문제를 다른 사람과 상의하곤 합니다. 지난 6개
월 동안 귀하가 중요한 문제에 대해 상의한 사람은 누구인가요?

From time to time, most people discuss important matters with other
people. Looking back over the last six months — who are the people
with whom you discussed matters important to you? (GSS variables)

우리나라에서도 성균관대학교 사회리서치센터에서 사회연결망을 위
의 방식과 동일하게 조사하여 분석한 바 있다. 2011년 자료에 의하면 상
의하는 사람이 있다는 응답은 95.2%로 나타나 대부분이 중요한 문제를
상의하는 사람이 있는 것으로 나타났으며, 관계를 살펴보면 가족 또는
친척이 51.5%, 학교 동창이 14.9%로 나타났으며, 그 외 관계는 10% 미
만으로 나타나, 혈연관계와 학연에 대한 의존이 큰 것으로 나타난 바 있

다(김상욱 외, 2011).

이러한 질문 방식에 대해 그 의미가 애매모호하다는 비판이 제기되어 왔는데, 구체적으로 관계망 속에 있는 사람의 기능이 무엇인지, 예를 들면 어떤 도움을 받고 있는지 분명하게 파악할 수 없다는 것이다. 이에 네덜란드의 사회학자인 van del Poel(1993)은 도움의 내용을 중심으로 10개 항목을 추출하여 도움을 받을 수 있는 사람이 누구인지 질문하는 방식으로 사회연결망을 측정하였다. 구체적인 항목을 나열하는 방식은 흔히 사회지원망(social support network)으로 불리는데, van del Poel이 포함한 10개의 항목은 표 VII-2와 같다. 그는 각 질문에 대해 최대 5명까지 사람 이름을 요청하였는데 5명이 넘으면 가장 중요한 5명을 선택하도록 하였다. 그리고 그 사람과 어떤 관계인지도 질문하였다. 네덜란드에서 실시된 종합사회조사(General Social Survey, 1987)를 활용해 20~72세까지의 응답자를 대상으로 한 조사 결과를 분석한 바에 의하면 평균 관계망 크기는 9.9명(표준편차 3.0)으로 나타났으며 응답자의 관계 중 가장 높은 비율을 차지한 관계는 자녀(16%), 친구(18%), 이웃(16%), 형제·자매(13%) 등으로 나타난 바 있다.

표 VII-2. 사회지원망 측정 항목(van del Pole, 1993)

유형	내용
정서적 지원	1. 만약 선생님께서 배우자와 심각한 문제가 있는데, 배우자와 상의할 수 없다면 누구와 그 문제를 상의하시겠습니까?
	2. 만약 선생님께서 우울해서 누군가와 이야기를 하고 싶다면 누구와 이야기를 나누시겠습니까?
	3. 직업을 바꾸거나 다른 곳으로 이사하는 것처럼 삶의 중요한 변화에 대해 조언을 구해야 한다면 선생님께서는 누구로부터 조언을 구하시겠습니까?
도구적 지원	4. 일이나 집안일로 도움이 필요할 때, 예를 들면 가구를 옮기거나 사다리를 잡아줄 사람이 필요할 때 누구에게 도움을 요청하시겠습니까?
	5. 감기에 걸려서 며칠 누워만 있어야 한다면 누구에게 돌봐달라고 부탁하시겠습니까? 또는 쇼핑 같은 것을 부탁하겠습니까?
	6. 돈을 빌려야 한다면 누구에게 돈을 빌리시겠습니까?
	7. 작은 도구를 빌리거나 또는 설탕 같은 것을 빌려야 한다면 누구에게 빌리시겠습니까?
	8. 관공서에 내는 서류나 세금신고서 등을 작성해야 한다면 누구에게 도움을 요청하시겠습니까?
사교적 만남	9. 만약 쇼핑이나 산책, 영화보기, 외식하기 등을 한다면 누구와 함께 하시겠습니까?
	10. 차를 마시거나 술을 마시기 위해 최소 한 달에 한 번 이상 만나는 사람은 누구입니까?

이 외에 사회연결망 분석의 목적이 연결망을 통해 얻을 수 있는 여러 가지 이익을 파악하기 위한 것이라는 점에서 특정 개인이 활용할 수 있는 자원을 측정하는 방법도 제시되는데, 구체적으로 지위생성기(position generator)를 활용하는 방법은 직업 위세에 따라 직업을 나열한 후 가족·친구·이웃 중 이들 직업군에서 일하는 사람이 있는지 질문한다. 자원생성기(resource generator)의 경우는 다양한 활동을 나열한 후 그 활동을 하는

사람을 알고 있는지 질문하는 방법, 예를 들면 자전거를 고칠 수 있는 사람, 컴퓨터를 수리할 수 있는 사람, 자동차를 고칠 수 있는 사람이 가족, 친구나 이웃 가운데 있는지 질문한다.

3) 사회연결망/사회지원망의 유형

사람들 사이의 사회연결망 혹은 사회지원망이 어떤 형태로 되어 있는지에 대해서는 많은 연구가 진행되어 왔다. 노인을 대상으로 한 연구의 경우 사회지원망(social support network)을 중심으로 연구가 진행되어 왔는데, 영국 노인을 대상으로 한 Wenger의 연구(1996)에 의하면 노인들의 사회연결망은 친족 연결망(kin network), 가족 중심 연결망(family intensive network), 친구 중심 연결망(friend focused network) 분산된 연결망(diffused network)으로 구분될 수 있다. Wenger는 여기서 사회지원망을 도움 영역, 관계, 친밀성, 근접성 등을 중심으로 구분하였는데, 친족 연결망은 가족 및 친족이 중심인 지원망을 의미하며, 가족 중심 연결망은 지원의 교환이 배우자와 자녀를 중심으로 이루어지는 것을, 그리고 친구 중심 연결망은 혈연관계가 아닌 비혈연 관계인 친구를 중심으로 이루어지는 것을 말한다. 마지막으로 분산된 연결망은 가족·친족·친구가 모두 관계망에 포함되어 있는 것을 말한다.

독일의 노인을 대상으로 한 조사인 베를린 연구(Berlin study) 자료를 활용한 한 연구(Fiori·Smith·Antonucci, 2007)는 네트워크의 구조와 기능, 질[7]

---

7) 네트워크의 구조란 네트워크 내 포함된 사람의 수, 근접성, 접촉빈도 등을 의미하며, 기능이란 주로 받는 도움의 내용을, 그리고 질이란 관계에 대한 만족도를 의미한다(Fiori·Smith·Antonucci, 2007).

에 대한 10개 항목을 토대로 6개 유형을 제시하였는데, 분산 지원형
(diverse supported), 가족 중심형(family focused), 친구 지원형(friend focused
supported), 친구 중심 비 지원형(friend focused unsupported), 제한된 비 친구
불만형(restircted nonfriend unsatisfied), 제한된 비 가족 비 지원형(restricted
nonfamily unsupported)이 그것이다. 대체로 앞의 3개는 Wenger의 분류와 유
사한 특징을 보인다. 다만 친구 중심 비 지원형은 친구와 자주 만나지만
도움을 주고받는 수준이 평균 이하인 집단을 의미하며, 제한된 비 친구
불만형은 친구와 자주 만나지 않고 활동도 함께하지 않으며, 도움 교환
도 없는 유형을 말한다. 이 유형에서는 친구 관계에 대한 만족도도 낮다.
마지막으로 제한된 비 가족 비 지원형은 가족 네트워크나 친구 네트워크
모두 적은 경우로 도움 교환이나 만남도 적지만 그 관계에 대해서는 만
족하는 경우이다.

　　국내 노인을 대상으로 한 사회연결망의 유형화는 박경숙(2000)의 사
례를 들 수 있는데, 이 연구에서는 일차적 비공식집단(자녀)과 이차적 비공
식집단(친구, 이웃 등)의 교류형태를 기준으로 고립형, 전통적 가족 중심형,
수정가족 중심형, 지역사회 중심형, 다층형으로 구분하였다. 고립형이란
자녀와 동거하지 않으면서 동시에 친구나 이웃과도 교류하지 않는 유형
을, 전통적 가족 중심형은 자녀와 동거하지만 친구나 이웃과는 교류하지
않는 유형을 의미한다. 수정가족 중심형은 자녀와는 동거하지 않지만 자
녀와 자주 교류하는 유형을 의미하며, 지역사회 중심형은 자녀와 동거하
지 않고, 교류도 많이 하지 않지만 친구나 이웃과는 교류하는 유형을 의
미한다. 마지막으로 다층형은 자녀와 동거하지 않지만 자주 접촉하며 친
구, 이웃과도 자주 접촉하는 유형을 말한다.

　　국내 노인을 대상으로 사회연결망 유형을 분석한 연구(김영범·박준식,

2004)의 경우 에고 중심적(ego-centric) 자료를 활용하여 관계망의 형태, 상호작용 빈도, 상호작용 내용을 중심으로 노인의 사회연결망 유형을 분석하였다. K-means cluster 분석법을 활용한 분석 결과에 의하면 서울 지역 노인의 가족 관계망은 무관계형, 배우자 중심형, 자녀 중심형 세 가지 유형으로 구분되었다. 이 연구의 경우 배우자, 자녀만을 대상으로 했다는 점에서 친구나 이웃을 포함하지 못했다는 한계를 갖는다.

3. 한국 노인의 사회지원망: 춘천 지역 노인을 중심으로 한 분석

1) 사회지원망 분석 방법

이 글에서는 사회지원망 측정 결과를 바탕으로 노인의 사회지원망 유형을 구분하여 그 특성을 살펴보고자 한다. 사회지원망 측정을 위해 일상생활 중 10개 영역에 대해 도와줄 수 있는 사람이 있는지를 조사하였다. 10개 항목은 Litwak의 연구(1985)에서 말한 바 있는 도움의 다양성을 고려하였고, van del Poel(1993)의 사회지원망 측정 항목을 참조하여 구성하였다. 구체적인 항목은 아래와 같다.

표 VII-3. 사회지원망 측정 항목

정서적 지원	1. 가족이나 친구와 심각한 갈등이 있는 경우, 그 문제를 상의할 사람이 있습니까?
	2. 의기소침하거나 우울해서 누군가와 얘기를 하고 싶을 때, 이야기를 할 사람이 있습니까?
강한 도구적 지원	3. 식사준비나 집 안 청소를 할 때, 도와줄 수 있는 사람이 있습니까?
	4. 아플 때, 간병을 부탁할 수 있는 사람이 있습니까?
	5. 비교적 많은 돈이 필요한 경우, 돈을 빌려줄 사람이 있습니까?
약한 도구적 지원	6. 쌀이나 밀가루가 부족한데 주변 가게가 문을 닫았다면 빌릴 사람이 있습니까?
	7. 주민 센터(관공서)나 복지관에 서류를 제출할 경우, 서류 작성을 도와줄 사람이 있습니까?
	8. 마트나 가게에서 물건을 대신 사오라고 부탁할 사람이 있습니까?
여가활동 공유	9. 산책이나 영화, 또는 시장이나 복지관에 가는 경우 함께 가시는 분이 있습니까?
	10. 한 달에 최소 한 번 이상 서로의 집을 오가며 만날 수 있는 사람이 있습니까?

우선 정서적 지원은 심리적 어려움이 있을 때 고민을 상담할 수 있는 사람이 있는지 의미한다. 다음으로 도움의 내용이 비교적 시간과 자원을 많이 투자해야 하는 것으로 식사준비, 간병, 금전적 지원을 강한 도구적 지원으로 명명하였다. 이와는 달리 약한 도구적 지원은 도움의 내용이 시간과 자원을 상대적으로 많이 투자하지 않는 것으로 일상생활 용품 구매 부탁, 서류 작성, 식료품 대여로 구성된다. 마지막으로 여가활동 공유는 함께 즐거운 시간을 보내는 대상이 있는지를 의미한다.

본 자료는 연결망 내 모든 사람을 조사하는 완전 연결망(complete network)이 아닌 응답자의 대답만을 조사한 자료로 구성되는 자아 중심 연결망(ego centric network)이다(김용학, 2014). 본 자료의 모집단은 춘천시 거주 65

세 이상 노인이며 표본은 1,000명으로 지역·성·연령별 할당 표집을 통해 표집하였다.

도와줄 사람이 있는지 조사한 자료를 바탕으로 사회지원망에 대한 유형화를 시도하였는데, 일반적으로 사회연결망 혹은 지원망의 유형화는 주로 클러스터 분석법(cluster analysis)을 활용하여 진행된다. 그러나 이 방법의 경우 몇 가지 단점이 있는데, 많이 사용하는 K-means cluster 분석법의 경우 집단의 수가 자의적으로 결정된다는 점, 집단을 나누기 위해 사용한 최초의 중심 값(initial score of center)에 따라 동일한 요소가 다른 집단에 속할 수 있다는 등이 그것이다(Celebi·Kingravi·Vela, 2013). 이 글에서는 이러한 단점을 보완하기 위해 잠재집단분석(latent class analysis)을 활용하여 집단을 구분하였다. 이 방법의 경우 구조방정식 모형을 이용하여 개별 사례를 특정 집단으로 분류하는데, 집단의 수를 늘려가면서 분석 결과를 비교하여 사례를 가장 잘 구분할 수 있는 집단의 수를 선택한다. 보통 AIC(Akaike Information Criterion)과 BIC(Bayes Information Criterion) 값을 활용하여 사용하여 최적의 집단 수를 선택하는데 본 자료의 경우 3, 4, 5, 6개 집단으로 나누어 집단을 분류한 결과 5개 집단이 가장 바람직한 집단의 수로 선택되었다.

2) 누구로부터 어떤 도움을 받을 수 있는가

자료를 바탕으로 도움을 받을 수 있는 사람이 있는 항목은 무엇인지 그리고 주로 누가 도와주는지 살펴보자. 먼저 10개 항목 중 도움받을 수 있는 사람이 있는 항목이 몇 개인지 살펴보면 1,000명 중 38명은 10개 항목

모두 도움을 받을 수 있는 사람이 없다고 응답하였다. 10개 항목 모두 도움받을 수 있는 사람이 있다는 응답은 75명 즉 7.5%에 불과하다. 도움받을 수 있는 사람이 있다고 응답한 항목의 평균은 6.08개이다.

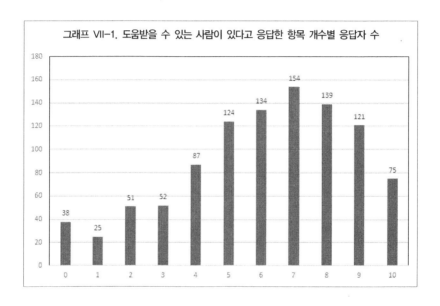

그래프 VII-1. 도움받을 수 있는 사람이 있다고 응답한 항목 개수별 응답자 수

특히 놀라운 점은 도움받을 수 있는 사람이 없다는 응답이 50%를 넘는 항목이 있다는 점이다. 필요할 때 돈을 빌릴 수 있는 사람, 쌀이나 밀가루를 긴급하게 빌릴 수 있는 사람, 관공서에서 서류 작성을 부탁할 사람이 없다는 응답이 50%를 넘으며, 특히 돈을 빌릴 사람이 없다는 응답은 70%를 넘어서는 것으로 나타난다. 도움을 받을 수 있는 사람이 있다는 응답 비율이 가장 높은 것은 간병으로 1,000명 중 191명만 없다고 응답하였고, 나머지는 있다고 응답하였다.

도움을 요청할 수 있는 사람의 대부분은 배우자나 자녀에게 집중되어 있다. 대부분 항목에서 배우자, 자녀의 비율이 높다는 점에서 도움을 받을 수 있는 네트워크가 가족 중심으로 구성되어 있음을 추측할 수 있다. 2021년 현재 노인 가구 유형은 배우자 부부 33.0%, 1인 가구 34.3%(통계청, 2021)로 전체 노인 가구 중 67.3%는 자녀와 함께 살지 않는다. 또 여성 경제활동 참가율은 2021년 기준 51.3%로 나타나는데 여성의 교육 수준 향상, 소득 증가 필요성 등으로 점점 여성의 경제활동 참가율은 증가할 가능성이 크다. 참고로 서구 경제협력개발기구(OECD) 국가의 평균 여성 고용률은 2021년 64.8%를 기록하며, 참가율이 높은 스웨덴, 덴마크, 핀란드의 경우 각각 80.8%, 76.5%, 77.3%를 기록한다(OECD, 2022). 선진 국가들의 추세를 고려하면 우리나라 여성 경제활동 참가율 역시 시간이 지날수록 증가할 것이다. 자녀와의 별거가 일상화하고, 돌봄 노동을 주로 담당하던 여성의 경제활동 참가가 증가하게 되면 부모를 자녀가 직접 돌보기가 어려워지기 때문에 노년기에 자녀로부터 도움을 받기 어려운 상황에 직면할 가능성이 크다.

친구, 이웃의 경우는 여가활동이나 상담과 같은 도움 항목에서만 선택한 비율이 높은 것으로 나타났다. 즉 가족 외에 다른 대상에게 도움을 요청하는 것은 매우 제한적인 영역에 국한되어 있음을 알 수 있다. 이외에 밀가루를 빌리거나 상호 방문의 경우는 이웃을 선택한 비율이 20%를 넘는다.

표 VII-4. 항목별 도움을 주는 사람의 비율

(단위: %)

	배우자	자녀	며느리, 사위	손자녀	부모	친척	친구	이웃	기타	없음
1) 가족이나 친구와 심각한 갈등이 있는 경우, 그 문제를 상의할 사람이 있습니까?	23.1	23.4	1.5	0.1	0.0	2.6	12	7.7	1.1	28.5
2) 의기소침하거나 우울해서 누군가와 얘기를 하고 싶을 때, 이야기를 할 사람이 있습니까?	21.4	19.1	1.2	0.2	0.0	2.4	13.7	9.5	1.5	31
3) 식사준비나 집 안 청소를 할 때, 도와줄 수 있는 사람이 있습니까?	42.8	13.1	11.0	0.5	0.0	0.3	0.4	0.6	2.1	29.2
4) 아플 때, 간병을 부탁할 수 있는 사람이 있습니까?	41.3	29	7.6	0.4	0.0	0.5	0.2	0.5	1.4	19.1
5) 비교적 많은 돈이 필요한 경우, 돈을 빌려줄 사람이 있습니까?	3.6	19.6	0.7	0	0.0	1.6	1.9	1.3	0.3	71
6) 쌀이나 밀가루가 부족한데 주변에 가게가 문을 닫았다면 빌릴 사람이 있습니까?	0.5	9.5	1.6	0	0.1	3.1	7.5	26.7	0.5	50.5
7) 주민 센터(관공서)나 복지관에 서류를 제출할 경우, 서류작성을 도와줄 사람이 있습니까?	15.2	23.4	2	0.2	0.0	1.1	2.4	4	1	50.7
8) 마트나 가게에서 물건을 대신 사오라고 부탁할 사람이 있습니까?	27.4	21.4	7.2	0.6	0.0	0.8	1.7	5.4	1.8	33.7
9) 산책이나 영화, 또는 시장이나 복지관에 가는 경우 함께 가는 사람이 있습니까?	30.1	6.2	1.3	0.2	0.0	1.1	9.8	13.3	0.6	37.4
10) 한 달에 최소 한 번 이상 서로의 집을 오가며 만날 수 있는 사람이 있습니까?	0.5	16.6	0.3	0.2	0.0	3.7	15.5	21.8	0.9	40.5

3) 사회지원망 유무에 따른 집단 구분

10개 항목에 대해 도움을 받을 사람이 있는지를 중심으로 사회지원
망 유형을 구분하였다. 잠재집단분석의 결과에 의하면 5개 집단으로 구
분하였을 경우 가장 타당한 것으로 나타났다.[8] 5개로 구분한 결과를 살
펴보면 다음과 같다.

① **무도움형**: 10개 항목 모두에 대해 도와줄 수 있다고 응답한 비율이 평
  균보다 매우 낮은 집단이다. 전체 표본에서 도와줄 사람이 있다고 응
  답한 평균은 6.08개인 반면 이 집단 평균은 1.27개에 불과하다. 즉 10
  개 항목 중 8개가 넘는 항목에서 도움을 받을 수 있는 사람이 없다는
  것을 의미한다. 이 집단에 속한 노인들은 도움이 필요해도 도와줄 사
  람이 없는 경우가 대부분이다. 이 점에서 이 집단에 속한 노인들은 공
  적 영역에서 최우선으로 관심을 두고 도움을 주어야 하는 집단으로
  볼 수 있다. 자녀, 배우자, 친구 · 이웃에게 도움을 받을 수 있다고 응
  답한 항목 역시 1개 미만이다. 전체 표본의 11.9%에 해당하는 노인이
  이 집단에 속한다.

② **정서 · 여가형**: 이 유형에 속한 노인은 정서적 영역과 여가 영역에서 도
  움을 받을 수 있는 사람이 있다는 비율은 높지만, 도구적 영역에서는
  그 비율이 낮다. 도움을 받을 수 있다고 응답한 항목의 평균은 4.79개

---

8) 잠재집단분석은 우선 여러 개의 집단으로 구분한 후 집단별 AIC와 BIC 값을 보여주는데,
   이들 값을 비교하여 가장 적은 값을 보이는 집단의 수에 따라 집단을 구분한다(STATA,
   2021). 참고로 5개로 나누었을 경우 ACI 값은 16658.3, BIC 값은 10923.32로 가장 낮게 나
   타났다.

인데, 정서적 영역과 여가 활동의 경우 상대적으로 있다고 응답한 비율이 높지만, 도구적 영역의 경우는 도움을 받을 수 있다고 응답한 비율이 낮게 나타난다. 이 집단의 경우 특히 친구나 이웃을 선택한 비율이 자녀에 비해 높다는 특징을 보인다. 이 유형은 전체 표본의 16.5%로 나타난다.

③ **강한 도움형:** 일상생활의 도구적 영역 중 가족에게 부탁할 수 있는 영역에 대해서는 도움을 받을 수 있는 사람이 있다는 응답이 평균 이상이지만 친구·이웃에게 부탁할 영역의 경우는 있다고 응답한 비율이 평균 이하인 집단이다. 도움을 받을 수 있는 사람이 있다고 응답한 항목 수의 평균은 6.36으로 앞의 두 유형에 비해 도움을 받을 수 있는 영역이 더 많은 것을 알 수 있다. 도움을 받을 수 있는 사람으로 배우자와 자녀를 선택한 경우가 친구·이웃을 선택한 경우보다 많았다. 이 유형은 전체 표본의 26.2%로 나타난다.

④ **약한 도움형:** 간병, 식사준비, 심부름 등 일상생활의 도구적 영역에서 도움을 받을 수 있는 사람 비율이 평균보다 높은 유형이다. 이 유형은 그러나 정서적 유대나 여가 활동에서 도움을 받을 수 있는 사람 비율은 평균보다 낮다. 이 유형에 속하는 표본은 전체 표본의 14%에 해당한다. 도움을 받을 수 있는 사람이 있다고 응답한 항목 수의 평균은 5.23으로 도움을 받을 수 있는 항목이 전체 10개 중 절반 정도에 그치고 있다. 이 유형은 도움을 받을 수 있는 사람으로 배우자, 자녀를 선택한 비율이 강한 도움형에 비해서는 낮게 나타나지만 친구·이웃을 선택한 비율은 강한 도움형에 비해 높게 나타난다.

⑤ **복합형:** 10개 항목 모두 도움을 받을 수 있는 사람이 있다고 응답한 비율이 평균 이상인 집단이다. 즉 이 집단에 속한 노인은 도움이 필요한 여러 상황에서 도움을 받을 수 있다. 이 집단의 비율은 전체 표본의 31.4%로 가장 높은 비율을 차지한다. 도움을 받을 수 있는 항목수의 평균도 8.75로 다른 유형에 비해 매우 많은 것으로 나타난다. 이와 함께 이 유형에서는 도움을 받을 수 있는 사람으로 배우자, 자녀, 친구·이웃을 선택한 비율 모두 앞의 네 유형에 비해 모두 높은 것으로 나타난다. 이러한 결과는 이 유형의 경우 다양한 지원망에 둘러싸여 있음을 보여준다.

표 VII-5. 사회지원망 유형 구분

	집단 1	집단 2	집단 3	집단 4	집단 5	평균
1) 가족이나 친구와 심각한 갈등이 있는 경우, 그 문제를 상의할 사람이 있습니까?	0.101	0.927	0.966	0.036	0.930	0.715
2) 의기소침하거나 우울해서 누군가와 얘기를 하고 싶을 때, 이야기를 할 사람이 있습니까?	0.076	0.988	0.897	0.000	0.901	0.690
3) 식사준비나 집 안 청소를 할 때, 도와줄 수 있는 사람이 있습니까?	0.193	0.315	0.977	0.843	0.825	0.708
4) 아플 때, 간병을 부탁할 수 있는 사람이 있습니까?	0.328	0.527	0.996	0.929	0.930	0.809
5) 비교적 많은 돈이 필요한 경우, 돈을 빌려줄 사람이 있습니까?	0.059	0.145	0.141	0.271	0.586	0.290
6) 쌀이나 밀가루가 부족한데 주변 가게가 문을 닫았다면 빌릴 사람이 있습니까?	0.143	0.539	0.069	0.521	0.949	0.495
7) 주민센터(관공서)나 복지관에 서류를 제출할 경우, 서류작성을 도와줄 사람이 있습니까?	0.059	0.036	0.489	0.629	0.841	0.493
8) 마트나 가게에서 물건을 대신 사오라고 부탁할 사람이 있습니까?	0.084	0.085	0.775	0.900	0.987	0.663
9) 신체이나 영화, 또는 시장이나 복지관에 가는 경우 함께 가는 사람이 있습니까?	0.084	0.552	0.615	0.629	0.879	0.626
10) 한 달에 최소 한 번 이상 서로의 집을 오가며 만날 수 있는 사람이 있습니까?	0.151	0.673	0.427	0.471	0.917	0.595
사회연결망 유형 구분	무도움형	정서·여가형	강한 도움형	약한 도움형	복합형	
배우자 선택 항목 개수 평균	0.27(.70)	0.65(1.32)	3.12(2.59)	1.81(2.00)	2.70(2.52)	2.06(2.40)
자녀 선택 항목 개수 평균	0.47(.79)	1.32(1.62)	2.57(2.67)	2.06(1.98)	2.93(2.67)	2.18(2.42)
친구/이웃 선택 항목 개수 평균	0.51(.84)	2.59(1.89)	0.55(1.00)	1.20(1.42)	2.77(2.25)	1.67(1.96)
집단별 도움 받을 수 있는 사람의 수 평균	1.27(1.06)	4.79(1.45)	6.36(1.61)	5.23(1.35)	8.75(.96)	6.08(2.60)
사례 수(%)	119(11.9)	165(16.5)	262(26.2)	140(14.0)	314(31.4)	1,000(100.00)

이제 각 유형에 포함된 노인의 인구 사회적 특징은 무엇인지 살펴보자. 즉 다양한 사회지원망에 둘러싸여 있는 사람은 누구인지, 그리고 아무런 도움도 받지 못하는 상황에 처한 노인은 어떤 인구·사회적 특징이 있는지 살펴보자. 먼저 남성 비율은 강한 도움형에서 가장 높고, 정서·여가형에서 가장 낮은 것으로 나타난다. 나이는 지원망 유형별로 큰 차이는 없지만 약한 도움형에서 가장 많고, 복합형에서 가장 적은 것으로 나타났다.

표 VII-6. 사회지원망 유형별 인구·사회적 특징

	무도움형	정서·여가형	강한 도움형	약한 도움형	복합형	합계
남성비율	36.13%	35.76%	52.67%	41.43%	38.54%	41.90%
나이(세)	75.32	74.79	74.47	76.41	74.06	74.77
유배우자 비율	28.57%	32.73%	70.23%	52.86%	65.29%	55.10%
동지역 거주 비율	94.96%	90.91%	71.37%	72.14%	61.46%	74.40%
독거비율	57.98%	58.18%	9.16%	22.86%	24.52%	29.80%
가구소득 (50만 원 단위)	2.61	2.94	4.03	3.92	3.75	3.58
도구적 일상생활능력 (비자립 비율)	20.17%	15.76%	40.46%	51.43%	33.12%	33.20%
노인우울척도 점수	3.74	2.84	2.08	3.48	2.50	2.73

유배우자 비율의 경우 집단별로 큰 차이를 보이는데, 강한 도움형은 70.23%, 복합형에서는 65.29%가 유배우자인 것으로 나타났지만, 무도움형은 28.57%로 나타나 집단별로 유배우자 비율에 큰 차이가 있음을 알 수 있다.

지역별로는 대부분이 동 지역에 거주하는 것으로 나타났지만 특히 무도움형은 95%, 정서·여가형은 91% 가까이 동지역에 거주하는 것으로 나타나 이 두 유형이 특히 동 지역에서 많은 것을 확인할 수 있다. 독거 비율 역시 집단에 따라 차이를 보이는데, 무도움형과 정서·여가형은 50% 이상 독거인 반면 다른 유형은 그 비율이 25% 이하로 나타난다. 가구소득을 살펴보면 강한 도움형에서 가장 높은 것으로 나타난 반면 무도움형과 정서·여가형에서 낮은 것으로 나타나고 있다.

건강관련 요인을 살펴보면 도구적 일상생활능력 비자립 비율은 강한 도움형과 약한 도움형에서 상대적으로 높게 나타났다. 노인우울척도 점수를 살펴보면 무도움형이 가장 높고, 다음으로 약한 도움형이 높게 나타나고 있다. 가장 낮은 집단은 강한 도움형과 복합형으로 나타나고 있다.

요약하자면 나이가 많고, 배우자가 없으며, 혼자 사는 노인으로 동지역에 거주하면서 경제적으로 어려운 노인의 경우 무도움형의 노인이 될 가능성이 높은 것으로 볼 수 있다. 반면에 배우자가 있고, 상대적으로 소득수준이 높은 경우는 복합형이나 강한 도움형이 될 가능성이 크다.

4) 삶의 보호하는 호위 관계를 유지하기

앞의 분석을 도움 요청에 대한 이론들에 비추어 보면, 유배우자 비율이 높은 강한 도움형이나 약한 도움형, 복합형의 경우 배우자, 자녀를 도움주는 사람으로 선택한 비율이 상대적으로 높다는 점에서 대체로 위계적 보상모델에 부합되는 것으로 보인다. 다만 배우자가 있는 비율이 낮은 유형에서는 여러 가지 항목에서 도움을 주는 사람이 없다는 응답이 높다는 점은 특기할 점으로 보인다. 위계적 보상모델은 선행 대상이 도움을 주지 못하는 경우 다음 대상에게 도움을 요청하는 것으로 가정한다. 예를 들면 배우자나 자녀가 없는 경우 친구·이웃에게 도움을 요청하는 것으로 가정한다. 따라서 배우자나 자녀가 없는 경우 도움을 주는 대상만 차이가 날 뿐 도움을 받을 수 있는 항목 수에는 큰 차이가 나지 않는다. 본 조사의 경우 모든 도움이 배우자, 자녀인 직계 가족에서 집중되어 있고, 배우자나 자녀가 없는 경우 도움을 받을 수 있는 항목이 크게 줄어든다. 즉 직계 가족을 제외하면 도움을 받을 수 있는 사람이 존재하지 않는다. 이 점은 위계적 보상모델과는 다른 우리나라 노인의 사회지원망이 갖는 특징으로 볼 수 있다.

유명한 노년학자인 안토누치(Antonucci·Ajrouch·Birditt, 2013)는 사람들이 생애과정을 거치면서 도움을 주고받는 대상이 변화하고 있다는 점을 지적한 바 있다. 그는 이를 일종의 호위(Convoy)로 묘사했는데, 이는 생애과정에서 다양한 보호기능을 수행하는 사회관계가 개인을 둘러싸고 있음을 강조하는 개념이다. 보호기능을 제공하는 사회관계가 생애과정에서 적절하게 교체되고, 보완되는 경우 사람들은 그렇지 않은 사람에 비해 어려움을 잘 극복할 수 있으며, 행복감을 유지할 수 있다. 다른 한편으로 사회지원망이 다양할수록 다양한 도움을 받을 수 있다는 연구도 제시된 바 있다(Wellman·Wortley, 1990).

사회지원망에 대한 이론적 연구에 따르면 직계가족 중심의 도움망은 몇 가지 점에서 노년기 삶의 어려움을 극복하는 데 부적절할 수 있다. 첫째, 앞서 살펴보았듯 부모와의 별거, 여성의 경제활동 참가 등으로 자녀의 도움제공 역량이 감소하는 현실에서 자녀에게 의존하는 것은 자녀에게 과도한 부담이 될 수 있다. 더욱이 자녀 수가 급감하고 있다는 점에서 소수의 자녀가 부모의 요구를 일일이 다 충족시키는 것은 한계가 있다. 부모의 도움 요구와 자녀의 부족한 도움 제공 역량이 부딪히게 되면 부모-자식 간 갈등의 원인이 될 수 있다.

둘째, 도움의 가장 큰 원천은 배우자이지만, 평균 수명의 증가로 인해 배우자 없이 사는 기간도 증가하고 있다. 남성이건 여성이건 배우자와 사별하는 경우 자녀가 일부 대체하기는 하지만 도움을 받을 수 있는 항목이 급속히 감소한다. 배우자는 유사한 세대로 가치와 규범을 공유하기 때문에 도구적 측면 외에 정서적 측면이나 여가 활동 측면에서도 함께 하는 대상이 될 수 있다. 배우자가 사망하면 이를 친구로 대체해야 하는데, 우리나라 노인의 경우 직계 가족과만 도움을 주고받았기 때문에 배우자가 사별하면 이를 친구·이웃으로 대체하지 못하는 것으로 보인다.

셋째, 역할 구분 모델이 주장하듯 배우자, 자녀도 잘 할 수 있는 영역과 잘하기 어려운 영역이 있다. 정서적 영역이나 여가활동 영역의 경우 가치와 취미가 공유되어야 도움을 줄 수 있는데, 자녀는 부모 세대와는 다른 가치와 규범을 지녔다. 자녀가 도움을 줄 수는 있지만 그것이 꼭 노인의 요구에 부합되는 것은 아닐 가능성이 크다.

넷째, 소수이기는 하지만 배우자나 자녀가 없는 노인의 경우 도움을 받을 수 있는 대상이 없다는 문제가 있다. 직계 가족 밖의 사람과는 도움을 주고받은 경험이 없어서, 노인들은 직계 가족이 없으면 도움을 외부에 요청하지 않는다. 이 경우 노인은 약간의 도움으로도 극복할 수 있는 조그만 충격에도 삶의 어려움이 커질 가능성이 크다.

그렇다면 왜 우리나라 노인은 직계 가족을 벗어나서는 도움을 요청하지 않는가? 우선 전통적으로 내려온 효 사상의 영향을 꼽을 수 있다.

우리나라 사람이면 누구나 자식이 노부모를 보살펴야 한다고 생각한다. 여유가 있든 없든 부모님을 돌보는 것은 자녀가 된 도리이고 의무이다. 이 점에서 부모가 자녀에게 도움을 요청하는 것도 당연해 보인다. 부모가 자녀를, 자녀가 부모를 돌보는 것은 서로의 당연한 도리이기 때문이다. 당연한 도리를 기준으로 보면 가족으로부터 도움을 받는 경우 그것은 해야 할 바를 행한 것이지 갚아야 하는 것은 아니다. 따라서 부모나 자녀는 도움을 갚을 필요가 없다. 이러한 생각은 왜 친구·이웃에게는 도움을 요청하지 않는지를 설명하는 한 단서를 제공한다. 친구나 이웃은 가까운 사람이기는 하지만 도움을 의무적으로 제공해야 하는 관계는 아니다. 즉 친구나 이웃에게 무엇인가 도움을 받으면, 그것은 일종의 부채이고 언젠가는 갚아야 하는 것이다. 나이가 들면 점점 더 자신이 활용할 수 있는 자원은 감소한다. 갚을 수 있는 능력이 감소하는 현실에서 노인은 갚아야 하는 빚을 늘리는 것보다는 어려운 현실을 감내하는 것을 선택하게 된다.

그렇다면 좁은 범위의 도움 네트워크를 어떻게 보완할 것인가? 이를 위해 갚지 않아도 되는 도움을 늘리는 방법을 고려하는 것이 필요하다. 갚지 않아도 되는 도움이란 도움을 받을 수 있는 대상이 제한되지 않는 도움을 의미한다. 다른 말로 도움을 주고받는 관계가 일대일의 관계가 아닌 도움을 의미한다. 예를 들면 내가 앞집에서 과일을 받으면 나는 다른 무언가로 앞집에 보상해야 한다. 그러나 내가 교회나 절에서 쌀을 받으면, 많은 사람이 받기 때문에 내가 꼭 갚아야 할 필요는 없다. 또 갚을 것을 요구하지도 않는다. 다만 하고 싶을 때 다른 무엇인가로 받은 것에 대해 고마움을 표시하면 된다.[9] 사회복지 기관이나 시민사회단체의 도움 역시 이러한 성격을 갖는다. 갚아야 하는 도움이 아닌 도움을 주는 제도가 늘어나면 가족을 벗어나 다양한 제도에 도움을 요청할 가능성이 크다.

　　다른 한편으로 제도가 제공하는 서비스 역시 다양화하는 것이 필요하다. 가족도 잘 할 수 있는 부분과 잘할 수 없는 부분이 있다. 도움을 제공하는 다양한 제도는 여러 사람이 모이고, 이용할 수 있는 자원도 가족에 비해 많다는 점에서 가족에 비해 다양한 서비스를 잘 제공할 수 있다. 제도가 가진 인적, 물적 자원을 활용하여 안부 확인이나 식사 배달, 청소와 같은 기본적인 활동에서 집수리, 외출 동행, 장보기, 여가 활동 동행 등 다양한 서비스를 제공하는 역량을 강화하는 것이 필요하다.

---

9) 다른 말로 하면 일종의 호혜 관계를 의미한다. 즉 도움을 갚아야 하는 대상이 명확하지 않고, 갚을 것을 요구하지 않으며, 갚아야 하는 기간이나 양도 명확하지 않은 관계를 말한다.

VIII

AIP를 위한 주택 만들기

1. 주택 환경의 중요성

노년기에 들어서면 신체기능과 인지기능이 점차 저하되고, 본인이나 배우자가 은퇴하면서 활동 반경이 자연스럽게 집을 중심으로 한 가까운 거리로 줄어들게 된다. 노인은 다른 연령층에 비해 집에서 보내는 시간이 많으며, 노인이 하루 중 가장 많은 시간을 보내는 장소 또한 집이다. 그러므로 집은 노인의 일상생활의 터전이자 사회생활의 근거지로 노인의 삶에 있어서 매우 중요한 요소라고 할 수 있다.

나이가 들어갈수록 집 안에서 일상생활을 하는 데 불편함과 어려움이 커진다. 예를 들어 요통, 관절염, 신경통, 골절 등으로 인해 노인은 앉고 일어서기를 비롯하여 계단 오르내리기 그리고 바닥에 떨어진 물건 줍기와 같은 동작은 물론 청소, 빨래, 식사 준비 등과 같은 가사노동을 할 때도 불편함을 겪을 수 있다. 문제는 노인이 오랫동안 살아온 주택의 물리적인 여건이 불량하고 열악할지라도 불편함을 감수하면서 생활해나간다는 점이다. 여기서 중요한 점은 많은 노인이 주택을 개보수도 하지도 않은 채 그 상태로 버티며 살고 있다는 점이다. 전북 지역 65세 이상 노인을 대상으로 한 연구를 보면 현재 살고 있는 주택에서 오래 거주한 사람일수록 현재 거주지에서 앞으로도 계속 살아가기를 희망하였다(곽인숙, 2011). 거주기간이 길다는 말은 그만큼 주택이 상당히 많이 노후하였으며, 그러한 불편하고 열악한 주택 환경에서 계속 살고 있음을 뜻한다. 그리고 서울 상계 지역 아파트에 거주하는 상당수 노인도 현 아파트에서 20년 이상 살았고 불편함이 있음에도 불구하고 불편함을 참고 계속해서 그 아파트에서 살고 싶다고 의사를 밝힌다(안지은 · 김국선, 2015). 그렇다면 과연 이러한 상태로 노인이 자신의 집에서 계속 살아가는 것이 진정한 의미에서의 AIP라고 할 수 있을까?

대중교통, 문화시설, 공원시설, 보행 환경과 같은 지역사회 환경도 노인의 AIP에 영향을 미치지만, 김수영 등(2017)은 주택 만족도가 AIP에 가장 크게 영향을 미친다고 밝힌다. 이러한 주장은 노인에게 안전하고 편리하며 쾌적한 주택 환경이 노인의 AIP를 실현함에 있어서 무엇보다도 우선되는 필수 요건임을 의미한다. 다른 말로 하면, 노인이 사는 주택이 노인의 취약해진 기능을 얼마나 어떻게 잘 보완하고 지원하는지, 얼마나 고령친화적인지, 그리고 주택 개선을 위한 제도가 어떻게 얼마나 잘 지원되는지가 노인의 삶의 질뿐만 아니라 진정한 AIP 실현을 좌우함을 의미한다. 따라서 노인의 일상생활의 터전이자 사회생활의 근거지인 주택을 노인 개인의 기능 수준에 맞게 개조 또는 개선함으로써 노인의 일상생활의 독립성을 최적화하도록(Wong · Leland, 2018) 사회적인 관심과 노력이 필요하다.

그렇다면 춘천 노인들은 어떤 주택 환경에서 살고 있을까? 본 장에서는 '2017년 춘천 노인 AIP 생활환경 조사'와 '2016년 춘천 노인 AIP 생활환경에 대한 심층면접 조사' 자료를 통해 춘천 거주 노인의 주택 환경 실태를 파악해보고자 한다.

2. 춘천 노인의 주거 실태

1) 춘천 노인이 거주하는 주택 유형

춘천시의 경우 택지 개발 사업의 일환으로 1980년대 중반부터 퇴계지구와 석사지구를 중심으로 아파트가 건설되기 시작하였고, 기존 도심과 떨어진 읍면의 외곽지역인 동내면 거두리, 동면 만천리와 장학리 등에서의 택지 개발이 2000년대 이후에 본격화되면서 아파트가 들어서기 시작하였다. '2017년 춘천 노인 AIP 생활환경 조사'에 참여한 1,000명 노인이 살고 있는 주택 유형을 살펴보면(그래프 VIII-1 참조) 41.3%가 단독주택, 49.6%가 아파트에서 살고 있다. 그래프 VIII-1을 보면 거주 지역에 따라 살고 있는 주택 유형에 차이가 있는데, 읍면과 동 지역 간에 정반대 경향을 보인다. 읍면 거주 노인 268명 중 77.6%가 단독주택, 20.1%가 아파트에서 거주하는 것과 달리 동 거주 노인 732명 중 60.4%가 아파트, 28.0%가 단독주택에서 산다. 즉, 읍면 지역인 농촌에서는 단독주택에서, 동 지역인 도시에서는 아파트에서 사는 노인이 많음을 확인할 수 있다.

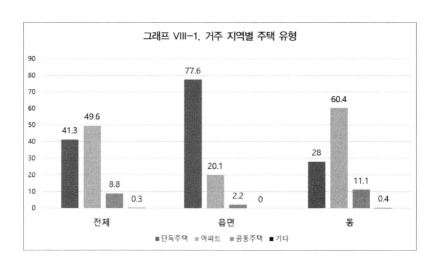

그래프 VIII-1. 거주 지역별 주택 유형

2) 춘천 노인의 거주기간

현재의 주택에서 거주한 기간을 살펴보면(그래프 VIII-2 참조), 춘천 노인 중
절반에 가까운 47.0%가 20년 이상 살고 있으며, 15년~20년 미만 6.5%,
10~15년 미만 15.4%, 5~10년 미만 12.8%, 2~5년 미만이 13.9%, 최근 이
사한 2년 미만은 4.4%에 불과하였다. 거주기간 역시 거주 지역에 따른
차이가 있어서, 20년 이상 거주자가 읍면 거주 노인 중 절반이 넘는
56.0%였고, 동 거주 노인 중에서는 43.7%로, 읍면 거주 노인 중에 20년
이상 거주자가 더 많았다.

충분히 장기간 거주하여 고향이라고 여길 수 있는 시간을 권오정 등
(2014)과 Sabia(2008)는 10년 이상으로 정의한다. 물론 춘천에 거주하면서
춘천 안에서 이사를 한 경우도 있겠지만, 이 기준을 적용해보면 춘천 노
인의 2/3에 해당하는 약 68%가 현 주택에서 10년 이상 살고 있으며 지금

사는 주택이 있는 곳을 고향으로 여김을 추정해볼 수 있다. 이러한 경향은 읍면과 동 지역 간에 차이가 없어서 읍면 거주 노인 중 67.2%, 동 거주 노인 중 69.5%였다.

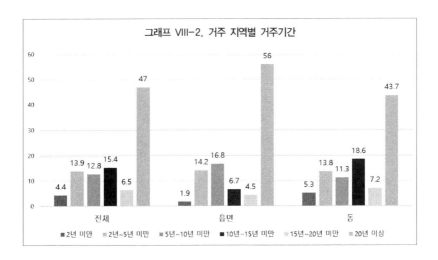

그래프 VIII-2. 거주 지역별 거주기간

3) 춘천 노인의 주택 유형별 거주기간

춘천 노인이 현 주택에서 거주한 기간은 주택 유형별로 차이가 있어서 20년 이상 거주자가 단독주택에서 거주하는 노인 중에서 더 많았다(그래프 VIII-3 참조). 단독주택 거주 노인의 69.5%가 20년 이상 거주하여 아파트 거주 노인 중 20년 이상 32.1%의 두 배가 넘었다. 단독주택 거주 노인 중 5.1%가 15~20년 미만, 8.7%가 10~15년 미만으로 10년 이상 거주 노인이 83.3%였다. 그런데 아파트 거주자는 15~20년 미만 8.3%, 10~15년 미만 20.0%로 60.4%가 10년 이상 거주하고 있었다. 공동주택에 거주하는 노인 중 20년 이상인 사람의 비율은 27.3%였다. 이러한 분석을 통해 아파트에 거주하는 노인에 비해 단독주택에 거주하는 노인이 노후한 주택 환경에서 오래도록 머물며 살고 있음을 추측할 수 있다.

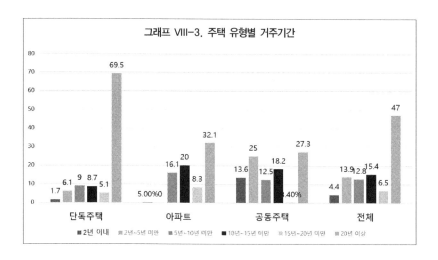

3. 춘천 노인의 주택에 대한 만족과 Aging in Place

1) 춘천 노인의 주택 만족도

나이가 들어갈수록 집에서 지내는 시간이 길어지는데, 노인이 하루 중 집에서 보내는 시간은 평균 19.5시간으로 노인의 생활양식과 욕구에 맞는 집이 노인에게 절대적으로 필요하다(김영주, 2006). 노인이 자신에게 적합한 집에서 살고 있는가 하는 것은 노인의 신체건강, 우울을 비롯한 정신건강, 삶의 만족도를 비롯하여 삶의 질에 영향을 미친다(Oswald et al, 2007; Iwarsson, et al, 2016; Park · Kang, 2022; Lu, 2021). 그리고 노인 자신이 살고 있는 집에 대해 얼마나 만족하는가는 노인이 그 집에서 계속해서 머물러 살고 싶게 하는 요인으로 작용한다(곽인숙, 2011; 임연옥, 2016).

주택 만족도는 주택에 대한 경험을 근거로 하는 거주자의 주관적인 평가이다(하규수 · 진선진, 2010). 춘천 노인의 주택 만족도를 알아보기 위해 '2017년 춘천 노인 AIP 생활환경 조사' 자료를 살펴보았다. Rioux와 Wemer(2011)가 타당화한 주거 만족도 척도의 4개 하위 차원[10] 중 주택 만족에 해당하는 4개 문항 '나는 이 집에 사는 것이 어렵다거나 답답하다고 느끼는 일이 거의 없다', '내 집은 나의 필요에 적합하게 만들어져 있다', '나는 이 집에서 사는 것이 즐겁다', '내 집은 안락하다'에 대해 '매우 그렇다' 5점, '전혀 그렇지 않다' 1점으로 하는 5점 리커트 척도로 측정하였고, 4개 문항의 평균을 계산하였다.

주택 만족도를 측정한 4개 문항의 평균 점수로 살펴본 춘천 노인의 주택 만족도는 5점 기준 평균 4.16점(표준편차 0.72점)으로 '대체로 만족한다'는 수준이었다(그래프 VIII-4 참조). 주택 만족도를 측정한 각 문항별로 살펴보면(그래프 VIII-4 참조) 4개 문항 모두 평균 4점 이상이었다. '내 집은 안락하다'라는 문항의 평균 점수가 4.24점으로 가장 높았고, '나는 이 집에 사는 것이 어렵다거나 답답하다고 느끼는 일이 거의 없다'(4.20점), '나는 이 집에서 사는 것이 즐겁다'(4.19점)의 순이었으며, '내 집은 나의 필요에 적합하게 만들어져 있다'가 4.02점으로 가장 낮았다. 이러한 결과를 통해 춘천 노

---

10) Rioux와 Wemer(2011)가 타당화한 주거 만족도 척도는 23개 문항, 주택 만족, 지역 환경에 대한 만족, 지역 서비스 접근성에 대한 만족, 이웃관계 만족의 4개 하위차원으로 구성되었음.

인들이 자신이 살고 있는 집이 편하고, 즐거우며, 안락하다고 인식함을
알 수 있다.

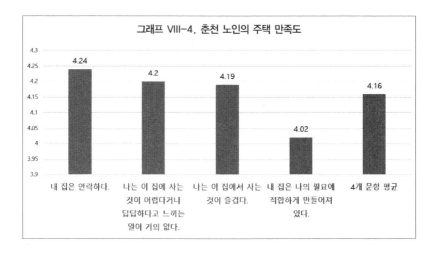

그래프 VIII-4를 보면 거주 지역에 따른 주택 만족도에 차이가 나타
남을 알 수 있다. 읍면 거주 노인의 주택 만족도가 4.44점으로 동에 거주
하는 노인의 주택 만족도 4.06점에 비해 0.38점 더 높게 나타나 읍면 거
주 노인이 동 거주 노인에 비해 자신이 사는 주택에 대해 더 만족함을 확
인할 수 있었다(t=-7.570, p<.001). 이러한 결과가 나온 이유로 주택에 대한
만족도를 조사한 4개 문항이 주택의 객관적인 여건에 대한 만족도를 조
사한 것이 아니라 집에 대한 주관적인 인식을 조사하였기 때문이라고 생
각된다.

　　단독주택에서 20년 이상 살아온 비율이 높은 읍면 거주 노인의 주택
만족도가 높은 또 다른 이유를 찾아보면, 읍면에 사는 농촌 노인들은 삶

의 애환이 깃든 집에 대한 애착이 강하고, 비록 집의 상태가 열악할지라도 오랫동안 살아온 집에 익숙해져서 불편함을 인식하지 못하기 때문일 수 있다(서보람·김선미·허용창, 2022). 권오정 등(2014) 역시 단독주택에 거주하는 노인들은 주택이 오래되어 노후화하고 불편한 점이 있을지라도 본인이 소유한 집에 사는 것만으로도 안정적이라고 생각하고, 허름하더라도 내 집이 편하다는 인식함에 주목하고, 주거 안정이라는 요인이 노인의 주택에 대한 만족도를 높일 수 있음에 대해 밝힌다. 그런데 이러한 경향은 '2016년 춘천 노인 AIP 생활환경 심층면접'에서도 발견되었다.

> 아이고 말도 못해요. 다 헐었어요 집이... 지금 천장도 다 내려앉고 그랬어요. (중략) 할 수 없지... 그래도 내 집이 편안하니까... 그냥 그 집에 있지... 마음이 편안하니깐... (가-25)

노인의 목소리를 통해 알 수 있는 '내 집이 편안하다'라는 말의 의미는 시설이나 설비가 좋다는 의미가 아니라 비록 집이 노후화되었고 불편하지만 익숙하고 친숙하며 내 소유로 안정적이라는 뜻으로 받아들여진다.

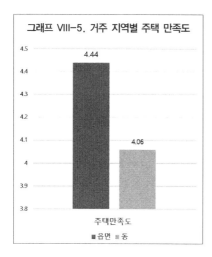

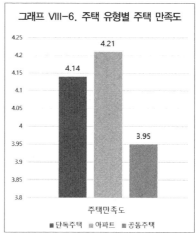

　　주택 유형에 따라 주택 만족도에 차이가 있음이 발견되었는데(그래프
VIII-6 참조; t=5.239, p<.01), 아파트 거주 노인의 주택 만족도가 4.21점으로 가
장 높았으며, 그다음이 단독주택 거주 노인(4.14점), 공동주택 거주 노인
(3.95점) 순이었다. 아파트에 거주하는 노인의 주택 만족도가 높은 이유를
파악하기 위해 문항별로 살펴본 결과(그래프 VIII-7 참조) 아파트에 사는 경우
'내 집이 나의 필요에 적합하게 만들어져 있다', '내 집은 안락하다' 두 문
항에 대한 만족도가 4.14점, 4.33점으로 단독주택(3.93점, 4.17점)이나 공동주
택 거주자(3.8점, 4.08점)에 비해 더 높았다(t=8.283, p<.001; t=6.222; p<.01). 그러
나 나는 '이 집에서 사는 것이 즐겁다'와 '나는 이 집에 사는 것이 어렵다
거나 답답하다고 느끼는 일이 거의 없다' 두 문항에 대한 만족도는 아파
트(4.21점, 4.18점)와 단독주택(4.19점, 4.28점) 간에 통계적으로 유의미한 차이는
없었다. 이러한 결과를 통해 아파트 거주 노인이 단독주택 거주 노인에
비해 노인의 필요에 맞게 적합한 구조와 설비를 갖춘 주택에서 안락하게
산다는 점에서 주택에 대해 만족함을 알 수 있다.

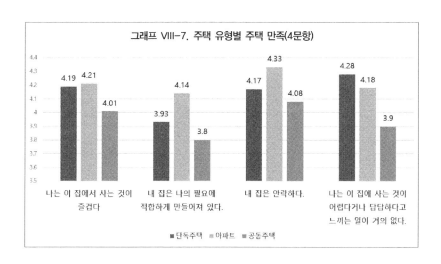

그래프 VIII-7. 주택 유형별 주택 만족(4문항)

범례: ■단독주택　▨아파트　■공동주택

거주 지역을 기준으로 하면 읍면 거주 노인의 주택 만족도가 동 거주 노인에 비해 높지만, 주택 유형을 기준으로 살펴보면 아파트 거주 노인의 주택 만족도가 단독주택에 비해 높게 나타났다(그래프 VIII-6, 7 참조). 그래프 VIII-1에서 알 수 있듯이 지역별로 주택 유형의 분포가 다르므로 지역별로 나누어 주택 유형에 따른 주택 만족도를 살펴볼 필요가 있다(그래프 VIII-8-1, 2 참조). 읍면의 경우 아파트 거주 노인의 주택 만족도가 4.72점으로 단독주택의 4.37점에 비해 더 높았다(t=-3.423, p<.01). 동의 경우에도 아파트 거주 노인의 주택 만족도는 4.15점으로 단독주택 거주 노인의 3.92점에 비해 더 높았다(t=-3.911, p<.001). 따라서 거주 지역에 상관없이 아파트 거주 노인이 단독주택 거주 노인에 비해 주택에 대한 만족도가 더 높음을 확인할 수 있었다.

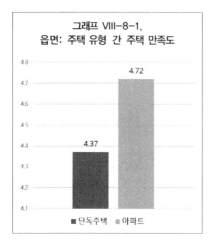

그래프 VIII-8-1.
읍면: 주택 유형 간 주택 만족도

4.37
4.72

■ 단독주택 ■ 아파트

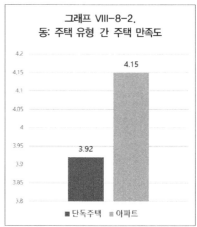

그래프 VIII-8-2.
동: 주택 유형 간 주택 만족도

3.92
4.15

■ 단독주택 ■ 아파트

그렇다면, 주택 유형이 같을 때 거주 지역별로 주택 만족도에 차이가 없을까? 읍면에서 단독주택에 거주하는 노인의 주택 만족도는 4.37점으로 동 지역에서 단독주택에서 거주하는 노인의 3.91점에 비해 더 높았다(VIII-9-1 참조; t=5.760, p<.001). 단독주택에 사는 노인의 주택 만족도가 거주 지역에 따라 차이가 나는 이유는 읍면 거주 노인의 77.6%가 단독주택에 살지만 동 거주 노인의 28.0%만이 단독주택에 살고 있음에 주목해볼 필요가 있다. 읍면의 경우 다수의 노인이 단독주택에 살고 있어서 자신이 사는 주택 환경을 친숙하게 당연하게 받아들이지만 동에서 단독주택에 거주하는 노인은 아파트에서 거주하는 다수의 노인과 자신의 처지를 비교하여 상대적으로 인식하였을 가능성이 크기 때문이다.

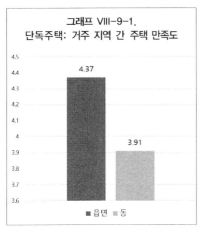

그래프 VIII-9-1.
단독주택: 거주 지역 간 주택 만족도

4.37 3.91

■읍면 ▩동

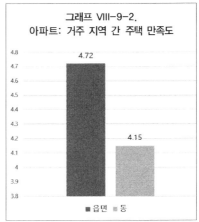

그래프 VIII-9-2.
아파트: 거주 지역 간 주택 만족도

4.72 4.15

■읍면 ▩동

　　읍면에서 아파트에 거주하는 노인의 주택 만족도는 4.72점으로 동에
서 아파트에 거주하는 노인의 4.15점에 비해 훨씬 더 높았다(그래프 VIII-9-2
참조; t=6.585, p<.001). 이 결과는 읍면 지역은 2000년대 이후에 아파트가 건
설된 반면 동 지역은 1980년대 중반부터 아파트가 건설되었는데, 아파트
노후화 정도가 주택 만족도에 반영된 것으로 이해된다.

2) 주택 만족도와 이사 계획

김수영 등(2017)은 주택 만족도가 AIP에 영향을 미침을 보고한다. 주택 만
족도와 AIP 간의 관계를 확인하기 위하여 1년 이내에 이사 계획이 있는지
조사한 결과 1,000명 중 37명만이 이사 계획을 하고 있었다. 그리고 이사
계획 여부에 따른 주택 만족도를 비교하여 본 결과, 이사 계획이 있는 춘
천 노인의 주택에 대한 만족도는 3.65점으로 이사 계획이 없는 노인의 만

족도 4.18점에 비해 유의미하게 낮았다(t=-4.464, p<.001). 따라서 노인이 자신이 살고 있는 집에 만족할수록 그 집에서 계속해서 머물러 살 가능성 큼을 확인할 수 있으며, 노인들이 현재 사는 집에 대한 만족도를 높이기 위한 방안을 모색하는 것이 AIP 가능성을 높이는 지름길임을 알 수 있다.

4. 춘천 노인의 주택 환경 실태

1) 주택에 대해 불만

'2017년 춘천 노인 AIP 생활환경 조사' 자료를 들여다보면 조사 대상자 1,000명 중 34.0%(340명)는 현재 사는 주택에 대해 불만이 있음을 표현하였다. 주택에 대한 불만 사항 유무를 주택 유형별로 살펴보면, 단독주택 거주 노인 중 43.8%(413명 중 136명)와 공동주택 거주 노인 중 42.0%(88명 중 37명)가 불만 사항이 있음을 밝힌 반면, 아파트 거주 노인 중에서는 24.6%(496명 중 122명)만이 불만이 있다고 하여 단독주택과 공동주택 거주 노인이 아파트 거주 노인에 비해 불편함을 더 많이 겪으며 살고 있음을 알 수 있다.

현 주택에 대해 불만 사항이 있다고 응답한 340명 중 절반에 가까운 48.8%(166명)가 '주택이 노후화되어 불안하다'라고 답하였고, 그다음이 '구조, 설비 등의 사용 불편'(20.9%), '일조, 소음, 통풍 등의 문제'(20.6%), '집세 또는 세금 등의 경제적 부담'(9.4%)의 순이었다. '2016년 춘천 노인 AIP 생활환경 심층면접 조사'를 들여다보면 주택 노후화에 대한 노인들의 목소리를 들을 수 있다.

아주 오래된 집이여요. 그 전엔 벽돌로 지었기 땜에 벽돌이 오래되니까 삭으니까 대고 주저앉는 거지. (가-2)

벌써 6·25 나고서 바로 들어왔었지. 터를 잡아 가지고 지은 집었으니까 오래됐지. 엊그제 수도가 터져가지고 땅 파고 수도도 새로 했어. (가-7)

오래되었지. 집 지은 지가 한 15년 25년 되었어. 25년 되었는데 그게 (슬레이트 지붕이) 주저앉으면 그게 다 물러 앉아서 담까지 망가질까봐 걱정이야. (가-44)

집이 한 20년 되니까 자꾸 망가지는 거야. 돈이 있으면 내가 하는데 돈이 없어서 못해요. (가-9)

지은 지 오래되어 벽돌이 삭거나 수도가 터지고 지붕이 내려앉는 등 이곳저곳이 망가져 걱정되지만 수리할 돈이 없거나, 재개발이 예정되어 있어서 가까운 시일 내에 이사할 수 없는 상황에 처해서 집을 수리하지도 못하고 불편함을 버티며 살고 있었다.

2) 불편한 주거 공간

불편하게 여기는 공간이 어디인지 파악하기 위해 '2017년 춘천 노인 AIP 생활환경 조사' 결과를 들여다보면, 조사에 참여한 춘천 노인 1,000명 중 1/4을 조금 넘는 260명(26.0%)이 불편한 공간이 있다고 응답하였다(그래프 VIII-10 참조). 단독주택 거주 413명 중 32.9%(136명)와 공동주택 거주자 88명 중 27.3%(24명)가 '불편한 공간이 있다'라고 응답한 반면, 아파트 거주자 496명 중에서는 20.2%(100명)로 더 적었다. 단독주택과 공동주택 거주 노인이 아파트 거주 노인에 비해 주택의 공간 사용에 불편함을 더 많이 경험하는데, 이는 단독주택의 경우에는 현재 사는 집에서 20년 이상 거주하는 노인의 비율이 69.5%로 주택 노후화와 무관하지 않으며, 공동주택은 거주기간보다는 공동주택의 건축 여건과 관련된 것으로 이해된다.

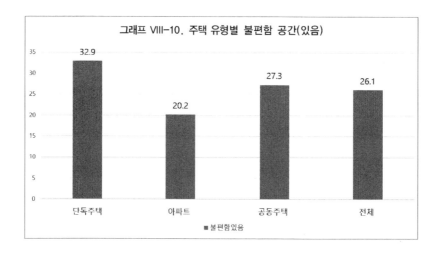

그래프 VIII-10. 주택 유형별 불편함 공간(있음)

'불편한 공간이 있다'고 응답한 춘천 노인 260명 중 약 1/3에 해당하는 35.8%가 욕실과 화장실이 불편하다고 가장 많이 응답하였고, 그다음은 부엌 23.5%, 수납공간 21.2%, 현관 2.2% 순이었다(그래프 VIII-11 참조). '2020년도 노인실태조사'에서 거주하고 있는 주택에 만족하지 못하는 이유로 주방, 화장실, 욕실 등이 사용하기 불편하다는 응답이 32.3%로 가장 높았다. 이러한 조사 결과를 통해 주택 공간 중에서 노인들이 화장실과 욕실, 그리고 부엌을 사용하기에 부적합한 경우가 많으며, 이 공간에 대한 개보수가 필요함을 알 수 있다.

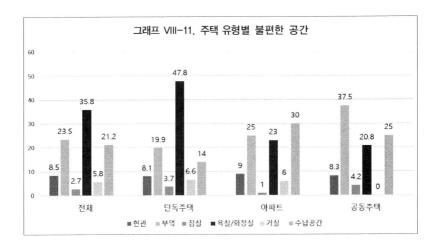

그래프 VIII-11. 주택 유형별 불편한 공간

그래프 VIII-11에서 확인할 수 있듯이 주택 유형에 따라 불편한 공간에 대한 응답 내용이 달랐다. 단독주택 거주 노인 중 절반에 가까운 47.8%가 욕실과 화장실이 불편하다고 응답한 반면, 아파트 거주 노인 중에서는 20.8%였다. 단독주택 거주 노인이 욕실과 화장실 다음으로 응답을 많이 한 공간은 부엌으로 5명 중 1명에 해당하는 19.9%였다. 아파트 거주 노인 중에서 응답률이 가장 높은 것은 수납공간으로 30.0%였으나 단독주택 거주 노인 중 수납공간에 대해 응답한 비율은 14.0%로 아파트 응답률의 절반 수준이었다. 이는 아파트 거주 노인이 불편해하는 공간은 수납공간 외에 부엌 25.0%, 욕실과 화장실 23.0%의 순이었다.

3) 춘천 노인의 주택 거주 경험과 고충

'2016년 춘천 노인 AIP 생활환경 심층면접 조사'에서 춘천 거주 노인으로 부터 협소한 공간에서 생활하는 것을 비롯하여 재래식 화장실과 욕실, 온수가 나오지 않는 부엌, 계단 등의 공간에서의 불편함과 높낮이 차, 난방과 단열, 방수와 누수, 층간 소음 등으로 인한 문제, 주택 유지와 관리에 따른 경제적 부담에 대한 고충을 들을 수 있었다.

(1) 협소한 공간

집을 지어 사는 노인의 경우 경제적 여건이나 다른 이유로 인해 집터가 좁아서 집을 작게 지어 불편함이 있지만, 자신의 집이므로 불편함을 감수하고 생활한다. 다음의 인터뷰 내용들은 노인들이 거주하는 집의 상태를 잘 보여준다.

소양댐 매몰지역에서 그 보상 받아가지고 짓다 보니까 돈이 모자라더라고. 그래서 조그마하게... (가-30)

터가 좀 작고 집이 좀 작아서 불편은 하지만 우리 두 식구 살기는 괜찮아요. (가-40)

몇 평도 안 되는 방 하나 마루 조그마한 것 하나에... (가-6)

월세로 사는 춘천 노인의 경우 방이나 부엌방과 같은 하나의 작은 공간에서 취침, 식사, 휴식, 접객 등의 다양한 행위를 하거나, 집 한 채를 여러 사람이 공유하는 경우에는 냉장고 등으로 문을 막고 부엌이나 거실을 방으로 꾸며 생활하는 사례도 발견된다.

> 주방을 방으로 꾸며서 나랑 둘이 살고, 부엌을 방으로 냉장고로 문으로 막고... (가-45)

> 부엌방에서 내가 생활하니깐. 부엌 겸 거실 겸 원룸처럼... (가-49)

본인이 소유한 집이든 월세로 사는 집이든 간에 협소한 주거 환경은 노인이 생활하는 데 여러 불편함을 초래한다. 그러나 노인들은 불편함에도 불구하고 '두 식구 살기에 괜찮다'라며 자족하거나 견디며 생활한다.

(2) 화장실과 욕실

앞에서 이미 밝혔듯이 불편한 공간에 대해 응답한 3명 중 1명이 욕실과 화장실이 불편하다고 응답하였다. 농촌 지역의 오래된 단독주택은 화장실이 대부분 집 밖에 있는 재래식이기 때문이다. 농촌 노인 가구에서 재래식 화장실 비율이 점차 줄어드는 추세이기는 하지만 여전히 20% 이상이라는 정재훈(2015)의 보고처럼, 춘천 읍면의 단독주택 중에서 집 안에 수세식으로 화장실이 구비되지 못한 사례가 여전히 많음을 발견할 수 있었다.

> 다니는 것도 불편하고 좋지 않지만... 화장실도 좋지 않지 않아요. 재래식이에요. (가-25)

> 그 전에 살던 집은 화장실이 수세식이니까 편했어요. 근데 여긴 푸세식에다가 화장실이 대문 앞에 있어요. 그래서 불편해요. 그런데

웬만하면 낮에 미래산부인과 가서 볼 일보고... (가-45)

화장실 가는 게 제일 싫으니까. 밤에도 바깥에 나와서 화장실을 갈
래니까 그런 게 불편하죠. (가-2)

지은 지 오래된 단독주택에 사는 노인들은 화장실이 집 본채 바깥의
대문 앞에 있어서 밤에도 밖으로 나와서 용변을 보아야 하거나, 화장실이
재래식이어서 불편함이 큼을 호소하였다. 더욱이 재래식의 웅크리고 앉
는 화장실 구조는 관절이나 류마티스성 질환을 지닌 노인이 사용하기에
매우 불편하고(김승희, 2012), 야간이나 추운 겨울에 집 밖에 있는 화장실을
이용하다가 낙상 사고도 일어날 수 있다는 점에서 재래식 화장실은 시급
하게 개선되어야 할 문제이다.

욕실 상황도 크게 다르지 않다. 지은 지 오래된 단독주택에는 욕실
이 없거나, 욕실이 있을지라도 온수가 나오지 않아 겨울에도 찬물로 씻거
나 물을 가마솥에 데워서 씻어야 하는 등 집에서 제대로 씻지 못하고 지
내는 상황이었다.

옛날 집이니까 (화장실이) 밖에 있고, 목욕탕도 없고, 집에서 가마솥에
다 불 때가지고 이제 목욕하고, 겨울에 추울 때는 여기(효나눔센터) 목
욕탕에 와서 하구... (가-19)

화장실만 수세식, 집 안에서 씻을 수 있으면 좋겠고 (가-45)

내가 그래 우리 할아버지보고 그랬어. 아이고 남의 집에 가서 세로
살아도 좀 더운물이나 뜨듯하게 쓰고 화장실이나 좀 안에서 뎅겨 봤
음 좋겠다고 찬물로 쓰니까 겨울에는... (가-2)

농촌 지역 노인들이 겪는 불편함 가운데 하나는 집 안에서 따뜻한 물로 마음대로 씻을 만한 공간이 없다는 점이다. '온수'와 '집 안의 욕실'은 노인들에게 필수적인 주거 조건임에도 불구하고, 이를 갖추지 못한 곳이 많은 것이 현실이다.

(3) 부엌

설문조사에서 춘천 노인들이 불편한 공간으로 두 번째로 많이 응답한 곳이 부엌이었다(그래프 VIII-11 참조). 단독주택의 경우 부엌이 집과 분리된 재래식 형태이거나, 싱크대나 기본적인 수도나 가스 등이 갖춰지지 않은 열악한 상황인 경우가 많기 때문이다.

> 지금 불편한 게, 겨울에 주방에서 설거지를 하는데 더운물이 없어요. 그냥 입식으로 그냥… 주방에서 더운물 못 쓰고 찬물로 설거지하는 게 겨울에는 그거지… (가-2)

> 부엌은 그냥 연탄 때는… (중략) (부엌 아궁이 같은 거는 있고) 싱크대는 없어요. (중략) 손 그것도 봐줬으면 좋겠는데. 그게 재개발이 된깐 이제 (가-25)

> 거긴 아직 수도가 안 들어왔어요. 만천리라는 데는 수도가 안 들어와서 지하수를… (가-15)

단독주택의 부엌에는 싱크대가 제대로 설치되지 않았거나, 욕실처럼 온수가 나오지 않아 찬물로 설거지하며, 심지어는 수도가 들어오지 않아서 아직도 지하수를 식수로 사용하는 사례도 있다. 이는 재래식 주택에서 사는 노인들의 주거 공간, 특히 부엌이 얼마나 열악한지를 보여주는 사례라고 할 수 있다.

(4) 공간 높낮이 차와 턱

주거 공간의 높낮이 차와 문턱은 노인의 보행에 장애물로 작용한다. 이윤재(2013)는 농촌 노인의 주택에서 문지방 등의 불규칙한 높낮이 차가 문제임을 보고하고, 안준희 등(2018)도 31.3%의 농촌 노인이 주택의 문턱과 바닥으로 인해 다칠 위험이 있음을 밝힌다. 마찬가지로 춘천 노인들도 집 안에서 낙상 사고의 위험성을 안고 살아감이 2016년 심층면접에서 드러난다.

> 나는 화장실하고 주방이나 고치고 살았으면. 편안하게. 좀 이렇게 올라가고 옛날에 시골 가면 왜 방에서 댓돌 밟고 그 식이야. 그래서 할아버지가 한번 떨어졌어요. 여기서 내려오다가. 허리를 다쳤어. 나이가 많으니까 다리가 아프니까 이제 막 올라 댕기질 못 하니까. (가-2)

> 턱이 요만해. 쓰래빠 하나는 문에 하나 걸릴 정도론 아닌데 괜찮아. 잘 알고 댕기니까 안 넘어져. (중략) 그런데 이 집에서 내가 오픈하는 날 반찬을 좀 더 갖다 줄라고 하다가, 그 문턱이 요만한데 팍 차고 뒤로 자빠져가지고, 여기에 받쳐가 혹이 이만큼 나고 엉덩이가 얼마나 아픈지 까무러쳤다니까. (중략) 그저 오르내리기가 힘든 건 더 늙으면 어떡하나... (가-11)

단독주택의 경우, 방과 화장실 또는 방과 부엌 사이에 문턱이 있거나, 마루와 방의 바닥 높이가 다른 경우가 많았다. 그래서 몇몇 노인은 문턱이나 집 안 곳곳의 높낮이 차 때문에 걸려 넘어져 골절되는 낙상을 경험하였고, 나이가 더 들게 되면 높낮이가 다른 공간을 오르내리기가 더 힘들어질 것을 걱정하였다. 노인의 낙상 사고는 의존성을 증가시키고, 자율성을 감소시키며, 혼동·부동·우울증·일상생활 활동의 제한을 초래하여 삶의 질에도 부정적인 영향을 미치므로(Rubenstein, 2006) 집 안에서 노인의 안전사고를 예방하기 위한 주택 개조 또는 개선이 요구된다.

그림 VIII-1. 바닥과 마루 사이 높낮이 차, 마루와 방 사이에 턱이 있는 주택 모습

그림 VIII-2. 연탄난로로 난방을 하는 주택 내부 모습

(5) 계단

엘리베이터가 설치되지 않은 단독주택에서 계단은 노인들의 이동을 막는 장애물 중 하나이다. 심층면접에 참여한 노인들이 계단으로 인해 겪

는 불편함은 다음과 같다.

> 2층이래서 댕기는 게 제일 불편해. 기어 올라가야 되거든요. 내려올
> 때도 뒤로 와야지 앞으로는 못 가. (가-3)

> 난 불편하지. 왜냐면 계단 오르내리기가 나빠. 이층에 있거든. (중략)
> 이층에 있다가 밑으로 내려 올래도 불편하고 이층에서 사는데 오르
> 내리기가 힘들어. 우리 딸이 그래. 엄마, 엘리베이터 해. 여기 무슨
> 엘리베이터를 해. 아직까지는 괜찮다 그러지. (가-11)

단독주택 거주 노인의 대부분이 1층에 살지만 2층에 사는 몇몇 노인
은 계단을 오르내리는 데 불편함이 매우 컸다. 노인이 사는 주택 내에서
의 안전사고 발생률이 욕실·계단·현관에서 가장 높으며, 사고 유형이
모두 '미끄러짐'이었다는 점에 주목한다면(김영주, 2006) 단독주택 2층에 거
주하는 노인의 계단 낙상 사고 위험을 예방하기 위한 주택 개선 방안이
모색되어야 한다.

(6) 슬레이트 지붕

슬레이트 지붕은 농촌 노인들의 건강과 주변 환경을 위협하는 요인
임에도 불구하고 아직도 방치된 곳이 남아 있다. 1970년대 새마을 운동
의 일환으로 초가지붕을 슬레이트 지붕으로 교체하는 지붕 개량 사업이
대대적으로 실시되었는데 비교적 최근에서야 오래된 슬레이트에서 석면
이 배출되어 인체뿐만 아니라 주변 환경에도 악영향을 미친다는 사실이
알려졌다.

막 새마을 슬레이트를 다 얹고 했는데, 지금 그것이 인체에 나쁘다고 말이야. 그런 입장인데 지금은 그거를 맘대로 하지도 못하고 말이야... 용케도 집 하나 개량하려면 엄청 힘들다고. 뭐 보조는 얼마 해준다는데 슬레이트는 아무나 못해요. (가-29)

노인들은 새마을 운동 당시 교체한 슬레이트 지붕이 인체에 해롭다는 사실을 알게 되었고, 정부 주도로 노후화된 주택의 슬레이트 지붕 철거 작업이 진행되는 것도 알고 있다. 하지만 여러 이유에서 집 소유자인 노인의 의지에 따라 신속하게 진행되지 못하고 있다. 따라서 주변 환경과 노인들의 건강을 위해서라도 하루 빨리 지붕 교체 작업이 진행되어야 할 것이다.

(7) 난방

노인은 피하지방과 수분이 감소하여 피부층이 얇아져 체온을 조절하는 기능이 저하되고, 감각의 민감성도 떨어져서 주위 온도에 대해 덜 민감해진다. 이러한 피부 변화로 인해 추운 겨울에는 체온을 유지하기가 어렵고, 비정상적인 체온 저하는 노인의 생명을 위협하므로 적절한 실내 온도를 유지할 수 있도록 난방 시설을 잘 갖추어야 한다(숙명여자대학교 건강·생활과학연구소, 1999). 하지만 농촌 지역의 많은 주택들은 방풍이나 단열 시공이 제대로 되어 있지 않아 노인의 건강을 위협하고 있다.

아주 엉터리로 지었어, 집이 아주 엉성해. (중략) 아이고 저 그냥 이런 유리도 그냥 벽을 쌓고 문을 쪼그만하게 해야 하잖아. 근데 이 한 칸을 한 면을 유리로 해가지고 겨울엔 추워 가지고서 아주 손이 시려워. 저 주방문도 그저 주방을 저쪽을 유리 있는 거를 벽을 쌓고 조그마하게 하면 좋은데 그 칸을 (유리로) 다 했어. 그렇고 그냥 안방도 그냥 여그 벽돌 쌓기 싫으니까 (중략) 안방도 이제 그냥 요만큼을 지어서 다 미닫이야. 그래서 겨울에는 아주 엄청 추워. 날림으로 지었어. (가-44)

바람만 불면 문이 덜컹덜컹하는 거. 그냥그냥 바람 눈비 피해서 살고 있구나 그래. 침대 거지같은 거 하나에 전기장판 하나 깔고 자고 그러지 뭐. (가-6)

엉망이야, 연탄 피워 놓고 그냥 살아. 그럼 연탄 안 갈면 추워 못살아. (가-6)

기름 때는데 방바닥은 뜨듯해도 위는 춥지. (가-44)

춘천 거주 노인이 살고 있는 단독주택 중에는 창문이나 방문 틈새로 바람이 들어오거나 단열 시공이 제대로 되지 않아 겨울에 한파가 닥치면 제대로 잠을 자지 못하는 경우가 많았다. 그래서 전기장판을 깔고 자거나 연탄을 피워 추위를 해결하였는데, 기름보일러를 사용할지라도 고장이 나거나 바닥만 따뜻하고 위 공기는 차가워 난방이 제대로 되지 않는 경우도 있었다. 이러한 모습은 단독주택에 사는 농촌 노인들은 단열도 안 되는 오래된 집에서 난방비를 아끼기 위해 보일러를 거의 작동시키지 않은 채 추위를 이기며 생활하고 있음을 보고한 서보람 외(2022) 연구 결과와도 일치한다.

한편, 단독주택에 살면서 연탄으로 난방을 하는 노인들의 경우는 또 다른 어려움과 위험에 노출되어 있다.

오래된 걸 샀어요. 쬐그매. 25평짜리. 둘이 살기는 괜찮은데 연탄을 때요. 연탄 때고, 옛날에 지은 거라 좀 추워요. 이제 할아버지가 밤에도 두 번씩 갈아야 하니깐은 그것도 불편하고. (가-2)

힘이 딸리니까.... 이 연탄 버리기도 힘들어. (가-49)

연탄으로 난방을 하는 단독주택에 사는 노인은 밤에 연탄을 갈아야하고 연탄재를 버려야 하는 번거로움을 감내하며 살고 있었다. 그리고 그림 VIII-2에서 보이는 실내 연탄난로 또는 연탄보일러는 연탄가스 흡입 사고의 가능성도 컸다.

이상에서 드러난 난방 문제는 강원도 농촌과 중소 도시에 거주하는 노인들에게서도 동일하게 나타난다. 대부분 건축된 지 30년이 넘은 노후주택에 거주하는 강원도 농촌과 중소 도시 노인들은 단열이 되지 않아 난방이 필요함에도 불구하고 연료비 부담으로 인해 난방을 충분히 하지 못하고 있으며, 이는 노인성 질환에 악영향을 미쳐 결국에는 건강이 악화되어 의료비 지출을 상승시키는 결과를 가져온다(김승희, 2008).

(8) 누수와 방수

노후화된 주택 문제에는 누수와 방수 문제도 포함되는데 춘천 거주 노인들의 심층면접 내용에서도 이러한 사실이 명확하게 드러난다.

비가 오면 우리가 낮으니까 (비만 오면) 물이 다 들어와요. 새로들 지으니까 다들 축대를 높이 지으니까... (가-2)

방수가 떠요. 몇 년에 한 번씩 하는 건데 나는 안 하고 있다가 한번

씌웠어. 근데 그때만 해도 잘못 씌웠어. 그래서 내가 그거 다시금 하고 싶은 마음이지 뭐... (가-33)

우리집은 뭐 지은 지가 한 15년 되니까. 그니까 뭐 별로 저거는 없는데 이제 옛날에 지었으니까 가에, 밖에서 지면 습기가 차요. 곰팡이가 나. 그게 제일... 벽에 방수가 안 되어 가지고, 그게 방수가 안 되었는지 저런 데로 곰팡이가 나고... 불편은 그거예요. (가-1)

노후화된 주택은 새로 지은 주택에 비해 대부분 지대가 낮아서 비가 오면 집이 침수가 되는 경우가 많았다. 그리고 집이 오래되어 집 안 여기저기서 누수가 되거나, 방수 처리가 제대로 안 되어 벽에 습기가 차고 곰팡이가 피는 등의 어려움을 겪고 있었다. 침수된 주택, 누수와 방수로 인해 곰팡이가 핀 집 등은 노인의 건강을 위협하는 요인으로 주거 환경 개선에서 제일 먼저 요구되는 부분이다.

(9) 방음

농촌에도 아파트가 들어서기 시작하여 농촌 거주 노인 중에서도 아파트에 거주하는 비율이 점차 높아지고 있다. 아파트에 거주하는 노인은 앞에서 본 것과 같은 노후화된 주택에서의 난방이나 침수를 비롯한 누수와 방수 같은 문제를 상대적으로 덜 겪는다고 할 수 있다. 반면 아파트에 거주하는 노인들은 단독주택에서 사는 노인들이 겪지 않는 방음 문제로 인한 불편함을 겪고 있다.

위에서 뚝딱거리고, 아휴 싫어. (중략) 불편한 게 시끄러운 거. 그런 건 참고 살아야지 뭐. 올라가서 싸우기도 하고 그랬어. 시끄럽게 구

니까 조용히 하라고... 아파트는 아주 시끄러운 게, 잘못 만나면 아주 골 아파. (가-32)

(아파트 생각하면) 답답하고 내가 아파트에 잠깐 살아봤는데 소음 관계 층간 소음 관계가 있더라구. 단독주택은 밤늦게 하다못해 반찬 할라고 밤늦게. 초저녁에 하기 싫으니까 밤늦게 마늘 두드리거나 그런거 되는데, 아파트는 난 낮에 잠을 많이 자니까 밤에 많이 움직이거든? 근데 아파트는 그걸 잘 못하겠더라구. (가-20)

인터뷰 내용에서도 나타났듯이 아파트 거주 노인은 단독주택과 달리 방음이 잘 안되어 층간 소음에 대해 예민하였다. 아파트 거주 노인은 위층에서 나는 소음을 참고 살거나, 자신의 움직임으로 인한 소음이 신경 쓰여서 행동을 조심하고 제한 받으며 살고 있었다.

(10) 경제적 부담

노인은 자신이 사는 동네에 부여하는 의미가 커서 집이 불편하더라도 이사하지 않으려고 하며, 주택을 수리하는 번거로움과 수리비로 인한 경제적 부담으로 인해 주택을 적극적으로 개보수하지 않고 현 주택 상황에 순응하며 살아간다(이연숙·안창헌, 2014). 이러한 모습은 2016년에 심층면접을 한 춘천 노인들에게서도 발견되었다.

집이 한 20년 되니까 자꾸 망가지는 거야. 돈이 있으면 내가 하는데 돈이 없어서 못해요. (가-9)

보일라 때면 개스로 때는데 우리가... 개스가 이 저 뜨시게 안 해도

한 달에 18만 원씩 나오는데 어떻게 해 가지고 그걸 감당할 수 있겠습니까? (가-17)

우리가 겨울에 전기가 많이 나와요. 심야 전기까지 다 포함해서... 계속 춥고 그럴 땐 60, 70만 원 나와요. 많이 나와요. (가-33)

단독주택에 사는 노인들은 집이 오래되어 난방이 잘 안되기 때문에 연탄보일러, 가스보일러, 기름보일러, 심야 전기를 활용한 보일러 또는 전기매트 등을 사용하여 난방 문제를 해결하고 있었다. 이로 인한 연료비와 전기료로 경제적 부담을 느끼고 있었다.

단독주택과 달리 아파트에 거주 노인은 주택 외부환경과 관련된 사항은 관리비로 해결되지만, 주택 내부의 주방 설비를 교체하는 비용이나 도배와 화장실 타일을 비롯한 수리 비용을 경제적으로 감당하기 어려운 형편임을 이야기하였다.

내부가 낡아지고 그 수리를 해야 되나 그러는데 쉽지가 않거든요. 돈이 일이백도 아니고 천만 원이 넘게 들어가는 돈인데... 이 주방은 뭐 이 개스도 네 갠데 하나 고장 나가지고 이게용, 다 이게 늙어 가지고, 이 변기도 이래 보면은 이 타일 같은 데 일어나고 그래요. (가-17)

관리비 속에... 저기 고치는 비용이 나가잖아요? 수리 비용이 나가서 되는데 실내에서는 첫째로 도배, 비싸잖아. 그리고 싱크대가 이제 개스 다이 위에는 안 좋잖아요. 시커멓잖아. 그거 바꿀라면 몇 십 만 원 들어요. (중략) 도배 한번 할라고 하니께 돈 들고. 그 우리집에 손님도 오는 거 싫어 챙피하니까. 어 그게 그런 게 좀 문제예요. (가-47)

아파트 거주 노인들 역시 주택을 관리하고 유지하는 비용에 대해 상당히 부담을 느끼며, 경제적 부담으로 인해 수리를 하지 못해 허름해진 집 때문에 다른 사람들이 집을 방문하는 것을 꺼리는 모습도 보였다.

이상의 인터뷰 내용들을 통해 나이가 들어갈수록 소득은 점차 감소하지만, 살고 있는 집을 개보수하고 관리하며 유지하는 비용 부담은 더 커지고 있음을 확인할 수 있다.

5. 춘천 노인의 AIP를 위한 주택 환경 개선

춘천 거주 노인 중 일부는 춘천시나 기업의 후원으로 도배, 문이나 창문 수리, 보일러 설치 등의 주택을 개보수한 경험이 있었다. 서보람 등(2022)에 따르면 지방자치단체의 주택개선지원사업을 위한 예산이 충분하지 못하여 수리 수요가 많아도 집수리의 범위나 대상에 제약을 받아 적정한 수준으로 집수리가 이루어지지 못하고 있으며, 특히, 재래식 화장실 개조처럼 큰 비용이 발생하는 주택개선지원사업은 실행되기 어렵다고 한다. 그리고 지방자치단체와 민간기업을 비롯한 외부 지원으로 주택 환경 개선이 가능한데, 노인의 형편을 잘 알고 지내는 이장이나 부녀회장과의 친분에 따라 주택 환경 개선 대상자 선정 여부와 환경 개선 수준에 편차가 생겼다.

도배도 더러우면 해주고, 문도 막 덜렁덜렁 하던 거 문도 다 달아주고... (중략) 근데 나는 그걸 정말 이렇게 누가 해주는 건지도 모르고 그냥 "누가 해주는 거예요?" 그러면 "그냥 가만히 계시면 돼요" 이러

고 가시니까. 문도 새로 달아줬죠. 보일러 놔줬죠. 전기 그것도 전기
세 많이 나온다고 여름에 덥고 그렇다고 LG딤인가 바꿔줬죠. (가-45)

우리는 작년에 와서 (시에서) 도배해줬어. 그 선생님이 이야기해줘 가
지고... (가-49)

샷시 같은 거 망가졌었는데 올해 저기 우리은행에서 저거 해 가지고
다 고쳐놨어요. (가-42)

'2017년 춘천 노인 AIP 생활환경 조사'에서 춘천 노인이 원하는 주택
지원 프로그램을 조사한 결과를 그래프 VIII-12에서 살펴보면, 조사에 참
여한 춘천 노인 중 73.4%가 주택 관련 지원 프로그램에 대한 욕구를 가
지고 있었다. 주택 개보수 자금 지원을 가장 많이 원하였고(28.4%), 그다음
은 주거 지원 서비스 제공(25.9%), 장기 공공임대주택 공급(12.6%) 순이었으
며, 주택 구입 자금과 전세 자금 대출 및 월세 보조금 지원을 원하는 사
람이 6.1%였다.

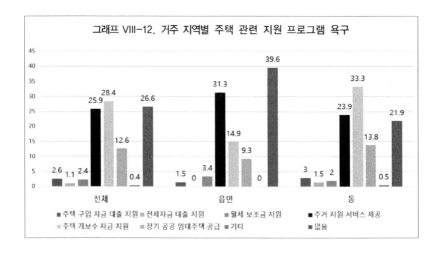

그래프 VIII-12. 거주 지역별 주택 관련 지원 프로그램 욕구

거주 지역별 주택 관련 지원 프로그램에 대한 욕구를 비교하면(그래프 VIII-12 참조) 동 거주 노인 중에서 78.1%가 주택 관련 지원에 대한 욕구를 밝히지만, 읍면 거주 노인 중에서는 60.4%로 나타나, 동 거주 노인이 읍면 거주 노인에 비해 그 욕구가 더 컸다. 읍면 거주 노인이 가장 많이 원하는 것은 주거 지원 서비스로 31.3%가 원하였고, 동 거주 노인 중 33.3%가 주택 개보수 자금 지원을 원하여 거주 지역별로 욕구에 차이가 있었다.

주택 유형별로 주택 관련 지원에 대한 욕구가 다르게 나타났다(그래프 VIII-13 참조). 단독주택 거주 노인 중에서 73.1%, 아파트 거주 노인 중 71.6%, 그리고 공동주택 거주 노인 중 84.1%가 주택 관련 지원 프로그램에 대한 욕구가 있음을 밝혔다. 단독주택 거주 노인 중 32.0%가 주거 지원 서비스를 원했고, 아파트 거주 노인 중에서는 32.5%가 주택 개보수 자금 지원, 공동주택 거주 노인 중 33.0%가 장기 공공임대주택 공급을 원하였다.

동 거주 노인과 아파트 거주 노인의 주택 개보수 자금 지원에 대한 욕구가 크게 나타난 것은 동 거주 노인의 약 60%가 아파트에 살고 있고, 이들 중에서 약 66%가 10년 이상 거주함에 따라 노후화된 아파트를 개보수하고자 하는 욕구가 반영된 것으로 해석된다. 그런데 읍면 거주 노인의 약 77%가 단독주택에 거주하고 있고, 이들 중 약 84%가 10년 이상 거주함에도 불구하고, 주택 개보수 자금 지원에 대한 욕구보다 주거 지원 서비스 제공에 대한 욕구가 더 크게 나타난 이유는 가까운 시일 내에 택지 개발이 예정되어 있어서 노후화된 주택을 돈을 들여서 개보수하는 것이 큰 의미가 없다고 생각하기 때문이라고 추정된다. 그리고 현재 사는 집이 상당히 노후화되었지만 자신의 소유가 아니므로 개보수를 할 수 없는 경우도 있었다.

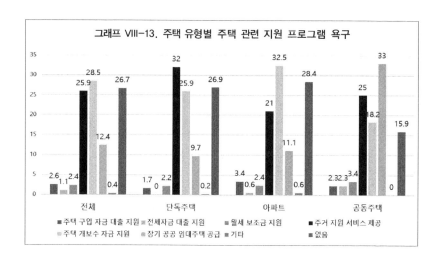

그래프 VIII-13. 주택 유형별 주택 관련 지원 프로그램 욕구

■주택 구입 자금 대출 지원　■전세자금 대출 지원　■월세 보조금 지원　■주거 지원 서비스 제공
■주택 개보수 자금 지원　■장기 공공 임대주택 공급　■기타　　　　■없음

　　노인들이 자신의 집에 대한 통제감을 상실할 때 주택 만족도가 감소한다(Amian, et al., 2021). 노인이 자신의 집을 유지하며 살아가기 위해서는 여러 작업을 해냄으로써 집에 대한 통제감을 느낀다. 그런데 노인은 특히 청소 관련 작업을 특히 어려워하여, 진공청소기 사용, 침구 교체, 설거지, 세탁, 화장실 청소, 쓰레기 버리기 등을 버거워한다(Fausset, 2011). 그래서 서보람 등(2022)은 농촌 노인을 위한 청소와 위생서비스 지원을 확대해야 함을 주장한다.

　　이와 같은 맥락에서 심층면접에 응한 춘천 노인들은 불편한 몸으로 높낮이 차나 문턱이 있고 살림 정리가 안 된 허름하고 협소한 집을 청소하기가 힘들어 하였다. 특히, 청소기를 쓰기도 하지만 허리와 무릎 등이 좋지 않은 몸으로 무릎을 꿇고 엎드려서 걸레질을 하는 것을 무척 힘들어 하였다.

청소가 제일 불편하지. 마음이. 몸은 제대로 못해. (중략) 해 먹는 건 어떻게 해 먹는데 청소가 제일 불편해. 내 맘에 그게... (가-10)

화장실 청소 힘들어요. 그렇다고 아들하고 아부지 보고 해달라고 할 수도 없고, 그 용역 부르자니 돈 들고... 엎드려서 해야 돼요. 엎드려서 닦으면 관절에 안 좋으니까 그렇다고 아들보고 닦으라고 할 수도 없고... 양말 하루만 신으면 쌔까매, 안 닦으면, 진짜 안 닦아, 그게 좀 힘들지. (가-47)

이 밖에도 주택 관리의 어려움을 토로하는 경우도 있었다. "단독주택이니까 (중략) 마당에 풀이 많이 나니까 마당이 크니까 풀 뽑는 게 불편하고..."(가-20)는 노인 스스로 주택을 관리하기에 벅차다는 말이기도 하다.

앞에서 살펴본 인터뷰 내용들을 통해 노후화된 단독주택에 사는 노인들이 집을 유지 관리할 능력이 부족하므로, 집 안 정리 정돈 및 청소를 비롯하여 마당이나 정원 정리 등을 도와주는 주택 관리 및 유지 서비스가 필요함을 알 수 있다. 다만, 청소나 마당 정리 외에도 주택 관리 및 유지를 위한 여러 서비스가 필요함에도 불구하고 서비스 이용에 따른 경제적 부담으로 인해 그러한 욕구를 제대로 이야기하지 못한 채 불편함을 감수하며 살아간다. 따라서 주택 관리 및 유지를 위한 서비스를 고안하고 실행함에 있어서 비용 부담에 대한 노인들의 고충을 어떻게 해결할 것인가 하는 부분을 함께 다루어야 할 것이다.

6. 마무리하면서

노인에게 집은 일상생활의 터전이자 사회활동의 근거지이다. 우리나라의 주거 만족도를 연령대별로 비교하면 25~35세에서 가장 높고, 그 이후에 연령이 증가함에 따라 점점 낮아져서 만 65세 이상에서 주거 만족도가 급격히 낮아진다(강은택·정효미, 2015). 그런데 집에 대한 춘천 노인의 만족도는 5점 기준 평균 4.16점으로 대체로 만족한 수준이었다.

한편, 노인들이 주택 구조와 설비 등으로 인해 불편함을 겪는데도 참고 살아간다는 안지은과 김국선(2015) 보고와 마찬가지로 춘천 노인들도 협소한 공간, 재래식 화장실과 욕실, 온수가 나오지 않는 부엌, 공간 사이의 문턱과 높낮이 차, 계단, 난방과 단열, 방수와 누수, 슬레이트 지붕 등으로 인해 불편함을 겪으면서도 "(불편한 점이 있어도) 그냥 그렇게 살아 버릇해서..."(가-45), "남의 집이니까 만족스러워 봐야 얼마나 만족스럽겠어요. 그냥 내가 비 안 새고 눈 안 맞으니깐 사는 거지(중략) 불편한 점은 딱히 없어요. 그냥 그런 대로"(가-4)와 같이 이야기하면서 불편함을 참고 산다. 노인들이 불편함을 감수하며 살아가는 것은 현 주택에 대한 안정감과 애착심이 강하게 작용하기 때문이지만, 우리는 실제 춘천 노인들의 주택 상황이 매우 열악한 현실임을 직시해야만 한다.

'2020년도 노인실태조사' 중 80.2%의 노인이 고령자를 배려한 설비를 갖추지 못한 주택에서 생활하고 있음이 드러난다. 그런데 이러한 고령 친화적인 설비를 갖추지 못한 집에서 살고 있음에도 불구하고 자신이 건강할 때는 83.8%가, 거동이 불편해진 경우에는 56.5%가 현재 자신이 거주하는 집에서 계속 살기를 선호하였다. 그러나 현실적으로는 노인들이 자율적이고 독립적인 일상생활이 곤란한 상황에 처하면 노인주거복지시설이나 노인요양시설로 옮겨가서 살거나 노인요양병원에서 간병을 받으며 사는 것 외에 다른 대안을 찾기가 무척 어렵다.

노인을 위한 주택은 점차 저하되는 신체 능력과 인지기능을 보완하고 사회관계를 유지하는 공간이어야 한다. 따라서 노인의 자립적인 생활이 가능한 AIP가 실현되기 위해서는 노인 주택의 공급, 고령친화 주택으로의 개선, 그리고 주거비용 지원 등에 관한 정책 및 제도가 올바르게 실행되어야 노인의 자립적인 생활이 가능한 AIP가 실현될 수 있다(권오정 등, 2018; 천현숙·오민준, 2013). 그리고 노인 주택의 환경 개선을 계획하고 실행하는 일련의 과정에서 주거·건축 전문가와 사회복지 및 보건의료 분야 등의 유관 분야 전문가들의 협업이 필요하며, 주택 개선을 활성화하기 위해서는 노인, 가족을 비롯한 돌봄 제공자, 중간 개입자, 시공업자 등 관계자들이 균형 있게 참여할 수 있도록 정보를 제공하고 상담하는 과정이 반드시 필요하다(권오정·김서연·이용민, 2021).

결론적으로 노인과 가족, 전문가 및 관계자들이 협력하여 노인이 살기에 적합한 주택 환경을 만들어가려는 노력은 노인의 자립생활 기간을 늘림으로써 머지않은 초고령사회의 노인돌봄 문제를 해결하는 하나의 단초를 제공할 수 있을 것이다.

IX

AIP를 위한 지역사회 거주환경 만들기

1. 지역사회 환경의 중요성

1) 지역사회의 의미

Aging in Place 개념이 처음 제시되었을 당시에는 건강상태가 서서히 나빠지는 노인이 자신이 살아온 주택에서 불편함을 해소하며 계속 살아갈 수 있는 방안을 모색하는 데 초점을 맞추었다. 그런데 노인복지 정책 패러다임이 시설보호에서 지역사회 보호로 전환하면서 AIP의 공간적 범위가 집에서 지역사회로 확대하였고, 이에 따라 AIP 대신에 Aging in Community(노년기 지역사회에서 계속 거주)를 사용하는 경우가 많아지고 있다 (Black·Dobbs·Yong, 2015; 조아라, 2013).

　노년기에 들어서면 지역사회의 의미는 이전의 인생 시기와 달라진다. 신체적·심리적·경제적 의존성이 점차 커지면서 노인이 생활하는 반경은 집과 집 주변의 가까운 지역으로 좁아진다. 신체기능이나 인지기능이 저하되거나 운전을 할 수 없게 되어 이동 범위가 줄게 되고, 은퇴로 인해 사회활동의 장이 좁아지면서 노년기에는 집 근처의 가까운 공간에서 주로 활동하게 된다(김용진, 2013). 따라서 노인에게 있어서 지역사회란 이웃 또는 주민 간의 상호작용이 가능한 집 주변의 장소를 의미하고(Davis·Herbert, 1993) 우리말로 표현하면 동네 또는 마을에 해당한다.

노년기의 지역사회는 집 주변 가까운 곳으로, 노인의 생활 터전임과 동시에 사회적인 상호작용이 이루어지는 공간이다. 즉, 노인에게 지역사회는 사회적, 경제적, 정서적인 관련성을 가지고 삶을 영위해 나가는 일상생활의 본거지이며 삶의 보람을 발견하는 장소이기도 하다(조영주, 2013).

2) 지역사회 환경이 중요한 이유

노인의 삶에 있어서 지역사회 환경이 어떻게 얼마나 잘 구성되어 있는가 하는 것은 매우 중요한 주제이다. 그 이유는 노인이 일상생활을 영위해 나가는 생활 터전인 지역사회의 물리적 환경이 이웃 관계를 비롯하여 사회활동과 사회참여를 촉진하는 요인으로 작용하기 때문이다(류동·허예진, 2022). 다른 말로 하면, 지역사회의 물리적 환경은 노인의 사회적 환경을 위한 선행요인이라고 할 수 있다. 예를 들어 노인복지관이나 경로당 같은 시설은 노인에게 만남의 장소와 기회를 제공하고, 보행 친화적인 환경이나 교통 편의시설은 노인이 원하는 장소로 안전하게 이동을 할 수 있게 함으로써 노인의 사회적 교류와 사회활동을 촉진시킨다(류동·허예진, 2022;

Park · Kang, 2022). 더욱이 노인 1인 가구의 경우, 도서관 등과 같은 문화생활 시설에 대해 만족할수록 삶의 만족도도 높아진다는 보고가 있는데, 노인이 많이 이용하는 시설의 건물구조와 보행로 등이 고령친화적으로 조성되어야 할 이유가 이 때문이다(문지현 · 김다혜, 2018). 반대로 노인이 외출 시 대중교통을 이용하는 데 불편함을 겪거나 도로의 높낮이 차나 경사로로 인해 불편을 겪는 경우 노인의 이동성과 시설에 대한 접근성이 떨어지게 되는데, 노인에게 이렇게 부적합한 지역사회의 물리적 환경은 노인을 사회적으로 고립시킨다(안지은 · 김국선, 2015; 이삼식 · 최효진, 2019).

지역사회 환경이 중요한 또 다른 이유 하나는 지역사회의 물리적 환경을 토대로 의료를 비롯한 복지서비스 제공이 가능할 때 삶의 만족도가 높아질 뿐만 아니라(이상철 · 박영란, 2016), AIP의 목적인 자립적인 생활도 가능해지기 때문이다(박성신 등, 2017; Schorr · Khalaila, 2018). 노인들은 공공시설과 의료시설의 접근성에 대해 가치를 크게 두고, 이에 대한 기대가 충족될 경우 그 지역에서 계속해서 거주하고자 하는 의사를 강하게 밝히므로(김용진, 2013), 공공서비스와 의료서비스의 이용이 쉬운 지역 환경을 조성해야 한다. 그리고 다양한 서비스에 대한 정보 접근성이 주관적인 삶의 만족도에 영향을 미치므로(이현민 · 최미선, 2022), 의료를 비롯한 사회복지서비스를 편리하게 사용할 수 있는 환경을 조성하기 위해서는 서비스에 대한 정보 접근성도 함께 고려해야 한다.

정리하면 노인이 생활하기에 쾌적하고 안전하며 편리한 지역사회의 물리적 환경은 노인의 사회활동이나 사회참여, 이웃과의 교류를 촉진할 수 있는 사회 환경을 구축하여 건강하고 자립적인 생활을 유지하는 데 토대가 됨으로써 궁극적으로 노인의 삶의 질을 높이는 데 기여한다고 할 수 있다.

2. 지역사회 환경의 구성 요인

1) 고령친화 환경

'노화에 대한 환경적 접근'은 환경적 특성과 결합된 노인의 능력이 노인의 기능 수준을 결정한다는 내용을 주요 골자로 한다(Wahl et al, 2021; 2009). 어떤 지역사회 환경은 노인이 능력을 발휘하는 데 장애물로 작용하여 노인의 기능수준을 저하시킬 수도 있지만, 고령친화적인 환경은 노인의 부족한 능력을 보상하여 노인의 기능 수준을 끌어올릴 수 있다. 따라서 활동이나 기능에 제한을 겪는 노인이 자립적으로 생활을 할 수 있도록 지역사회의 물리적 환경을 고령친화적으로 구축하거나 보강하고 보수해야 한다.

지역사회 환경이 고령친화적이어야 함을 강조한 가장 대표적인 예로써 2002년 스페인 마드리드 노인강령은 노년기 AIP 욕구를 반영한 지역사회 환경의 중요성을 강조하고 '고령친화도시' 개념을 언급한다. '고령친화도시'는 나이가 들어가는 모든 시민의 안전, 건강, 사회·경제적 참여가 자유로운 도시 환경을 설계함으로써 나이가 들어도 불편하지 않고, 나이에 상관없이 평생을 살고 싶은 도시를 말한다. WHO는 2007년 '고령친화도시' 가이드라인으로 야외공간과 건물, 교통, 주택, 사회참여, 존경과 사회통합, 시민참여와 고용, 커뮤니케이션과 정보, 지역사회 지원과 의료서비스 등의 8개 영역을 제시하였다. 이중 지역사회의 물리적 환경 영역에 해당하는 야외공간과 건물, 그리고 교통은 노인이 자신이 거주하는 현재의 주거 환경에서 계속 거주하고자 하는 의지에 영향을 미친다(이선영·박상희, 2020). 같은 맥락에서 적절한 교통시설과 운동시설, 보행자 도로(골목길)와 동네 공동시설(휴식공간, 노인정) 등과 같은 지역사회 환경의 편이성이 AIP

실현 가능성에 영향을 미치므로(Dye 외, 2011; 이세규·박동욱, 2015) 고령친화적으로 조성되어야 함이 강조된다.

2) 지역사회 환경 구성요인

지역사회의 물리적 환경이라고 하면 주로 주거 환경, 주변의 공공시설, 복지시설, 보행 환경, 교통, 공원 및 녹지 등과 같은 시설을 다루는데(송나경, 2018) 건물, 도로 여건, 도시화 및 산업화 수준, 소음과 환경오염 등의 물리적 조건에 더하여 범죄 등의 사회적 조건을 물리적 환경의 구성요소에 포함하기도 한다(문하늬 외, 2018). 안지은과 김국선(2015)은 노인의 AIP 실현을 위한 지역사회 환경은 외출을 권장하는 프로그램, 자립지원 서비스의 거점, 생활편리시설이 콤팩트하게 구축된 생활권, 안전하고 쾌적한 보행 환경, 유니버설 디자인이 적용된 지역사회, 이동 수단의 확보 등을 갖추어야 함을 주장한다.

　　Lawton(1980)은 노인에게 중요한 지역사회 환경 요인이 물리적 쾌적성, 자원적 쾌적성, 안전 관련 요인, 기타 자극 요인 등의 4개 요인으로 구성된다고 밝힌다. 물리적 쾌적성은 녹지, 깨끗한 환경 유지 및 관리, 자연경관 및 인공경관, 쾌적한 공기 등을 의미하며, 자원적 쾌적성은 노인의 생활에 필요한 의료·공공·복지·편의·교통·문화·운동·종교시설에 대한 접근성을 의미한다. 안전 관련 요인은 교통사고, 범죄, 화재 및 폭발 등 기타 사고로부터의 안전을 뜻하며, 기타 자극 요인은 노인이 생활하면서 받는 소음, 악취, 교통을 비롯한 건물 등에서의 혼잡, 이동시 경사 정도 등과 같은 스트레스 요인 등을 포함한다.

3. 춘천 노인의 지역사회 환경 만족

1) 지역사회 환경과 Aging in Place

거주 지역의 도로나 교통 발달, 의료 및 복지시설, 행정편의와 같은 지역 사회 환경에 대한 만족은 노인의 생활 만족도에 영향을 크게 미친다(석말 숙, 2004). 그리고 돌봄시설 또는 제과점이나 상점 등과 같은 상업시설에 대한 만족도도 노인의 주거 만족도에 영향을 미치는데, 노인이 공공장소 에서 불편함을 많이 겪을수록 주거 만족도는 낮아진다(Moor 등, 2022). 또한 현재 사는 집 주변 환경에 대한 만족도는 여생을 살던 곳에서 계속해서 살고자 하는 의사에 밀접하게 영향을 미친다(안지은 · 김국선, 2015; 김수영 외, 2017; 신서우 · 민소영, 2020). 노인들은 거주 지역의 녹지 및 환경, 소음, 악취, 혼잡과 같은 쾌적성; 교통사고나 범죄, 기타 사고로부터의 안전성; 노인 시설, 상업시설, 교통시설과 경사도 등의 편의성, 공공시설 및 의료시설 과의 접근성에 대한 공공복지에 대해 높은 가치를 두고, 이러한 부분에 대한 기대를 충족시킬 경우 노인들은 계속 그 지역에서 거주하고자 하는 의사를 표명한다(김용진, 2013).

그렇다면 춘천에서 살고 있는 노인들은 지역사회 환경과 AIP에 대해 어떻게 생각하고 있을까? 이에 대한 답을 '2016년 춘천 노인 AIP 생활환 경 심층면접 조사' 중에서 찾아볼 수 있다.

가차운 데 나는 집을 얻어 갖고 있어요. 여기서 쪼금 가는데 약방도 있고 쪼금 가는데 이런 데 밖에 못 가서 우리 앞에 샘물약국이라고 앞에 있고 또 거기서 쪼금만 요리 쳐다보면 정형외과가 있어요, 가

정외과도 있고. (중략) 먼 데 가면은 또다시 택시 타야 되니... (가-3)

원래 후평동에서 살았는데 애네들 할아버지가 이제 거기 회관 건물을 짓는다 했더니 글로 이사 와서 살자 그래서 글로 와서 살아. (가-16)

심층면접에 참여한 춘천 노인 중 많은 수가 무엇보다도 약국이나 병원과 같은 의료시설이나 문화시설 등에 접근하기 편한 곳에서 노후를 보내고자 함을 확인할 수 있는데 이러한 인터뷰 속에서 노인들이 계속해서 거주하고 싶은 지역사회의 특징을 이해할 수 있다.

2) 지역사회 환경에 대한 만족도

지역사회 환경에 대한 만족도는 지역사회의 물리적 환경에 대한 주관적 만족과 감정적 평가이다(구본미·채철균, 2019). 춘천 노인의 지역사회 환경에 대한 만족도를 알아보기 위해 '2017년 춘천 노인 AIP 생활환경 조사' 자료 중 Rioux와 Wemer(2011)가 타당화한 '주거 만족도' 척도의 4개 하위 차원 중 '지역 환경'과 '지역 서비스 접근성', 2개 차원을 통해 살펴보았다.

'지역 환경 만족'은 '나는 조용한 지역에서 산다', '내가 사는 지역에서는 공공기물이 훼손되는 등의 폭력 사건이 거의 일어나지 않는다', '나는 내가 사는 지역이 안전하다고 느낀다' 등의 8개 문항, '지역 서비스 접근성 만족'은 '내가 사는 지역에 내게 필요한 모든 것들이 가까이 있다', '가게들이 멀지 않은 곳에 있어서 이용하기에 부담이 없다' 등의 5개 문항으로 구성되어 있다. 13개 문항들은 '매우 그렇다'를 5점, '전혀 그렇지 않다'를 1점으로 하는 5점 리커트 척도로 측정하였으며, 점수가 높을수록 지역 환경에 대한 만족도가 높음을 의미한다.

춘천 노인의 '지역 환경'에 대한 만족도는 5점 기준 평균 4.16점(표준 편차 0.60점), 최소 1.38점에서 최고 5점까지 분포하였고, 최빈값은 4.5점이 었다. 그리고 읍면 거주 노인은 4.51점(표준편차, 0.51점)으로 동 거주 노인 4.04점(표준편차, 0.58점)에 비해 0.47점 더 높아 읍면 거주 노인이 동 거주 노인에 비해 지역 환경에 대해 더 만족하고 있었다(t=-11.667, p<.001; 그래프 IX-1 참조).

'지역 서비스 접근성'에 대한 만족도는 5점 기준 3.94점(표준편차, 0.63점) 으로 1.40점에서 5.0점까지 분포하였고, 최빈값은 4.0점이었다. 그리고 읍 면 거주 노인은 3.62점(표준편차 0.65점), 동 거주 노인은 4.06점(표준편차 0.58점) 으로 동 거주 노인이 읍면 거주 노인에 비해 0.44점 더 높게 나타나 지역 서비스 접근성에 대해 더 만족하고 있었다(t=-11.667, p<.001; 그래프 IX-1 참조).

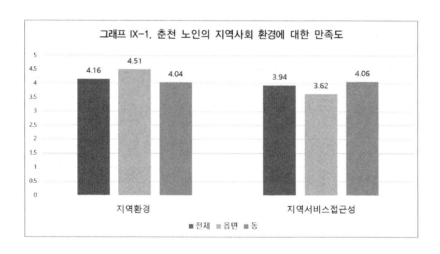

그래프 IX-1. 춘천 노인의 지역사회 환경에 대한 만족도

춘천 노인들의 '지역 환경' 만족도(4.16점)가 '지역 서비스 접근성' 만족도(3.94점)에 비해 0.22점 높았는데, 이러한 차이는 통계적으로도 유의미하여 '지역 환경' 만족도에 비해 '지역 서비스 접근성'에 대한 만족도가 떨어짐을 알 수 있다(t=9.421, p<.001; 그래프 IX-2 참조).

거주 지역별로 나누어 살펴보면(그래프 IX-2 참조), 읍면 거주 노인의 경우, '지역 환경'에 대한 만족도가 4.51점으로 '지역 서비스 접근성'에 대한 만족도 3.62점에 비해 0.89점이나 높게 나타나 읍면 거주 노인은 '지역 환경'에 대해 '지역 서비스 접근성'에 비해 훨씬 더 만족함을 알 수 있었다(t=19.053, p<.001). 그런데 동 거주 노인의 경우에는 '지역 환경'에 대한 만족도가 4.04점, '지역 서비스 접근성'에 대한 만족도가 4.06점으로 거의 비슷한 수준이었다(t=-1.027, p>.05). 따라서 읍면 거주 노인의 지역 서비스 접근성을 높이기 위한 지역사회 환경 개선이 필요함을 알 수 있다.

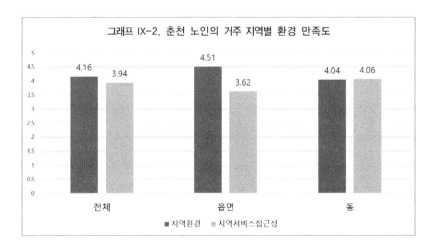

그래프 IX-2. 춘천 노인의 거주 지역별 환경 만족도

3) '지역 환경' 만족도

'지역 환경' 만족도를 측정한 8개 문항별 평균 점수를 살펴보면(그래프 IX-3 참조), 8개 문항 중 가장 만족도가 높게 나타난 문항은 '나는 조용한 지역에서 산다'로 평균 4.35점이었으며, 그다음이 '이 지역에서는 공공기물이 훼손되는 등의 폭력 사건은 거의 일어나지 않는다'(4.29점)와 '이 지역은 공간이 여유롭다'(4.28점) 순이었다. 만족도가 가장 낮은 문항은 '나는 미적으로 쾌적한 지역에서 살고 있다'(3.74점)이었으며, 이 문항을 제외한 다른 7개 문항은 모두 4.0점 이상이었다. 따라서 춘천 거주 노인들은 소음, 교통, 안전, 공간적 여유 등과 같은 지역 환경에 대해 대체로 만족하지만, '미적인 쾌적함'에 대해서는 만족하지 못함을 확인할 수 있다.

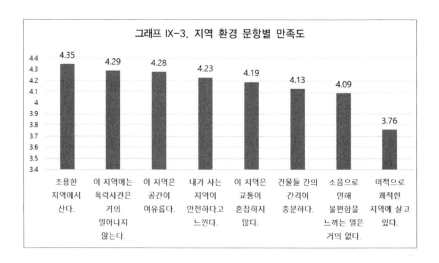

그래프 IX-3. 지역 환경 문항별 만족도

거주 지역별로 '지역 환경' 만족도 문항들을 살펴보면(그래프 IX-4 참조), 읍면 거주 노인의 만족도는 최고 4.69점에서 최저 3.84점으로, 동 거주 노인의 4.25점과 3.73점에 비해 전반적으로 모두 높았다. 읍면 거주 노인의 경우 '나는 미적으로 쾌적한 지역에 살고 있다'(3.84점)를 제외한 나머지 문항들은 모두 4.5점 전후의 높은 만족도를 보였다. 동 거주 노인에게서 가장 만족도가 높은 문항이 '나는 조용한 지역에서 산다'로 4.25점이었으며, 나머지 문항들은 4.0점 전후의 만족도를 보였다.

'지역 환경'에 대한 만족도를 문항별로 읍면과 동 거주 노인 간에 비교한 결과(그래프 IX-4 참조), '나는 미적으로 쾌적한 지역에 살고 있다' 문항을 제외한 7개 문항에서 읍면 거주 노인의 만족도가 동 거주 노인에 비해 더 높았다. '이 지역은 교통이 혼잡하지 않다'에 대한 만족도가 읍면 거주 노인 4.68점, 동 거주 노인 4.02점으로 만족도 차이가 0.66점으로 7개 문항 중에서 그 차이가 가장 컸다(t=12.216, p<.001). 그다음으로 만족도 차이가 큰 문항은 '건물들 간의 간격이 충분하다'로 읍면 거주 노인 4.57점, 동 거주 노인 3.96점으로 그 차이가 0.61점이었다(t=10.343, p<.001). 그리고 '이 지역은 공간이 여유롭다'(t=9.734, p<.001)에 대해서도 두 지역 간에 0.5점 이상의 차이가 발견되었다. 결국 교통 혼잡, 건물 간격, 여유 공간과 같은 공간 구성 측면에서 읍면 거주 노인들이 동 거주 노인에 비해 만족도가 높음을 알 수 있다.

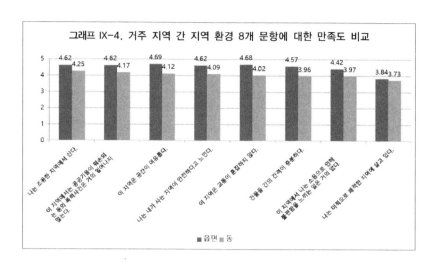

그래프 IX-4. 거주 지역 간 지역 환경 8개 문항에 대한 만족도 비교

춘천 노인이 지역 환경의 공간적 요인에 대해 만족하는 이유를
'2016년 춘천 노인 AIP 생활환경 심층면접 조사' 내용에서 찾아볼 수
있다.

시골집이 띄엄띄엄, 아파트처럼 붙어 있는 게 아니고 띄엄띄엄 이렇
게 붙어 있어서... (가-11)

우리 동네는 농사가 거진 집 따라서 밭들이 다 이렇게 있어 여기 한
집, 저기 한 집... (가-20)

도시는 뭐 이렇게 좁은 공간에서 갇혀 있다고 보고, 시골은 농촌은
조금 이렇게 개방되어 있다고. (가-28)

심층면접에 참여한 많은 춘천 노인들이 "제일 깨끗하고 살기 좋은
데는 춘천이에요. 강산 다 깨끗해요"(가-8)와 같이 춘천 지역 환경에 대해

만족함을 이야기하지만, 구체적으로는 대도시에 비해 건물 간에 공간적으로 여유가 있고 공간이 개방되어 있는 것에 대해 특히 만족함을 확인할 수 있다. 이러한 춘천 지역이 지닌 특징은 서울과 같은 대도시와 비교하여 많이 언급되곤 하는데, 농촌 지역의 개방성과 여유는 육체적인 능력이 쇠퇴한 노인들도 건강하고 자유롭게 살아갈 수 있는 공간이라는 의미를 담고 있다.

4) '지역 서비스 접근성' 만족도

'지역 서비스 접근성'에 대한 만족도를 측정한 5개 문항 중 가장 만족도가 높은 문항은 '나는 어떤 위험도 느끼지 않고 이 지역을 돌아다닐 수 있다'로 4.32점이었으며, 그다음은 '나는 이 지역에 내게 필요한 모든 것이 가까이 있다고 느낀다' 4.05점이었다. 이 2개 문항 외에 나머지 3개 문항에 대한 만족도는 모두 평균 4점 미만으로 '이 지역은 걸어 다니기에 편리하도록 개발되었다'(3.81점), '나는 내가 사는 지역의 교통서비스에 만족한다'(3.78점), '가게들이 멀지 않은 곳에 위치하고 있어서 이용에 부담이 없다'(3.75점)이었다(그래프 IX-5 참조).

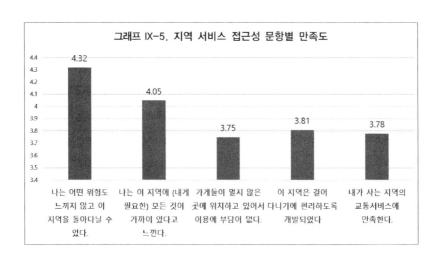

그래프 IX-5. 지역 서비스 접근성 문항별 만족도

거주 지역별로 '지역 서비스 접근성'에 대한 만족도 문항을 살펴보면 (그래프 IX-6 참조), 읍면 거주 노인의 만족도는 최고 4.57점에서 최저 3.07점 으로 동 거주 노인의 4.22점과 3.94점에 비해 만족도의 폭이 매우 컸다. 읍면 거주 노인에게서 가장 만족도가 높은 문항은 '나는 어떤 위험도 느 끼지 않고 이 지역을 돌아다닐 수 있다'(4.57점)였고, 나머지 4개 문항은 4 점 이하로 '이 지역은 걸어 다니기에 편리하도록 개발되었다'(3.99점), '나는 내가 사는 지역의 교통서비스에 만족한다'(3.32점), '나는 이 지역에 (내게 필요 한) 모든 것이 가까이 있다고 느낀다'(3.12점), '가게들이 멀지 않은 곳에 위 치하고 있어서 이용에 부담이 없다'(3.07점) 순이었다.

동 거주 노인의 경우에도 '나는 어떤 위험도 느끼지 않고 이 지역을 돌아다닐 수 있다' 문항의 만족도가 가장 높아 4.22점이었으며, 만족도가 가장 낮게 나타난 '나는 내가 사는 지역의 교통서비스에 만족한다'(3.94점) 를 제외한 나머지 네 개 문항이 모두 4점 이상이었다. '이 지역은 걸어 다

니기에 편리하도록 개발되었다'(4.07점), '나는 이 지역에 (내게 필요한) 모든 것
이 가까이 있다고 느낀다'(4.06점), '가게들이 멀지 않은 곳에 위치하고 있어
서 이용에 부담이 없다'(4.00점)로 '대체로 그렇다' 이상의 만족도를 보였다.

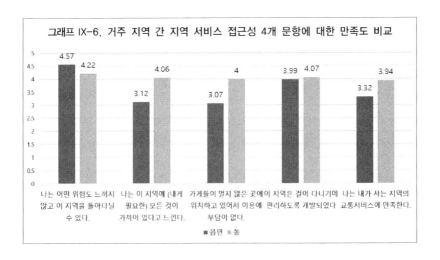

그래프 IX-6. 거주 지역 간 지역 서비스 접근성 4개 문항에 대한 만족도 비교

읍면과 동 거주 노인 간에 '지역 서비스 접근성'에 대한 만족도 문항
별로 비교한 결과(그래프 IX-6 참조) 동 거주 노인의 만족도가 읍면 거주 노인
에 비해 더 높게 나타난 문항을 살펴보면 '나는 이 지역에 (내게 필요한) 모
든 것이 가까이 있다고 느낀다' 문항은 동 거주 노인의 만족도는 4.06점
인 반면 읍면 거주 노인의 만족도는 3.12점으로 두 지역 간 만족도의 차
이가 0.94점(t=-15.459, p<.001), '가게들이 멀지 않은 곳에 위치하고 있어서
이용에 부담이 없다'에 대해 동 거주 노인은 4.00점인 반면 읍면 거주 노
인의 만족도는 0.93점이 낮은 3.07점이었다(t=-14.805, p<.001). 이 두 문항의
경우 만족도가 거의 1점 가까이 차이가 났는데, 이러한 결과를 통해 읍면

거주 노인을 위한 생활편의시설에 대한 접근성을 높일 필요가 있음을 확인할 수 있다. 동 지역에 거주하는 노인의 '지역 서비스 접근성' 만족도가 읍면 거주 노인에 비해 높음은 '2016년 춘천 노인 AIP 생활환경 심층면접 조사'에서도 확인된다.

> 강이 가깝고 뭐 없는 거 없이 다 있고 체육시설도 좋고... (가-8)

> 저희도 뭐 바깥에 마루도 있고, 또 조금 내려가면 인제 걷는 길이 또 있고, 또 마트도 바로 옆에 있고, 버스정류장도 바로 옆에 있고, 그래서 참 진짜 세상은 편리해요. (중략) 아파트로 이사를 잘 가가지고 아주 그 주위가 병원도 많죠. (중략) 생활하기 좋아요. 농협도 있고, 병원도 옆에 있고... (가-47)

동 지역의 아파트에 거주하는 노인들은 주변에 병원, 보건소, 마트, 은행, 농협, 산책로와 운동시설, 버스정류장 등의 다양한 생활편의시설들이 주변에 잘 갖추어져 있어서 생활하기에 편리함을 이야기한다. 이것은 도시 환경이 노인들의 생활에 주는 유익한 측면이라고 할 수 있다.

한편, 읍면에서 사는 노인들은 도시 지역과 달리 병원이나 편의시설 등에 대한 접근성이 떨어진다. 이는 '지역 환경'에 대한 읍면 지역 노인들의 만족도와 비교되는 부분이다.

> (슈퍼 말고 다른 거는 근처에) 없어. 아무것도 없어. (가-16)

> (면사무소) 걸어서 못 가지. 뭐 택시를 탈 때도 있고 또 아시는 분이 또 같이 갈 때도 있고 그래요. (가-16)

관내 병원이 유일하게 하나 있었어요. 그 뭐야 삼성병원 하나 있었는데 그것도 이제 연령이 의사가 많아서 폐업을 해버렸어요. 그래서 신북읍에는 병원이 없어요. (가-28)

(보건소에 가려면) 차 타고 30분은 잡아야지. 버스 타고 가야지. 자전거 타고 거길(보건소) 어떻게 가. (가-32)

우리는 차 타고 가는 거 아니면 사우나도 못 가요. 다 한참씩 걸어가야 돼. 한참이라는 게 그냥 한참이 아니라 내 걸음으로는 한 시간씩 걸어가야 돼. (가-3)

소방시설이 필요해요. 급한 불이 나면 아무래도 오려면 5분 10분 걸려요. (가-27)

읍면에서 사는 노인들은 병원, 면사무소, 음식점, 슈퍼마켓이나 가게, 극장, 복지관, 목욕탕, 소방서 등과 같은 생활편의시설이 집 부근에 없으며, 이러한 시설에 가기 위해서는 택시나 버스 등의 대중교통을 이용해야 하는 불편함을 겪고 있었다. 특히, 소방시설의 경우에는 소방차나 구급차가 도착하기까지 상당한 시간이 걸림을 토로하였다.

노인에게 교통편의는 이동권과 관련 있다. 따라서 대중교통을 이용하기 불편하다는 것은 노인이 사회적으로 움직일 수 있는 범위를 제한하여 결국 사회적 관계망을 약화시키게 됨을 뜻한다. '나는 내가 사는 지역의 교통서비스에 만족한다' 문항에 대한 동 거주 노인의 만족도가 3.94점으로 읍면 거주 노인의 3.32점에 비해 0.62점 더 높게 나타나($t=-8.535$, $p<.001$) 동 지역에 비해 읍면 지역에서 대중교통을 이용함에 있어서 불편

함을 많이 격고 있음을 확인할 수 있다. 이러한 사실은 '2016년 춘천 노인 AIP 생활환경 심층면접 조사'를 통해도 재확인할 수 있다. 동 지역 거주자는 시내버스 노선이 잘 정비되어 있고 버스요금도 저렴하며, 버스정류장이 집에서 가까워 버스 이용이 편리함을 이야기한다. 이와 함께 집 앞까지 차로가 잘 닦여 있어서 자가용을 이용하기 편리함을 이야기한다.

> 지금은 뭐 춘천 시내는 교통 관계고 교통 기본요금만 내면 어디든지 다 갈 수 있으니까. 그게 교통이 좋아요. 춘천은 다 중요한 데는 다 가게끔 해놨어요. 춘천이 교통이 제일 좋아요. (가-8)

> 저는 다 좋아요. 다 평지고, 교통도 좋고, 나오면 차도 탈 수 있고... (가-34)

> 집 앞에까지 세멘 다 해가지고 차 댕기도록 해놓지, 다 잘해. (가-11)

> 버스 저것도 편하게 주택하고 이렇게 가까워서 하기 좋고... (가-42)

반면, 읍면에서 사는 노인들은 시내에 가서 일을 봐야 할 때 버스의 배차시간, 배차량과 노선 등으로 인해 겪고 있는 불편함을 호소하였다.

> 나는 시내 다니는데 차가 불편해. 애들이 안 태워주면 버스 타고 다녀야 하잖아. 시내 살 적에는 낮이면 그냥 가차우니까 그냥 택시를 타도 그냥 기본이면 갔다 오고. 버스 타도 맨 버스 천지이니까 나가면 집어 타고 그러니까 불평이 하나도 없는데. 여기는 그냥 시내도 뭐 볼일 보러 가려면 꼭 시간 맞춰서 차 타러 나가야 되고, 그냥 그런 게 조금 내가 불편해. (가-15)

우리 동네에 (병원까지 가는) 버스가 들어오는 게 있어요. 아침 7시, 10
시 12시에 들어오고... (가-13)

병원이나 마트 등 편의시설의 접근성이 떨어지고, 현실적으로 자가
운전도 어려운 상황에서, 읍면 거주 노인들은 움직여야 할 경우 대중교통
에 의존해야 한다. 그런데 대중교통 상황은 오히려 도시보다 더 열악하
다. 인터뷰에서도 확인할 수 있듯이 버스 배차시간, 배차량과 노선 등으
로 인해 읍면 거주 노인들은 큰 불편함을 겪고 있다. 특히, 몸이 불편한
노인들에게는 대중교통 탑승 시스템의 불편함은 이동에 대한 또 다른 장
애물이다. 외출을 위해 보조 수단이나 다른 사람의 도움이 필요한 노인들
이 혼자서 버스를 타고 내리는 일도 큰 도전이기 때문이다.

내가 버스로 올라가려고 하면 아주 겨우겨우 올라가, 다리가 아파서.
버스 올라갈 때... (가-44)

허리가 구부러져서 유모차 끌고 (중략) 버스 탈 때 유모차 안 실어주
잖아요. 사람이 하나도 없을 때는 사정하면 어떤 사람은 실어주는데
어떤 사람은 안 실어줘요. 실어준 거 한 번밖에 없어요. (가-45)

읍면 거주 노인 중에는 혼자 외출하기 어려울 정도로 걷기가 힘든
노인, 허리가 구부러지고 다리가 불편한 노인, 지팡이나 유모차 등의 보
행 보조기에 의지하여 걷는 노인이 있다. 이들은 혼자 다니지 못하여 버
스를 이용하지 못하기도 하고, 버스를 이용한다고 하더라도 겪는 불편함
이 컸다. 구체적으로는 버스에 혼자서 올라타고 내리는 것이 어려워서 버
스를 이용하지 못하거나 버스에 유모차를 태워주지 않아 버스에 탑승하

지 못하는 경험이 있었다.

한편, 읍면 거주 노인들은 버스를 이용할 때 버스정류장 설비 및 서비스와 관련하여 불편함을 이야기하였다. 버스 배차시간 정보를 제공하는 서비스가 버스정류장에는 설치되지 않아서 버스를 무작정 기다리려야하고, 눈이나 비 또는 햇빛을 막아주는 설비가 되어 있지 않아 눈비를 맞으며 버스를 기다려야 했다.

> 배차시간을 또 쉽게 알 수 있으면 5분 전에 가서 기다린다거나 하면
> 되는데, 어떻게 타려고 갔는데 떠났다 그러는 거예요. 그러면 또 얼
> 마나 기다리는지 몰라요. 그거 아주 불편하더라구요. (가-39)

> 버스 타는 사람은 아무래도 불편한 점이 있죠. 비가 오면 버스 올 때
> 까지 우산 받치고 서 있어야지, 날씨가 추워지면 버스가 5분 늦게 올
> 수도 있고, 10분 늦게 올 수도 있고, 그 시간까지 추운 데서 떨어야
> 되고 그래요. (가-19)

따라서 노인의 대중교통의 이용 편리성을 높이기 위해서는 거동이 불편한 노인의 버스 승하차 편의를 돕는 장비를 설치한 고령친화 차량이 제공되어야 할 뿐만 아니라 대중교통 이용과 관련된 교통정보 제공 시스템을 제공하는 고령친화적인 정류장으로의 개선이 요구된다.

읍면 거주 노인들의 경우에는 택시를 이용하는 것도 쉽지 않다. 동거주 노인은 대중교통뿐만 아니라 택시 이용도 편하다며 "다행히 경기도도 그렇고 춘천도 그렇고 콜택시가, 콜 하면 3분 정도면 아파트 앞으로 곧바로 와요"(가-39)라고 말한다. 하지만 읍면 거주 노인은 택시를 호출해서 불러야 하거나, 택시가 집 앞까지 와주지 않아서 힘든 몸을 이끌고 택

시를 타러 한참을 걸어서 큰길까지 나와야 했다.

> 택시도 많이 다니는 데가 아니고 불러야 오고. 혹시 왔다 가는 거 탈
> 려면 하늘에 별 따기지. (가-15)

> (택시를 타려면) 한참 걸어 나와야 돼요. 몇 번 쉬면서 나와야 해요. (가-25)

읍면에 거주하는 노인 중에는 자가용을 소유하고 운전해서 일을 보
러 다니는 경우도 있지만, 차가 없어서 차 대신 경운기를 타고 이동하는
사례도 발견되었다.

> 우린 차도 없어요, 여기서. 경운기로 여기 출퇴근해. 그래 여기 사람
> 들이 그랜저라고 이름을 지어줬어요. (중략) 우린 육년간 경운기, 처
> 음 듣지? 경운기 타고 영감하고 둘이 다녀. (중략) 더운 물 끓여서 부
> 어 가지고 해야 경운기가 되지. 말하자면 챔피시런 얘기지. 시방 경
> 운기 끌고 다니는 사람이 어딨어? 자가용 끌고 댕겨야지. (가-10)

버스나 택시 등의 교통수단을 필요할 때 적절하게 이용하기 어려운
노인들이 경운기와 같은 다른 수단을 이용하곤 하는데, 경운기는 농기계
로 자동차와 달리 안전장치가 없어 교통사고 치사율이 일반 차량에 비해
매우 높다는 점에서 읍면 지역에 대한 교통편의 접근성을 높일 필요가
크다.

노년이 되면 근골격계의 노화로 보행 속도가 느려지고 유연성이 감
소하는 등 보행 능력이 일반인의 75% 수준으로 떨어진다(문병섭·노창균·박범
진, 2015). 이러한 신체 변화에 더하여 보행 환경까지 좋지 않다면 노인은

근거리 외출과 바깥 활동을 줄이게 되므로, 보행 환경에 대한 만족도는 노인의 삶의 만족도에 영향을 미친다(문경주, 2019). 2016년 심층면접에서도 이런 불편함에 대한 호소들은 쉽게 발견할 수 있다.

> 노인들이 다리가 불편하니까 길거리에 벤치를 많이 만들어 줘야 돼. 앉았다가 가는 게, 한 1분만 앉아 있어도 굉장히 활기가 나요. 그러면 다시 걸을 수 있거든요. 너무 무리한 요구인지는 몰라도 그런 걸 많이 설치해줬으면... (가-39)

> 벤치 있으면 좋죠. (중략) 나무 심어 놓은 데에 빵 돌려서 해놓으면 여름에 앉아 있을 수 있고 얼마나 좋아. (가-13)

> 회관 정문 앞이 바로 길이야. 그런데 그런 데에서는 노인네들이 차 조심이 안 되잖아. 정문하고 길하고 바로잖아. 그런데 지저분한 거 내려놓으려 할 때 노인네들이 차를 봐? 그냥 내놓지. 그러면 사고나. 우리 회관이 지금 그렇게 생겼어. (가-9)

이처럼 일부 노인은 마을회관 앞 도로가 위험하며 허리나 다리가 불편한 노인들을 위해 길을 걷다 쉴 수 있는 벤치가 없음을 이야기하였다. 이는 부산시 노인이 길에서 잠시 앉아 쉬고자 할 때 의자를 찾을 수 없어서 불만족스러움을 보고한 것과 유사한 내용으로 허리나 무릎 통증으로 보행에 어려움을 겪는 노인들이 길을 걷다가 잠시 쉬어갈 수 있는 벤치나 거리 쉼터들을 적절한 간격으로 설치할 필요가 있다(권혁주 등, 2019). 그리고 노인이 이용하는 마을회관이나 경로당, 복지관과 같은 시설 앞에 인도와 차로를 제대로 분리하여 안전을 확보하고, 보행도로의 폭을 넓혀서 노인이 심리적으로 불안감을 느끼지 않고 안전하게 보행할 수 있게 해야 한다.

4. 춘천 노인의 지역사회 환경 실태

1) 지역 내 생활편의시설의 이용편의성

생활편의를 위한 지역사회시설의 이용편의성은 노인의 생활 만족도에 중요한 역할을 하는데, 다양한 생활편의시설에 다니기가 편리할수록 노인의 삶의 만족도가 높아진다(박성복, 2011). 특히, 의료시설과 사회복지서비스에의 접근성이 높을수록 삶의 질이 좋아지기 때문에(김수영·오찬옥·문경주, 2016; 이상철·박영란, 2016), 노인이 거주할 지역을 결정함에 있어서 의료와 복지서비스 환경을 중요하게 고려한다(김새봄·김진현·송영지, 2020).

Lawton(1980)이 언급한 지역사회 환경 요인 중 자원적 쾌적성은 노인의 생활에 필요한 의료, 공공, 복지, 편의, 교통, 문화, 운동, 종교시설에 대한 접근 용이성을 의미한다. 노인이 지역사회에서 계속 거주할 수 있도록 노인의 특성 변화를 반영하여 의료시설, 필요한 물품을 구매할 수 있는 상업시설, 산책을 비롯한 운동 및 여가시설, 그리고 돌봄시설 등이 노인이 이동할 수 있는 지리적 범위 안에 위치해야 하며, 이러한 시설이나 장소에서 서비스를 손쉽고 안전하게 이용할 수 있도록 설비 등을 갖추어야 한다(이상림 등, 2016). 원주시 노인들은 거주 지역 내에서 필요한 물품을 구매하기가 용이한지, 의료·복지시설 등이 잘 갖추어져 있는지, 공원이 잘 관리되고 안전한지, 공공장소에 의자가 충분한지, 대중교통 차량이 제시간에 도착하는지, 거주지에서 대중교통을 손쉽게 이용할 수 있는지를 중요하게 여긴다(송기민·정진욱·김영우, 2022). 반면, 서울시 노인들은 거주지를 선택할 때 공원 등 풍부한 녹지, 이용이 편리한 교통수단, 의료시설을 중요하게 생각한다(박종용, 2019).

춘천 노인은 지역사회 환경 요인 중 자원적 쾌적성이 어느 정도라고 인식하고 있을까? 지역사회 내 생활편의시설을 이용하는 데 얼마나 편리하다고 인식할까? 지역사회에서 거주하는 데 필요한 생활편의시설을 보건소, 의원·병원·한의원과 같은 의료시설, 경로당과 마을회관, 복지관과 복지센터, 목욕탕과 찜질방, 시장을 비롯한 슈퍼나 가게와 같은 상가시설, 은행·농협·우체국과 같은 금융기관, 읍면사무소와 주민자치센터, 공원을 비롯한 산책로와 체육시설, 종교시설 10가지 유형으로 구분하여 이용편의성을 '매우 어렵다'를 1점, '매우 쉽다'를 5점으로 하는 5점 척도로 조사하였다(그래프 IX-7 참조).

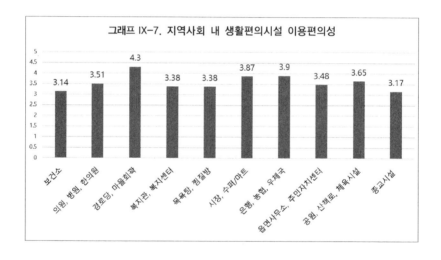

10개 생활편의시설 중 이용편의성이 가장 좋은 시설은 경로당(마을회관)으로 5점 기준 평균 4.30점, 최빈값 5점이었는데, 이용편의성이 평균 4점 이상인 시설은 경로당 하나였다. 그다음은 은행·농협·우체국(3.90점),

시장·슈퍼·가게(3.87점), 공원·산책로·체육시설(3.65점), 의원·병원·한의원(3.51점) 순이었다. 보건소(3.14점), 종교시설(3.17점), 복지관·복지센터와 목욕탕·찜질방(3.38점), 읍면사무소와 주민자치센터(3.48점)는 이용편의성이 모두 평균 3.5점 이하로 낮게 나타났다.

측정방법이 서로 다르지만 김재희(2021)가 조사한 제주지역 노인의 지역사회 생활편의시설 환경 결과를 보면, '시장, 슈퍼 등 일상용품 구매 장소'에 대한 접근성이 2.86점으로 가장 좋았고, 그다음은 '버스정류장' 2.77점이었으며, '종합사회복지관, 장애인복지관, 여성회관' 등의 복지관 시설이 점수가 1.32점으로 접근성이 가장 낮았다. 춘천과 제주 노인의 응답 내용을 통해 드러난 복지시설의 이용편의성이 좋지 않다는 점은 거동이 불편한 노인의 복지서비스에 대한 지리적 접근성이 떨어져서 그들이 복지 사각지대에 처할 위험성이 큼을 의미한다.

거주 지역별로 생활편의시설의 이용편의성을 살펴보면(그래프 IX-8 참조), 읍면 거주 노인의 경우, 이용편의성 점수 범위가 최고 4.48점, 최저 2.41점으로, 동 거주 노인의 4.23점과 3.09점에 비해 범위가 넓었다. 읍면 거주 노인의 경우, 경로당에 대한 이용편의성이 4.48점으로 가장 높았고, 그다음이 은행·농협·우체국(3.68점), 시장·슈퍼·가게(3.44점), 보건소(3.29점), 공원·산책로·체육시설(3.26점)의 순이었다. 이용편의성이 가장 낮은 시설은 목욕탕·찜질방(2.41점)이었고, 의원·병원·한의원(2.64점) 순이었다. 동 지역에 거주하는 노인의 생활편의시설에 대한 이용편의성은 모두 3점 이상이었다. 경로당에 대한 이용편의성이 4.28점으로 가장 높았고, 그다음이 시장·슈퍼·가게(4.03점)였으며, 이용편의성이 가장 낮게 나타난 보건소 3.09점과 종교시설 3.25점을 제외한 나머지 시설들은 3.6점에서 3.9점대이었다.

생활편의시설에 대한 이용편의성을 읍면과 동 지역 간에 비교하면(그 래프 IX-8 참조), 보건소와 경로당에 대한 이용편의성은 읍면 거주 노인(3.29점, 4.48점)이 동 거주 노인(3.09점, 4.23점)에 비해 더 좋았다(t=2.981, p<.01; t=4.340, p<.001). 그렇지만 나머지 8개 시설에 대한 이용편의성은 동 거주 노인이 읍면 거주 노인에 비해 더 좋았다. 특히, 목욕탕·찜질방의 이용편의성은 동 거주 노인 3.73점, 읍면 거주 노인 2.41점, 그리고 의원·병원·한의원 의 이용편의성은 동 거주 노인 3.83점, 읍면 거주 노인 2.64점으로 지역 간에 1점 이상 크게 차이가 났다(t=-17.528, p<.001; t=-16.065, p<.001). 이러한 결과를 통해 동에 비해 읍면에서 생활편의시설을 이용하기에 접근성이나 편의성 측면에서 부족함을 확인하였으므로, 중앙정부 및 지자체는 읍면 지역에 대한 생활편의시설 설치 및 관리에 관심을 갖고 적극적으로 지원 해야 한다.

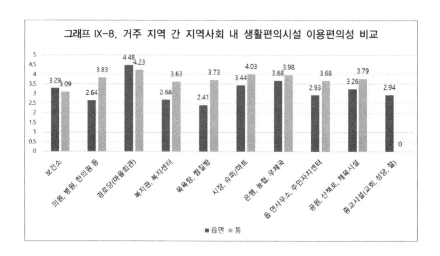

그래프 IX-8. 거주 지역 간 지역사회 내 생활편의시설 이용편의성 비교

2) 경로당

읍면과 동 거주 노인에게서 이용편의성이 가장 좋은 평가를 받은 경로당에 대한 춘천 노인의 의견을 '2016년 춘천 노인 AIP 생활환경 심층면접 조사'를 통해 알아보았다. 심층면접 조사가 실시된 시점이 2016년에는 '주택건설기준 등에 관한 규정'에 따라 150세대 이상의 아파트 단지에 의무적으로 경로당을 설치하게 되어 있었다. 따라서 아파트 거주 노인은 아파트가 세워지면서 경로당이 아파트 단지 내에 집에서 보면 보일 정도로 가까운 거리에 설치되어 지리적 접근성이 좋음을 이야기하였다.

(노인정이) 바로 옆이에요. 거기 그게 100미터 정도면 될걸? 그 가까워요. 요롷게 보면 다 보여. (가-16)

경로당을 1년 반 정도 전에 개소식을 했어요, 처음. 아파트가 들어섰으니까. 경로당도 꽤 커요. (가-39)

반면, 아파트가 아닌 단독주택에 거주하거나 읍면에 거주하는 노인들은 경로당이나 마을회관이 유모차를 끌고 걸어갈 수 있을 정도로 가까운 거리에 있어서, 차를 타고 이동을 해야 갈 수 있는 시설이나 프로그램이 더 좋은 복지센터에 가기보다는 경로당을 선호하였다.

(경로당이랑 집이) 가깝습니다. (가-17)

여기(효나눔복지센터)는 뭐 신북읍 일대 노인들이 오는데, 버스가 오고, 동네에 돌아다니면서 실으러 와. 근데 우리 경로당 노인들은 여기 안 와. (경로당이) 편안하니까. 겨울에 뜨듯하고 편안하니깐. 뭐 노인들이 움직이는 걸 싫어하잖아. 거기가 거... 저 뭐라고 해? 유모차 같은 거? 그거 많이 끌고 다녀. 그거 끌고 다니니깐 차 타고 내리고 싫어 하니깐... (가-33)

하지만 경로당이나 마을회관이 언덕 위에 위치해 있는 경우에는 노인들이 유모차를 밀고 몇 번씩 쉬어가면서 올라가기 힘들어 접근성이 매우 떨어졌다. 그래서 집 주변에 경로당이 생기기를 희망하였다.

경로당에서 우리집 올라가려면 한 시간 걸려. 몇 번을 쉬니까 한참 씩... (가-25)

마을회관이 우리 동네서 있거든? 그 꼭대기로 올라가야 해. 밀고 올라가는 게 또 힘들어서 내가 안 가. (가-44)

지금 사는 데는 병원, 약국, 시장하고 은행... 현재 지금 다 좋은데... 길이 나면 차 고치는 집 자리가 나면 거기다가 노인정이 생긴다고 해서 기대하고 있어요. 거기에 노인정만 지어주면 세상에서 이렇게 살기 좋은 곳은 없을 거라고 노인네들이 그래요. (가-45)

경로당을 이용함에 있어서 노인들은 공간이 협소하고 좌식생활을 해야 함을 불편함으로 언급하였다. 경로당 공간이 이용하는 인원에 비해 좁아 앉아 있기에도 협소하고, 따라서 운동기구 등은 놓을 공간이 전혀 없음을 불만 사항으로 이야기하였다. 그리고 경로당에 가면 바닥에 앉게 되어 있고, 화투·장기·바둑 등을 바닥에서 함에 따라 이미 좋지 않은 허리와 무릎이 더 악화한다고 불편함을 호소하였다. 따라서 탁자와 의자 또는 소파를 배치해주는 것과 같은 경로당 내 환경 개선을 희망하였다.

우리 경로당이 지금 있는 데 좁아. 인원은 많고. 근데 좁아서 그게 불편하고... (가-1)

경로당에 가면 왜 나빠지냐면 고스톱을 치다보면은 이 무릎이 더 안 좋아지고 그럴수록 더 안 좋아져 버려요. 그래서 내가 경로당에서 바닥에서 그 고스톱을 치는 거를 개선해 줬으면 좋겠어요. (중략) 고 스톱을 치고 놀 수 있게끔 그 테이블을 앉아있는 쇼파 고거를 좀 개 선해 주면 좋을 것 같애요. (가-47)

아파트 경로당은 바닥에 앉으라고 해요. 제가 다니는 데는 테이블 같은데 있어서 의자가 있어요. 거기 앉아 가지고 바둑 같은 거 장기 같은 거 둬도 허리가 안 아파요. 근데 아파트 내에는 여 앉으셔야 되 니까. (가-17)

경로당이나 마을회관 등의 프로그램을 다양화할 필요가 있다는 의견 도 있었다. 단순히 시간을 보내는 것이 아니라, 새로운 것을 배우고 참여 할 수 있는 프로그램이 필요하다는 것이다.

요가라든가 뭐 이런... 시골이라서 안 되더라고. 노래 같은 거 그런 거도 안 되고, 그래서 그냥 뭐 고도리 치는 거지. (가-16)

그런데 가서 이렇게 글씨를 그런 거 치매 안 오는 거 그런 것도 하고 싶은데 그게 멀어서 주로 가게 안 되고 이리 핑계 대고 저리 핑계 대 고 안 가더라구. 경로당이 넓어서 그런 거를 할 수 있으면 좋겠어. (가-1)

우리 노인정에는 남자가 없어. 순 여자들만 있어 (중략) 남자들이 좀 있어야 놀고 오는데 아무도 없어요. (중략) 우리는 엄청 커요. 운동기구

없는 거 없어. 남자 방 따로 있지. 여자 방 따로 있지, 아주 커요. 근데 남자들이 뭐 할 일이 있나. 노인들이 거기 앉아서 뭐해요. (가-34)

인터뷰에서 말하는 것처럼 경로당 또는 마을회관을 이용하는 노인들은 화투를 치며 무료한 시간을 보내기보다는 웃음치료, 노래교실, 요가, 기체조, 건강관리 등과 같은 프로그램을 할 수 있기를 희망하였다. 노인복지회관이나 다른 기관에서 실시한 다양한 프로그램에 참여하여 즐겁고 재미있었던 경험을 이야기하면서, 그 기관들은 거리가 멀어서 자주 가지 않게 되기 때문에 집에서 가까운 경로당에서 이러한 프로그램을 지원 받아 참여할 수 있기를 강력하게 원하였다. 더욱이 경로당에는 주로 여성이 많아서 남성 노인이 가지 않게 되는데 남성 노인이 참여할 수 있는 프로그램을 필요로 하였다.

3) 복지관 및 복지센터

복지관과 복지센터는 점심식사를 제공할 뿐만 아니라 물리치료, 동아리 활동 등 매일 다른 다양한 프로그램을 제공해주고 있다. 이에 대한 노인들의 만족도는 매우 높은 것으로 보인다.

여기(복지센터)에서 점심식사도 잘해줘. 반찬 같은 거 하고 뭐. 매일매일 다르게 해주고... (가-11)

여기 소양강 효나눔. 거기 센터가 생겨서 거진 일주일에 주로 병원 가는 날이나 친목회 아닌 날은 여기 와서 열 시 반이나 열한 시에 와서 열두 시 점심 먹고 한 시 반에 물리치료 받고 집에 가는 거지. 아 아주 여기서 혜택을 많이 받고 행복하게 살아. 다른 프로그램도 있고. (가-20)

여기 복지관에 와 가지고 또 동아리 활동있어요~ 매 월화수목금 있는데 나는 금요일날 아니 월요일이다. 월요일날 오후 두시 반부터 한 시간 동안 하모니카 동아리 동아리장인가 해서 내가 지도하고 있어요. (가-18)

이처럼 다양한 프로그램에 대한 만족도가 높은 반면, 읍면 거주 노인들은 이러한 프로그램을 실행하는 기관, 즉 복지관·복지센터·여성회관 등에 대한 접근성이 떨어진다는 불만을 토로하기도 하였다.

복지관 같은 거 그게 좀 가까이 있었으면 좋겠어요. 처음부터 지금 복지관 같은데 가서 뭐 활동하고 뭐 하고 다 그러잖아. 그런 거를 전혀 못하겠어. 멀으니까... (가-1)

여성회관도 하도 멀리 있으니깐 요새는 다 차 없으면 그런데 못가거든요. 버스 타고 가기도 힘들고. (가-5)

여기 나눔센터에 댕기는 노인네들 싣고 댕기는 차가 있는데, 조금만 더 오면 이 집에도 싣고 갈 텐데 그 안 온단 말이야. (가-11)

복지관, 복지센터, 여성회관 등은 읍면에 거주하는 노인이 집에서 차로 이동을 해야 하는 먼 거리에 있어서 가고 싶어도 가지 못하는 형편이었다. 따라서 노인들은 복지관이나 복지센터에서 운영하는 셔틀버스의 운행범위가 자신의 집까지 확대되기를 희망하였다.

4) 목욕시설

읍면 거주 노인에게 있어서 목욕시설은 가장 필요한 시설임에도 불구하고 이용편의성이 가장 낮은 시설이었다. 특히, 건축된 지 오래된 단독주택에는 욕실이 설치되어 있지 않을 뿐만 아니라 온수가 나오지 않는 열악한 환경인 경우가 많기 때문이다. 따라서 대중목욕시설을 이용해야 하지만 이마저도 접근성이 떨어져 이용하기가 쉽지 않은 현실이다.

> 집에서 가마솥에다가 불 때가지고 이제 목욕하구, 겨울에 추울 때는 여기(복지센터) 목욕탕에 와서 하구. (가-19)

> 우리는 차 타고 가는 거 아니면 사우나도 못가요. 다 한참씩 걸어가야 돼. 한참이라는 게 그냥 한참이 아니라 내 걸음으로는 한 시간 씩 걸어가야 돼. 걸어가면 저 롯데마튼가 뒤에 있어. (가-3)

읍면 지역의 단독주택에서 거주하는 노인의 경우 집에서 물을 직접 끓여서 목욕하거나, 추운 겨울에는 복지센터나 대중목욕탕을 이용하고 있음을 인터뷰를 통해 알 수 있다. 하지만 공중목욕탕이나 사우나, 찜질방 등의 목욕시설을 이용하고자 해도, 춘천 시내에 목욕시설이 많지 않고, 차를 타고 가서 이용해야 하기 때문에 목욕시설의 이용편의성이 나쁠 수밖에 없는 실정이다.

5) 의료시설

의료시설 상황 또한 동 지역과 읍면 지역에 따라 크게 차이가 난다. 동지역에 거주하는 노인들은 주로 만성화된 질병을 자주 진료를 받을 수있고 집 주변에 걸어서 다닐 수 있는 작은 병원을 선호하였다.

> 집 가차운 개인병원 있어요. 그게 뭐 큰 병원이 아니고... (가-17)

> (병원에) 걸어서 가지. 요기 명동에 있고 요기 집이 요기니까 가깝잖아. 나는 다리가 아파도 좀 많이 걷는 편이에요. 내 다리를 생각해서. 그냥 차 타고 다니면 관절이 나빠질 것 아냐? (가-4)

> 원래가 큰 병원 안 다니고 주변에 있는 병원, 신주정형외과, 현대정형외과, 문유보이비인후과, 하나병원내과, 가족보건건강원, 저기 뭐야 아까 조금 전에 무슨 병원이라 했더라. 저기 성심 안 가. 뭐 진짜 동네 한의원 그렇게만 다니고 있어요. (가-41)

그런데 읍면 거주 노인들은 집 근처 가까운 곳에 작은 병원조차없기 때문에 차를 타고 시내에 있는 병원까지 가야 하는 불편한 현실이다.

> 감기 소화불량 같은 게 있으면 가까운 데(병원) 가면 되는데 그런 게 없으니까. (가-28)

> 한번 탔는데. 그 병원이 저 퇴계 쪽으로 이사 가는 바람에. 여기서 버스 타고 나가면 거기 택시 타고 나가고. (가-44)

관내 병원이 유일하게 하나 있었어요. 그 뭐야 삼성병원 하나 있었
는데 그것도 이제 연령이 의사가 많아서 폐업을 해버렸어요. 그래서
신북읍에는 병원이 없어요. 약방만 두 개인가 세 개인가 있는 걸로
알고 있고... (가-28)

한림대하고 강원대는 교통이 불편하잖아. 차를 두 번 타야 되잖아.
그러니까 편한데 인성병원이나 시내로 가서... (가-9)

읍면 거주 노인들은 감기나 소화불량 같은 간단한 질병임에도 병원
을 이용하기 위해서는 차를 타고 시내로 이동해야 하는 불편함이 있었다.
걸어갈 수 있는 근처의 작은 병원도 없을 뿐 아니라, 있던 기존의 병원들
마저 폐업하고 사라지는 형편이다. 더욱이 큰 질병으로 진료를 받기 위해
대학병원에 가려면 차를 두 번이나 갈아타는 등 불편함을 감수해야 한다.
이러한 농촌 지역의 의료시설의 수적 부족과 낮은 접근성은 노인의 건강
관리 및 질병예방에 장애요인으로 작용한다.

6) 보건소 및 보건지소

춘천시에는 보건소 1개소와 읍면에 10개 보건지소가 설치되어 있다. 보
건소에 대한 이용편의성은 읍면 거주 노인 3.29점, 동 거주 노인 3.06점
으로 '대체로 만족한다' 수준에 미치지 못한다. 춘천 노인들은 보건소가
정기적으로 경로당을 방문하여 건강검진을 해주어 검진을 받은 경험, 또
는 감기약 등을 타기 위해 그리고 침을 맞기 위해 보건소에 다녀온 경험
을 이야기하였다.

보건소에서도 경로당에 한 달에 한 번씩 나와서 검진 같은 거 해주고 그래요. (가-42)

병원에서 못 나은 걸 군 보건소에서 나았어, 침 맞고... (가-11)

(보건소에) 약 타러 가는 거지, 감기약 같은 거 주러 타러 가지. (가-13)

병원에 대한 접근성이 떨어지는 읍면 거주 노인들에게 보건소나 보건지소는 좋은 대안이 될 수 있다. 그런데 노인들은 보건소와의 지리적 접근성 부족, 그리고 보건소 진료와 처방에 대한 신뢰 부족을 이유로 보건소를 자주 이용하지 않았다. 읍에 거주하는 한 노인은 보건소에서 전화가 와서 버스를 타고 30분 정도 걸려 보건소에 가지만 오고 가는 시간과 비용만 들었음을 이야기하였고, 다른 노인들은 보건소에서 진료시간을 제한하거나, 보건지소에 의사가 상주하지 않거나, 처방해준 약의 효과가 미미하여 보건소를 자주 이용하지 않게 되었음을 이야기하였다.

(보건소에 가려면) 차 타고 30분은 잡아야지. 버스 타고 가야지. 자전거 타고 거길 어떻게 가. (중략) 거기서 자꾸 전화가 와. 가봐야 혈압이랑 당 그것밖에 안 나오는데 자꾸 오래. 어쩔 땐 건강 받으라고 그것도 오고... 가면 뭘 해주나 처방을 해주나 가봐야 헛 거야. 괜히 품만 버리지 (가-32)

보건소에 가끔 가는 경우가 있어요. 그런데 여간해 보건소는 잘 안 가고. 나도 몇 번 가봤는데 잘 안 듣는 거 같애. (가-40)

그나마 문을 닫아서 폐업해서 (병원이) 없어져 버리니까 보건소가 있다고 해봐야 보건지소는 의사가 아니란 말이지. 그러니까 보건지소

에 담당 의사 정도는 한 명씩 배치를 해야지. (가-28)

인터뷰 내용을 통해 읍면 지역의 경우 병원에 대한 접근성 부족 문제를 해결하기 위해 보건소나 보건지소가 설치되어 있긴 하지만 서비스의 질이나 만족도가 매우 떨어지는 것을 알 수 있다. 따라서 보건소나 보건지소의 접근성을 높이고, 의료서비스의 질을 향상시키는 과제를 시급하게 해결해야 한다.

7) 산책로 및 운동시설

공원이나 산책로, 그리고 운동시설은 노인의 건강증진을 위한 공간이기도 하지만, 사회적 교류를 촉진하는 공간이기도 하다. 따라서 산책로를 비롯한 공원시설과 운동시설을 확충하고 그 접근성을 높임으로써 노인의 사회적 관계망을 확대하고 공동체성을 강화하여 AIP 실현 가능성을 높일 수 있다(문경주, 2019). 조사에 따르면 춘천 거주 노인의 산책 및 운동시설의 이용편의성은 읍면 거주의 경우 3.26점, 동 거주의 경우 3.79점으로 '대체로 만족하다'에 미치지 못하였고, 이러한 경향은 2016년 심층면접에서도 드러난다.

나는 운동이라는 게 여기 봉의산 와서 어린이 놀이터 와서 열댓 바퀴씩 도는 게 운동이고 다른 건 뭐 할 수가 없지. 운동기구도 없고, 정상을 가야지 운동기구가 있는데... (가-40)

가까운 곳에 운동시설이 있었으면 좋지 않았을까. 여성회관도 하도

멀리 있으니깐 요새는 다 차 없으면 그런데 못 가거든요. (가-5)

우리 동네에 운동기구들 좀 해주시면 좋겠어. 여기(복지센터)처럼... 회
관 앞에 공터에다가 좀 그렇게 하면 거기 할 수 있어. 앞에 또랑 쪽
에 해놓으면 노인네들은 하다못해 허리 운동이라도 좀 하든지 다리
운동이라도 하든지. 다른 동네들은 다 있는데 우리 동네만 없어. 시
설이... (가-13)

인터뷰에서 춘천 거주 노인이 산책하고 운동할 만한 곳은 공지천과
봉의산이며, 운동기구가 동네 버스정류장 옆과 여성회관과 복지관 등에
갖추어져 있음을 알 수 있었다. 그런데 운동시설이 봉의산 정상에 있고,
여성회관의 운동시설은 거리가 멀어서 노인들이 이용하기에는 어려운 상
황이었다. 따라서 노인이 지리적으로 접근하기 좋은 장소에 운동시설을
설치할 필요성이 대두된다.

8) 일상생활용품 구매 장소

일상생활을 유지하는 데 필요한 생필품이나 식료품 등을 구매하는 것도
노인들이 매일 직면하는 과제 중 하나이다. 왜냐하면 나이가 들어 신체기
능이 떨어지면서 슈퍼나 시장까지 걸어서 장을 보러 다니기가 쉽지 않기
때문이다.

수퍼 없어. 수퍼 조그만 거 하나 있다가 수퍼가 없어져 가지고 아주
불편해. 걸어가면 한 이십 분 거리에 하나 있어. (가-16)

여기 신북 관내 우리 주민들은 시장에 갈 적에 뭐냐면 조금 없는 게 뭐냐면 (중략) 샘밭도 장이 새로 개설된 지가 얼마 안 돼요. 그래서 한 달에 6번이야. 4일, 9일, 14일 19일 24일 29일 그 외에는 시내 가서 사고 또 시내 가는 게 있으니까 가는 길에 사가지고... (가-26)

긍게 메모해 놨다가 3만 원 맨들어 가지고 배달시키잖아요. (마트가) 우리 동네에서 조금 더 가는데... (가-41)

읍면의 경우 기존에 있던 가게조차 폐업하여 노인이 한참을 걸어가야 있는 슈퍼를 이용하거나, 시내까지 나가야 해서 매우 불편함을 겪고 있었다. 그리고 장이 한 달에 6번밖에 서지 않고, 일정 액수 이상 주문하여야 집까지 배달을 해주는 등 필요한 물품을 바로 구매하지 못하는 불편함도 겪고 있다.

장보고 이러는 게 이제 한 해 한 해 다르더라고, 뭐 재작년쯤만 해도 뭔가 끌고 가서 사 가지고 왔는데 올해는 진짜 힘들더라고... (가-42)

시내를 안 가. 가질 못해, 갔다가 뭘 들고를 와야 가지. 갈 생각을 안 하지. (가-10)

읍면 거주 노인들의 경우 물건을 들고 움직이는 것이 어려워하였다. 만약 지팡이를 짚거나 유모차에 의지하여 걷는 상황이라면 물건을 들고 움직이는 동작은 결코 쉽지 않다. 이상에서 살펴본 바와 같이 읍면의 경우, 노인들이 일상생활용품을 적시에 손쉽게 구매할 수 있도록 그 방안을 모색하여야 할 필요가 있다.

5. 마무리하면서

노년기의 상실과 쇠퇴를 경험하는 노인은 일상생활을 하는 데 필요한 편의를 지역사회 안에서 안전하고, 쾌적하게 그리고 안정적으로 제공받을 때, 건강을 유지하며 자립적으로 생활하고 사회활동과 사회참여를 지속할 수 있다. 이를 위해 학자들은 지역사회의 물리적 환경을 구성하는 요인들을 구분하고, 그 요인들이 고령친화적이어야 함을 강조한다. 구체적으로 지역사회 내에 설치된 의원과 병원, 한의원 등의 의료시설, 경로당을 비롯하여 노인복지관 등의 복지시설, 문화센터와 극장 등의 여가문화시설, 공원 및 운동시설, 생활용품과 식품 구매를 위한 상가시설, 종교시설 등의 다양한 생활편의시설에 접근하기 쉽도록 대중교통과 택시 등의 교통시설, 도로와 보행시설이 잘 갖추어져야 하고, 이러한 생활편의시설들이 노인의 욕구에 맞는 정보와 서비스를 충분하게 제공할 수 있어야 한다.

춘천에 거주하는 노인들은 춘천이 조용하고, 안전하며, 공간이 여유로워 지역 환경에 대해 대체로 만족하지만, 지역사회 서비스 접근성에 대해서는 만족도가 떨어졌다. 특히, 읍면에 거주하는 노인은 동에 거주하는 노인에 비해 버스나 택시 등과 같은 대중교통을 이용하는 데 불편함이 커서 사회활동 반경이 축소되었다. 그리고 읍면 지역에는 의료시설·복지시설·목욕시설·상가시설·금융시설·종교시설·문화시설 등의 생활편의시설이 덜 설치되어 있거나, 설치되어 있더라도 지리적으로 접근성이 떨어져 서비스를 적절하게 받지 못하여 삶의 질이 저하되었다.

춘천 사례를 통해 읍면과 같은 농·어·산촌의 지역사회 환경이 도시 지역에 비해 고령친화적이지 않으며 열악함을 충분히 짐작할 수 있다. 이와 함께 동 지역보다 읍면 지역 중 초고령사회에 진입한 곳이 급속하게 늘어남에 주목해야 한다. 다소 거동이 불편해진 노인일지라도 사회관계를 유지하고 활동을 지속할 수 있는 지역사회 환경을 만드는 것은 사회적으로 고립된 노인으로 인한 초고령사회의 문제를 예방하는 방안 중 하나가 될 수 있다. 따라서 농·어·산촌 지역사회의 물리적 환경 개선에 중앙정부와 지방자치단체 차원에서 정책적인 접근이 요구된다.

X

노년에 혼자 산다는 것은

1. 혼자 사는 삶

혼자 산다는 것은 단지 생활의 세세한 부분을 스스로 감당해야 한다는 것 이상의 의미가 있을 것이다. 혼자 살게 되면 삶의 모든 영역 즉, 신체적 · 정신적 · 감정적 · 사회적인 부분까지 모두 오롯이 혼자 책임지고 독립적으로 살아가야 한다. 젊었을 때는 혼자 사는 것이 누군가에게 얽매이지 않고, 자유롭게 살아서 즐거울 수도 있다. 하지만 사람은 혼자 사는 것보다 여럿이 어우러져 함께 사는 가운데 삶에서 일어나는 여러 어려움과 아픔을 속히 치유하고 해결할 수 있을 것이다. 특히 나이가 들수록 배우자나 자녀 등 가족과 함께 사는 것이 혼자 사는 것보다 외로움과 우울감을 낮추어 주고, 주관적 건강상태에 보다 긍정적인 영향을 주는 것으로 나타난다(Kim · Lee, 2019; 김영범 · 이승희, 2018; 보건복지부, 2020).

우리나라 노인의 가족구조가 크게 바뀌고 있다. 가족에 대한 애착이 강한 편인 우리나라에서도 혼자 사는 노인이 급속히 늘고 있다. 산업화, 도시화와 함께 부양의식과 가족관계가 변화하면서 지난 30여 년간 65세 이상 노인 인구의 가구유형이 크게 변화하여, 독거가구(34.2%)와 배우자 동거가구(33.0%)가 늘어난 대신 자녀와 함께 사는 가구의 비율(15.3%)은 점점 감소하고 있다(통계청, 2021). 이러한 추세라면 앞으로 자녀와 동거하지 않고 혼자 살거나 부부가 같이 살더라도 배우자가 사망한 후에 홀로 사는 노인이 더 증가할 것으로 예상된다. 급속한 가족관계와 노인부양구조의 변화는 노인의 건강과 삶의 질에 부정적 영향을 미칠 수 있으므로 이에 대한 관심이 요구된다.

혼자 산다는 것은 노인의 삶에 부정적 영향을 줄 수 있는데, 우선 혼자 사는 것은 노인에게 사회적 고립의 위험을 초래할 수 있다(김영범, 2018; 보건복지부, 2020). 주변과 최소한의 접촉만을 유지하는 것으로 정의되는 사회적 고립은 노년기의 신체 및 정신건강에 큰 영향을 미치는 것으로 알려져 있다. 사회적 고립이 왜 노년기의 신체적·정신적 건강에 영향을 미치는지에 대해서는 몇 가지 설명이 제시된다(Cacioppo·Hawkley, 2009; Uchino, 2006). 첫째, 사회적으로 고립되지 않은 사람은 고립된 사람에 비해 다양한 사회관계(social ties)를 맺게 될 가능성이 크다. 주변 사람들과 다양한 사회관계를 맺으면 음주나 흡연과 같은 건강에 해로운 행동을 하지 않도록 감시받을 수 있는 가능성도 높아진다. 둘째, 사회적으로 고립되지 않은 사람은 사회적으로 고립된 사람보다 정보를 얻는 데 유리하다. 사회자본이론이 제시하는 것처럼 다양한 사회관계를 맺은 사람은 관계를 맺고 있는 다른 사람들로부터 여러 가지 다양한 정보를 얻을 가능성이 크지만, 사회적으로 고립된 사람은 주변 사람들로부터 필요한 정보를 얻을 수 있는 가능성이 작아진다. 셋째, 스트레스 완충이론에서 주장하는 바처럼 사회관계는 스트레스 요인을 극복하는 데 도움을 줄 수 있다. 스트레스 요인이 발생하는 경우 사회적으로 고립되지 않은 사람은 주변 사람들로부터 직접적인 도움을 받을 수 있을 뿐만 아니라 도움을 받을 수 있다는 믿음을 통해 스트레스를 덜 받을 수 있다. 이와 달리 사회적으로 고립된 사람은 주변 사회관계로부터 스트레스 완충효과를 기대하기 어렵다.

　　사회적 고립이 노인의 건강과 관련이 있다는 연구는 상당수 제시된다. 사회적으로 고립된 노인은 그렇지 않은 노인에 비해 외로움을 더 크게 느끼고, 삶의 만족도와 건강 관련 삶의 질도 낮은 것으로 나타난다 (Kim · Lee, 2022; 김영범 · 이승희, 2018; 윤정애 · 강지수 · 배명진 · 이나영 · 이채민 · 전우진, 2016). 사회적으로 고립된 노인은 그렇지 않은 노인에 비해 우울 증상을 더 많이 느끼고, 인지기능도 더 감소되는 것으로 보고된다(Kim · Lee, 2019; 김남현 · 정민숙, 2017; 김영범, 2018; 채미선 · 이정화, 2018). 신체적 건강도 더 좋지 못할 가능성이 큰데, 사회적으로 고립된 노인의 경우 식사를 정기적으로 하기 어렵고, 필요할 때 의료서비스를 제대로 받지 못할 가능성이 크기 때문이다(Coyle · Dugan, 2012; Hawton, et al., 2011; 김아린, 2020; 김영범 · 이승희, 2018; 임승자, 2018). 사회적으로 고립된 노인은 고독사의 위험도 매우 높다(김태량 · 장남서, 2021).

2. 혼자 사는 노인의 인구 및 경제 상태

2021 고령자 통계에 의하면 우리나라의 혼자 사는 노인의 비율은 전체 노인의 34.2%를 차지하며, 성별로는 여자가 71.9%로 남자보다 많고, 연령대별로는 70대의 비중이 44.1%로 가장 많았다(통계청, 2021). 혼자 사는 노인의 대부분은 단독주택(50.1%)과 아파트(38.0%)에서 거주하고, 생활비 마련 순위는 스스로 마련(44.6%), 정부 및 사회단체(31.1%), 자녀 및 친척(24.3%) 순이었다. 정부 및 사회단체의 지원으로 생활비를 마련하는 비중은 전체 노인의 2배 수준으로 높은 것으로 나타났다(통계청, 2021). 혼자 사는 노인 중 취업자의 비율은 28.3%로 전체 노인의 취업자 비율 34.1%보다는 낮았고, 이 중 여자가 남자의 2.2배 수준으로 많았다(통계청, 2021). 혼자 사는 노인 중 취업자의 연령대별 비중은 70대가 가장 높고, 다음으로 65~69세(34.3%), 80세 이상(17.5%) 순이었다. 혼자 사는 노인의 경우 부부 동거가구의 노인에 비해 무학이나 초졸 등의 비율이 높아 교육수준 또한 낮은 것으로 보고된다(김영범·이승희, 2018; 채미선·이정화, 2018).

선행연구에 따르면 혼자 사는 노인은 그렇지 않은 노인에 비해 낮은 가구 소득 등으로 인해 빈곤이나 경제적 어려움에 처할 위험이 높고, 생활수준도 열악한 것으로 보고된다(채미선·이정화, 2018). 가구 소득이나 교육과 같은 경제적 요인과 노년기의 건강에 관한 대부분의 선행연구는 낮은 경제 수준이 노년기의 신체적, 정신적 건강에 부정적인 영향을 미치는 것으로 보고한다. 노년기의 소득 상실이나 경제적 곤궁은 질병에의 위험을 가중시키고, 사회적 활동을 위축시키며, 부정적 자아를 형성하게 하여 노인의 고립과 외로움, 소외감, 우울, 자살 생각 등을 증가하게 된다(Cornwell · Waite, 2009; Fratiglioni · Paillard—Borg · Winblad, 2004; 최영, 2008; 김도영, 2015; 유광욱 · 원유병, 2010; 조영경 · 심경원 · 석혜원 · 이홍수 · 이상화 · 변아리 · 이한나, 2019).

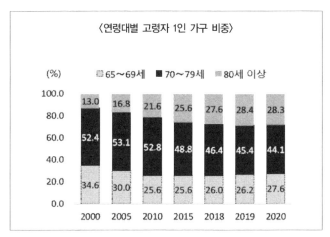

출처: 통계청, 인구주택총조사

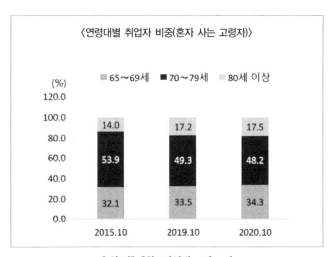

출처: 통계청, 지역별 고용조사

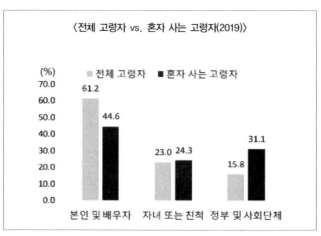

〈전체 고령자 vs. 혼자 사는 고령자(2019)〉

出처: 통계청, 사회조사

3. 혼자 사는 노인의 사회적 관계

혼자 사는 노인의 사회적 관계는 그렇지 않은 노인에 비해 타인과의 접
촉 빈도, 자녀의 도구적, 정서적 지원 등과 같은 사회적 관계망이 열악한
것으로 보고된다(최영, 2008). 혼자 사는 노인은 부부 동거가구와 가족 동거
가구의 노인에 비해 친척과의 만남, 자녀와의 관계, 사회활동, 친구 및 이
웃과의 만남 등이 소원한 경우가 많으며, 이로 인해 고독이나 외로움에
노출될 위험이 높은 것으로 나타났다(김영범·이승희, 2018). 혼자 사는 노인은
사회적으로 고립되기가 쉬운데, 사회적으로 고립된 노인은 주변으로부터
도움을 받기 어렵고, 잠재적 도움 가능성이 주는 심리적 안정감도 얻기
어려워 스스로의 삶에 대한 통제력을 상실할 가능성이 크다. 사회통합 이
론(social integration theory)에 의하면 친밀한 관계를 형성하는 것은 삶에 의미

를 부여하고 가치와 규범을 내면화하는 과정을 동반하게 되는데, 이로 인해 바람직하지 않은 행동을 할 가능성을 낮추어 준다고 주장한다(Hughes · Grove, 1981). 혼자 사는 노인의 경우 자녀나 배우자와 동거하는 노인에 비해 친밀한 관계와의 접촉 수준도 낮고 사회적으로 고립될 가능성이 커서 바람직하지 않은 건강행동을 할 가능성이 커지게 되며, 그 결과 신체적, 정신적 건강이 나빠질 가능성이 커진다.

하지만 혼자 사는 노인이 자녀나 가족과의 접촉 부재를 친구와 이웃 등의 접촉을 증가시킴으로 보상할 수도 있다는 이론도 있다. 보상효과 이론(compensation effect theory)에 의하면 혼자 사는 노인이 주택 내 동거자의 부재로 인해 나타나는 친밀한 관계와의 접촉 부재를 집 외부 활동에 적극적으로 참여해 친구나 이웃 등과의 접촉을 통해 보상하고자 하는데 이로 인해 친구나 이웃과 같은 비 가족관계와 친밀한 관계를 맺을 수 있다는 것이다(Hughes · Grove, 1981). 이러한 보상효과를 고려하면 혼자 사는 노인이 그렇지 않은 노인에 비해 친밀한 관계와 덜 접촉하는 것은 아니며 사회적으로도 고립되어 있다고 보기 어려울 수 있다. 선행연구 역시 노년기에 혼자 사는 것이 사회적 고립을 낳지 않을 가능성을 보여주는데, 특히 여성의 경우 배우자 사망 이후 혼자 살게 되면 자유시간이 증가해 친구나 이웃 등 친밀한 관계와의 접촉이나 사회활동에의 참여가 증가하는 것으로 보고된다(Lee · Kim, 2014).

한편, 2021 고령자통계에 의하면 혼자 사는 노인의 29.4%는 사회의 전반적인 안전에 대해 불안을 느끼며, 이는 전체 고령자가 느끼는 불안보다 약간 높은 수치였다. 특히 여자 노인이 남자 노인보다, 연령대가 낮을수록 사회 안전에 대하여 불안하다고 인식하고 있어 이에 대한 관심이 요구된다(통계청, 2021).

4. 혼자 사는 노인의 건강상태와 건강행태

혼자 사는 노인은 가족과 떨어져 혼자 생활함으로 인해 가족이나 친인척으로부터 신체적 질병에 대한 보호와 건강행위에 대한 지지, 사회 정서적 지지 등을 받기가 어려운 것으로 알려져 있다. 이러한 경향으로 인해 혼자 사는 노인의 주관적 건강에 대한 평가는 전체 노인에 비해 부정적인 경향을 보이는 것으로 나타나는데, 고령자통계에 의하면 혼자 사는 노인의 17.1%만 건강상태가 좋다고 응답해 전체 노인(24.3%)에 비해 주관적 건강평가가 좋지 못한 경향을 보였다. 혼자 사는 노인의 주관적 건강평가는 남자가 여자보다, 연령대가 낮을수록 긍정적인 경향을 나타냈다(고령자통계, 2021). 혼자 사는 노인의 건강관리 실천율도 아침 식사하기 86.7%, 정기 건강검진 79.3%, 적정 수면 74.2%, 규칙적 운동 38.6% 순으로, 전체 고령자보다 5% 이상 낮게 나타났다(고령자통계, 2021).

선행연구에서도 이러한 경향이 나타나, 혼자 사는 노인이 그렇지 않은 노인에 비해 보유한 만성질환 수가 많았으며, 주관적 건강상태를 나쁘게 인식하는 것으로 나타났다(조영경·심경원·석혜원·이홍수·이상화·변아리·이한나, 2019). 외로움과 우울 증상도 혼자 사는 노인이 그렇지 않은 노인에 비해 유의하게 높았다(김영범·이승희, 2018). 특히 자녀와의 교류 또한 단절될 경우 신체적 건강이 훼손될 시 심리적, 정서적 고립감이 심화되어 우울 증상도 심해질 우려가 크다. 하지만 도구적 일상생활 수행능력(IADL)은 혼자 사는 노인이 그렇지 않은 노인에 비해 독립적인 비율이 높은 것으로 보고된다(고민석, 2020). 건강행위와 관련해서는 혼자 사는 노인이 그렇지 않은 노인에 비해 유의하게 결식비율이 높아(한규상·양은주, 2018) 이에 대한 관심이 요구된다.

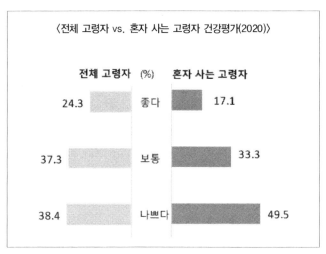

出처: 통계청, 사회조사

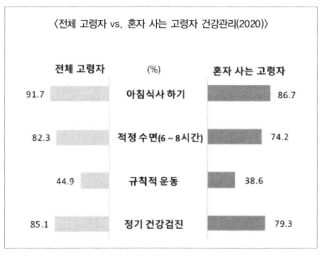

出처: 통계청, 사회조사

5. 춘천 지역의 혼자 사는 노인에 대한 조사: 동거노인과의 비교

1) 독거노인과 동거노인의 인구 및 경제적 특성 비교

'2015년 춘천 노인 AIP 생활환경 조사' 자료에 나타난 독거 여부에 따른 대상자의 인구 및 경제적 특성의 비교는 표 X-1과 같다. 성별로는 여성이 남성에 비해 독거노인의 비율이 높았다($p < .001$). 혼인 상태는 독거노인의 경우 미혼, 이혼 또는 사별의 비율이 100%로 동거노인의 22%보다 높게 나타났다($p < .001$). 평균 연령은 독거노인이 76.09세로 동거노인 74.21세보다 유의하게 높았다($p < .001$). 교육 연수는 독거노인의 경우 5.43년, 동거노인의 경우 7.41년으로 독거노인의 교육 연수가 유의하게 낮았다. 가구 소득은 독거노인이 동거노인에 비해 소득이 낮은 것으로 나타났다 ($p < .001$). 직업 유무에는 두 집단 간 차이가 없었다. 거주 지역은 독거노인이 동거노인에 비해 도시 지역에 거주하는 비율이 높았다($p < .01$). 주택 만족도 점수는 독거노인이 동거노인에 비해 유의하게 점수가 낮은 것으로 나타났다($p < .001$).

표 X-1. 독거노인과 동거노인의 인구 및 경제적 특성 비교

구 분	독거노인	동거노인

성
  여성
  남성
	
	232(77.85)
	66(22.15)
		***
		350(49.86)
		352(50.14)

혼인 상태
  미혼, 이혼 또는 사별
  기혼
	
	298(100.00)
	0(0.00)
		***
		151(21.51)
		551(78.49)

연령	76.09(5.51)	74.21(6.08) ***
교육 연수	5.43(4.53)	7.41(4.79) ***
가구 소득	2.00(1.22)	4.24(2.32) ***

직업
  없음
  있음
	
	195(65.44)
	103(34.56)
		
		450(64.10)
		252(35.90)

거주 지역
  읍/면 지역
  동 지역
	
	57(19.13)
	241(80.87)
		**
		199(28.35)
		503(71.65)

주택 만족도 점수	3.80(.77)	3.97(.65) ***

*p < .05, **p < .01, ***p < .001

2) 독거노인과 동거노인의 사회적 관계 비교

독거 여부에 따른 춘천 지역 노인의 독거 여부에 따른 사회적 관계 비교
는 표 X-2와 같다. 외로움의 경우 독거노인이 동거노인에 비해 외로움 점
수가 유의하게 높았다(p<.001). 질병 수도 이는 혼자 사는 노인은 부부 또
는 동거가구의 노인에 비해 친척, 자녀와의 관계, 사회활동, 친구 및 이웃
과의 만남 등이 소원한 경우가 많아, 이로 인해 외로움을 느낄 위험이 높
다고 한 선행연구의 결과를 지지하였다(김영범·이승희, 2018). 춘천 지역 노인

의 사회지원망의 경우 독거노인이 동거노인에 비해 사회지원망 점수가 유의하게 낮았는데(p<.001), 이는 혼자 사는 노인은 동거노인에 비해 타인과의 접촉 빈도, 자녀의 도구적, 정서적 지원 등과 같은 사회적 지원망이 열악한 것으로 나타난다는 기존 연구와 유사한 결과였다(최영, 2008).

표 X-2. 독거노인과 동거노인의 사회적 관계 비교

구 분	독거노인	동거노인
외로움 점수	35.13(10.70)	32.42(8.56) ***
사회지원망 점수	4.86(2.76)	6.60(2.34) ***

*p < .05, **p < .01, ***p < .001

3) 독거노인과 동거노인의 건강상태와 건강행태 비교

독거 여부에 따른 춘천 지역 노인의 독거여부에 따른 건강상태와 건강행태 비교는 표 X-3과 같다. 주관적 건강의 경우 독거노인이 동거노인에 비해 주관적 건강이 나쁘다고 인식하는 것으로 나타났으며(p<.001), 질병의 수도 독거노인이 동거노인에 비해 유의하게 많은 것으로 나타나(p<.001) 기존 연구 결과와 일치하였다(조영경·심경원·석혜원·이홍수·이상화·변아리·이한나, 2019). 지난 2일간 식사 횟수의 경우 독거노인이 동거노인에 비해 6회 미만이 경우가 많아(p<.01), 독거노인의 식사를 지원하는 프로그램이 강화되어야 할 것으로 사료된다. 우울 점수의 경우 독거노인이 동거노인에 비해 유의하게 우울 점수가 높았는데(p<.001), 이는 선행연구의 결과와 일치하였다(Kim·Lee, 2019; 김남현·정민숙, 2017; 김영범, 2018; 채미선·이정화, 2018).

표 X-3. 독거노인과 동거노인의 건강상태와 건강행태 비교

구 분	독거노인	동거노인
주관적 건강 (1: 매우 좋음 ~5: 매우 나쁨)	3.56(1.02)	2.98(.97) ***
도구적 일상생활능력 　자립 　비자립	239(80.20) 59(19.80)	429(61.11) 273(38.89)
질병 수	1.80(1.35)	1.42(1.14) ***
우울척도 점수	3.79(4.14)	2.28(3.27) ***
지난 2일 간 식사 　6회 미만 　6회 이상	43(14.43) 255(85.57)	58(8.26) 644(91.74) **

*p < .05, **p < .01, ***p < .001

6. 춘천 지역 혼자 사는 노인에 대한 인터뷰 결과

'2016년 춘천 노인 AIP 생활환경 심층면접 조사'에 나타난 혼자 사는 노인의 본질적인 체험을 구성하는 요소는 첫째, 혼자 사는 삶: '살기 위해 혼자 해야 하지만 하기 싫고 힘듦', '건강이 좋지 않음', '무기력하고 무료하고 외로움', '경제적으로 곤궁함', '죽고 싶은 생각이 듦', '형편에 맞춰 열심히 살려고 노력함', '나 혼자 사는 것이 오히려 편함'; 둘째, 자식과의 관계: '자녀와의 관계가 단절되거나 소원함', '자녀로부터 도움을 기대하기 어려움', '자식들에게 짐 되기 싫음'; 셋째, 주변과의 관계: '친구, 이웃과 단절해 고립되어 살아감', '이웃의 도움을 받지 않음(속 터놓고 지내지는 않음)', '공적 도움을 받으며 살아감' 등으로 드러났다.

1) 혼자 사는 삶

(1) 살기 위해 혼자 해야 하지만 하기 싫고 힘듦

혼자 사는 노인들은 몸과 마음이 여의치 않아도 살기 위해 모든 일을 홀로 맡아 해내야 하는 삶을 팍팍하게 느끼고 있었다. 노인들은 마음도 내키지 않고 하기도 싫어 최소한으로 삶을 유지하였다.

> 해 먹고 설거지 하고 청소하고 빨래해야 뭐해야지 이런 거 다 혼자 해야지. 뭐 별 수 없잖아. 뭐 어떻게 하는 수 없이 해야지. 안 할 수도 없고, 누가 해줄 사람도 없고... 밥해 먹고 그런 지 10여 년 넘었지. 혼자서... (16가-32남)

> (식사?) 우리네는 그냥 되는 대로 한 숟갈씩 더 먹는 거지 뭐. 뭐 그냥 어떻게든 하는 거지. 반찬을 뭘 해 먹어. (16나-10여)

> 밥하기 싫어. 그 반찬이라도 해 먹기가 싫어. 되는 대로 떠먹지 해 먹기가 싫어. (16가-44여)

(2) 건강이 좋지 않음

혼자 사는 노인들은 고혈압, 당뇨, 뇌경색, 관절염 등과 같은 만성질환을 앓고 있었다. 독거노인에게 지병의 악화로 인한 신체적 고통을 홀로 겪어내야 하는 것은 큰 두려움이었으며, 아프지 않다가 죽는 것을 간절히 원하였다.

병이 많아요. 뇌경색에다 고혈압에다 동맥경화, 당뇨도 있고 그리고 이제 발, 다리 다 아파요. (16가-25여)

관절, 자궁 들어냈지, 코골이 수술했지, 똥꼬 수술했지. 그리고 갑상선 때문에 갑상선 재발한 게 눈으로 왔어요. 이게 7~8년 돼요. 그러니까는 사람 많은데도 못가지... 그리고 내가 지금 71인데 객지 생활 나와서 여때까지 내가 빌어먹고 살았어요. 그 시집도 못 가고... (16가-48여)

(3) 무기력하고 무료하고 외로움

노인들은 혼자 사는 삶이 너무 의욕도 없고 재미가 없다고 하였다. 죽지 못해 사는 매일 똑같은 삶에 무료함을 느끼며, 자신만의 작은 공간에서 허전함과 외로움을 느꼈다.

그냥 이렇게 살다 가는 거지. 의욕도 없고 욕심도 없고 아무것도 없고. (중략) 재미가 뭐 있어. 혼자 사는 게. (마지못해 사는 거?) 그럼, 죽지 못해. 아주 난 재미라곤 없어. (16가-44여)

맨날 똑같지 뭐. 혼자 사는 거 맨날 똑같애. 즐기고 좋을 게 하나도 없어. 그냥 그러려니 하고 사는 거지. 목숨은 안 떨어지니까. 그래도 먹어야 사니까. 해 먹는 거지. (16가-32남)

(집에서 따로 하는 게) 없어요. 그냥 TV만 봐요. (16가-48여)

내가 이렇게 자다가도 갑자기 많이 아프고 이러면 그때는 조금 외롭더라. (중략) 혼자 있으면 더 허전하고... (16가-42여)

(4) 경제적으로 곤궁함

혼자 사는 노인들은 경제적 궁핍을 더욱 처절하게 느꼈다. 돈이 없어서 집에만 있게 되고, 옷도 사 입기 어려웠다. 자존심이 많이 상하지만, 어쩔 수 없이 자신의 경제적인 무능을 자책하였다.

> 우리네가 돈이 있으면 불편하거나 말거나 댕기는데 돈이 없으니까 집에 들어앉아서... (중략) 어딜 댕기는 걸 못 댕기니까 아무 소리도 안 하지. (16가-3여)

> 내가 미망인이 되고부터 물질을 내 맘대로 막 이래 가지고 지금 거지같아. 이 꼴이. (중략) 아무것도 없으니깐 옷 하나도 못 해 입는 거야. 옛날 거 케케묵은 거 그냥 입고 다니는 거지. (16가-6여)

(5) 죽고 싶은 생각이 듦

오랜 기간 도움을 받지 못하고 혼자 어려움을 해결해 온 독거노인들은 아프거나 견디기 힘든 시기가 오면 죽고 싶다는 생각을 간절히 그리고 자주하였다.

> 진짜 죽고 싶다는 생각도 자꾸만 들어요. 이거 (귀에서) 서걱서걱 (소리) 날 때는 진짜 못 견뎌요. 특히나 밤에. 낮에는 내가 방안에서 조금 저거 하니까 잘 모르는데 밤에는 내가 잘라고 누웠잖아요. 잠자는 약 없으면 또 못자요. (16가-49여)

> 이제 싱글이 된 지 내가 20년이 되니깐 그동안 고통이 많아도 난 존심이 있거든... 그러니깐 말 안 하고 그냥 사는 건데. 이제 지금 마지

막까지 왔어. 마지막 나락까지 왔어. 떨어질 날이 일보 직전이야. (떨어진다는 것은) 죽음이야. (16가-6여)

(6) 형편에 맞춰 열심히 살려고 노력함

연구에 참여한 혼자 사는 노인들은 어려움 가운데서도 인내하고, 지금의 형편에 만족하며 열심히 살아가고자 하였다.

불편해도 내가 다 참아서 살아. 난 아주 말하자면 저 산에 갖다 놔도 살 사람이야. 나는 여기면 여기에 맞춰서 살고 이러지 그거 갖고 눈물자국 그런 거 없어. 없으면 없는 대로 살아. (16가-6여)

여기서 더 망가지지 않고 그냥 열심히 살다가 그냥 가기를 원해요. (16나-45여)

(7) 나 혼자 사는 것이 오히려 편함

혼자 사는 노인들은 막상 자식과 같이 살려고 해도 자식·며느리·사위·손주와 같이 사는 삶이 서로 간에 불편할 것이라고 느꼈으며, 혼자 사는 것이 오히려 더 맘 편하다고 여기고 있었다. 노인들은 자녀의 일상에 끼어들어 부담을 주고 그로 인한 갈등을 일으키고 싶어 하지 않았다. 자식과 어느 정도 거리를 두며 혼자 살기를 원하였다.

아니 (자식과) 같이 생활하고 싶어도 제일 첫째 불편하고. 지금 내가 팬티 바람에 막 집에서 방안에서 돌아다니잖아. 애들하고 같이 살면 그거 못해. 갖출 거 다 갖추고 다 입고 있어야지 불편해. (중략) (혼자 사는 것이) 편하고말고, 애들도 지들만 알고. (16가-27남)

혼자 있는 게 편안해. 글쎄 그런데 그게 나는 그게 불안해. 가 있으면 저들끼리 싸우면 또 불안하고, 아주 안 보고 사는 게 편안해. (16가-25여)

2) 자식과의 관계

(1) 자녀와의 관계가 단절되거나 소원함

노인들은 홀로 있는 자신에 대해 바쁜 일상을 구실 삼는 자식들의 무관심함에 섭섭함을 느꼈다. 고단했던 자신의 삶에 대해 자식으로부터도 위로를 받지 못한다는 사실에 체념하면서도 원망하는 마음도 표현하였다.

(자녀들은) 다 저 살기 바쁜데 찾아오지 못하죠. (16가-25여)

내가 그렇다고 바라는 건 아닌데 전화 한 통이라도 하면 마음이 풀리잖아. 그렇지? (16가-21남)

(2) 자녀로부터 도움을 기대하기 어려움

노인들은 자신의 자녀도 살기 어렵기 때문에 자녀로부터 도움을 기대하기 어려운 상황임을 이해하고 있었다. 웬만한 어려움과 문제는 자신이 알아서 해결하고자 하였다.

내가 처음에는 섭섭하고 내가 저를 어떻게 키웠는데 그럴 수 있나.

그래 너만 잘 살아도 감사하다. 나는 하나 낳고 신경 쓰는데 저는 장사해서 벌어먹어야지 애들 챙겨야지 뭐, 집에 가면 엉망이고 막 그래요. (16나-45여)

아플 때는 (자식들을) 뭘 불러요. 그냥 내가 알아서, 알아서 해요. 주로 이제 약방에서 약 사먹고 감기가 많이 들리면 병원에 가고 그거예요. (16가-16여)

(4) 자식들에게 짐 되기 싫음

혼자 사는 노인들은 성인이 된 자녀들에게 부담을 주는 존재가 되지 않기를 간절히 바랐다. 자식들의 삶에 조금이라도 도움을 주어야지, 피해를 주어서는 안 된다고 여겼다. 자식에게 짐이 되지 않기 위해 무엇보다 아프면 안 된다고 생각하고 건강을 챙겼다.

(엄마 아프다) 그런 얘기 못해. 아휴 어떻게 자존심상 그렇게 하냐. 내가 걔들한테 해준 게 뭐 있어. 난 지금도 나 혼자 죽을 거야. 걔들한테 해준 게 뭐가 있냐고? (중략) 미안해서... (16가-6여)

내가 자식들한테 피해를 주지 안주기 위해서 건강해야겠다 그 생각을 하죠. 맨날, 그래서 맨날 집에서 혼자 손만 가지고 운동하고, 발도 주물럭주물럭하고, 발이 이쪽이 좀 마비가 왔거든요. (16가-25여)

걱정하지 마. 나는 네(자식) 신세는 안 지고 살 거야. 급하면 요양원에 갈 거야. (16나-45여)

3) 주변과의 관계

(1) 친구, 이웃과 단절해 고립되어 살아감

혼자 사는 노인들은 자신과 처지가 다른 가정이 있는 사람들과 어울리는 것을 불편해 하였다. 또 정부의 지원을 받는 공적 수급자가 된 것에 자격지심을 느끼고 주변인들과 더 거리를 두고자 하였다.

> 내 자격지심에... 다 가정 있는 사람들... 장사하면서부터 알게 된 친구들, 이 동네에서 내가 꽤 살았을 거예요. (동네 사람들과) 잘 안 마주쳐요. 내가 한 사람 마트 가면 어쩔 때 볼 때가 있어요. 그럼 내가 외면해요. (16가-49여)

> 우리가 수급자가 되고 나서 진짜 이건 내 자격지심인지 나는 친구들하고 다 끝났어요. 내가 멀리했어요. (중략) 이거 하고나서부터 친구들도 다 다 멀리. (16가-49여)

> 가까운 사람은 없지 (중략) 그러니까 혼자 벌어먹고 살다 보니깐 이웃 사람들하고 접촉이 안 되니까 그렇게 살아요. (16가-25여)

(2) 이웃의 도움을 받지 않음(속 터놓고 지내지는 않음)

혼자 사는 노인들은 이웃과 속을 터놓고 지내지 않으며 어느 정도 거리를 유지하였다. 자신이 도움을 줄 수 없다면 이웃의 도움을 받아서는 안 된다고 여겼다.

> 내가 도와줘야 날 도와줄 걸 기다리지 우리가 남을 못 도우니까 그

런 소리를 할 수가 없지 도와달라고. 그 사람이 뭘 믿고 우릴 도와주
겠어. 안 그래요? (16가-3여)

(도움을 청할 이웃은) 없죠. 그냥 나오면 인사 정도. 그리고 건강히 계시
냐고 그런 거지 그렇게 도움을 받을 사람은 없어요. (16가-3여)

(3) 공적 도움을 받으며 살아감

혼자 사는 노인들은 동사무소나 복지관 등 공적 도움을 받는 것에
대해 처음에는 창피함을 느끼기도 했지만, 자식이나 친구, 이웃이 도와줄
수 없는 부분까지 일일이 챙겨주는 것에 대해 고마움을 표현하였다.

내가 지금 동부복지관 거기에서 많이 도움받아요. 밥, 반찬 매일 갖
다 주고 그리고 때 되면 뭐 갖다 주고, 거기 선생들이 매주 와요. 와
서 이제 얘기하고... (16가-49여)

만약에 지원을 안 해주면 우린 벌써 죽었을 거야. 난 도와주는 사람
이 없으니깐... (16가-49여)

누가 그러더라고요. 동사무소 한번 가보라고... 그래서 아... 정말 창
피하고, 막 그래도 남들 도와주고 살고 싶지, 뭐 세상에 왔다가 얻어
먹고 가고 싶지는 않았거든... (중략) 근데 이제 고것도 얻어먹는 버릇
하니깐 편하고 감사하고 요샌 그래. (16나-45여)

7. 나가며

산업화, 도시화와 더불어 부양의식과 가족관계가 변화하면서 자녀와 동거하지 않고 혼자 살거나 부부가 같이 살더라도 배우자가 사망한 후에 홀로 사는 노인이 많이 늘어나고 있다. 혼자 사는 노인은 그렇지 않은 노인에 비해 빈곤이나 경제적 어려움에 처할 위험이 높고, 정부나 사회단체의 지원으로 생활비를 마련하는 비중도 큰 것으로 나타나므로 이에 대한 관심과 지원이 필요하다.

혼자 사는 노인의 주관적 건강에 대한 평가는 전체 노인에 비해·부정적인 경향을 보이는 것으로 나타나는데, 특히 혼자 사는 여자 노인과 연령이 많아질수록 건강상태가 나쁜 것으로 나타났으므로 이들에 대한 관심이 요구된다. 지역사회 내 보건소와 노인복지관, 경로당 등에서 노인 건강관리 프로그램을 진행할 때 이들 고령의 독거노인 또는 여성 독거노인의 건강문제를 보다 집중적으로 관리할 필요가 있다. 또, 혼자 사는 노인은 그렇지 않은 노인에 비해 유의하게 결식비율이 높으므로 이들의 식이섭취와 영양상태에 대한 관심과 지원이 요구된다.

혼자 사는 노인은 자녀, 가족과 떨어져 혼자 생활하므로 아플 때 가족이나 친인척으로부터 돌봄을 기대하기 어려운 문제가 있다. 특히, 혼자 사는 노인의 신체적 건강이 나빠졌거나 질병에 걸렸는데 자녀와의 교류 또한 단절되었을 경우 심리적, 정서적 고립감이 심화되어 우울 증상이 나타나기도 한다. 자녀 중심 사적 관계망 약화와 자녀 세대로부터의 경제적 부양과 돌봄 감소, 접촉 감소로 혼자 사는 노인은 질병에 걸릴 위험에 더 많이 노출되기 쉽고, 외부와의 단절, 소외감, 외로움, 부정적 자아 형성, 우울, 자살 생각 등이 더 많을 수 있으므로 이를 예방하기 위한 선제적 대응이 요구된다.

독거로 인해 나타나는 자녀와의 접촉 감소를 친구나 이웃과의 만남이나 연락, 사회활동 참여 서비스 등을 통해 보충할 수 있도록 다양한 사회 정책적 지원이 필요하다. 혼자 사는 노인이 사회적으로 고립되지 않도록 다양한 사회활동에 참여하도록 유도하여야 한다. 혼자 사는 노인이 친구나 이웃을 만날 때 식당이나 카페에서 무료로 사용할 수 있는 바우처를 제공하거나 노인복지관과 경로당에서 진행되는 다양한 취미·여가활동 프로그램, 문화예술활동, 사회활동에 혼자 사는 노인이 참여하도록 유도할 필요가 있다.

춘천 노인의 인터뷰 조사에서도 나타났듯이, 혼자 사는 노인은 자신의 열악한 상황을 고려하여 도움을 되갚을 수 없다는 생각 때문에 친척, 친구·이웃 등으로부터 지원받는 것을 애초부터 거부하는 경향이 있다. 독거노인이 일상생활에서 느끼는 어려움을 완화하기 위해서는 친밀한 사회관계가 독거노인의 어려움을 잘 파악할 수 있도록 지원한다는 것과 함께 도움받았다는 것에 대해 부채의식을 느끼지 않도록 국가 등 공적 기관의 도움을 활성화하는 것도 필요할 것으로 보인다.

XI

노년기 행복을 위해 필요한 것들

1. 노년기 행복—이론과 현실

나이가 들어감에 따라 행복은 감소하는가? 또 노년기에도 행복한 사람은 어떤 특성을 보이는가? 인간은 모두 행복한 삶을 지향한다는 점에서 이러한 질문은 누구나 관심을 가질 만한 질문이 아닐 수 없다. 상식적으로 노인이 되어 나이가 들수록 행복을 위한 조건으로부터 멀어지는 것도 사실이다. 우선 신체건강은 노화로 인해 점점 나빠진다. 시력·청력이 나빠지고, 근육도 줄어들어 과거처럼 빨리 달리거나 무거운 물건을 들 수 없다. 또 피부도 노화하여 젊은 시절의 팽팽한 모습을 유지하기 어렵다. 기억력이 나빠져 새로운 지식을 쉽게 습득하지 못할 뿐만 아니라 신체 반응 속도가 느려져 젊은 시절처럼 빠른 속도로 운전하기도 어렵다.

신체적 능력이 감퇴하는 것과 함께 사회·경제적 환경 역시 더욱 불리해진다. 배우자와 친구가 사망하여 친밀한 사람의 수가 줄어들게 되고, 자녀 역시 독립하여 부모로서 역할이 점점 축소된다. 경제활동이 종료되어 소득도 줄고, 일하면서 가졌던 역할도 없어진다. 사회경제적 변화는 역할의 소멸을 가져오지만, 사회가 노인에게 새롭게 부여하는 역할은 거의 없다.

전반적으로 노년기에 나타나는 신체적, 정신적, 사회적 변화는 삶의 질이나 행복에 부정적인 영향을 준다. 노년기에 나이가 들어감에 따라 행복 또는 삶의 질에 대한 평가가 어떻게 변화하는지에 관한 연구 결과는 일반적인 상식과는 달리 나이가 들수록 행복 수준은 점점 더 증가하거나 최소한 감소하지는 않는다는 점을 보여준다. 즉 노년기에 나이가 더 들수록 행복감을 더 느끼게 된다는 것이다. 그렇다면 왜 나이가 들수록 더 행복해지는가? 행복과 나이가 유의미한 관련성이 있는 이유에 대해서는 몇 가지 설명이 제시된다.

첫째, 나이가 들수록 삶에 대해 기대하는 바가 적기 때문에 작은 보상에도 쉽게 행복한 감정을 느낄 수 있다는 점을 들 수 있다. 나이가 들어가면서 신체적·정신적 능력이 약화하고, 사회에서의 역할도 감소하게 되는데, 이에 맞추어 성취에 대한 기대도 감소하게 된다. 성취에 대한 기대가 감소하게 되면 과거에는 당연하게 여겼던 조그마한 성취라도 그로 인한 행복감을 더 크게 느낄 수 있다.

둘째, 사회정서선택이론(socioemotional selectivity theory)(Carstensen·Fung·charles, 2003; Carstensen, 2006)은 나이가 들어감에 따라 행동을 선택하는 기준이 변화하는데, 그로 인해 나이가 들수록 더 행복감을 느끼게 된다고 주장한다. 이 주장에 따르면 사람들이 어떤 행위를 할 것인가를 선택하는 기준은 남아 있는 삶의 기간에 대한 평가에 따라 상이하다고 한다. 남아 있는 시간이 많은 경우 정서적인 즐거움은 없더라도 미래의 시간에 활용할 수 있는 기술이나 지식을 배우는 행위를 선택하게 되는 반면, 남아 있는 시간이 많지 않다고 생각하는 경우 미래에 활용할 수 있는 지식이나 기술을 배우는 데 투자하기보다는 정서적으로 즐거움을 느낄 수 있는 행동을 선택하게 된다.[11] 이 이론에 따르면 나이가 들수록 더 즉각적으로 즐거움을 주는 행동에 집중하기 때문에 더 행복하다는 설명도 가능하다.

셋째, 이와 유사하게 선택·최적화·보상 모델에 의하면 나이가 들수록 신체적, 정신적 능력이 약화하는데 이런 상황에서 노인들은 자신이 좋아하는 또는 중요하다고 생각하는 활동에 자신의 능력을 집중하고, 사회 제도나 기술을 활용해 약화된 능력을 보상하려고 한다고 주장한다. 결국 나이가 들수록 자신에게 중요한 또는 좋아하는 활동에 더 많이 집중하게 되기 때문에 더 행복해질 가능성이 크다.

넷째, 최근 신경생리학적 분석(Cacioppo·Berntson·Bechara·Tralnel·Hawkley, 2011)에 의하면 감정을 조절하는 뇌의 부위가 노화되기 때문이라는 주장도 제기된다. 뇌의 편도체(Amygdala)는 감정과 불안, 공포에 대한 학습을 관장하는 부분으로 불안과 공포를 느끼게 되면 더 활성화된다. 몇몇 실험에 의하면 나이가 들수록 불쾌한 사진이나 그림을 보는 경우 편도체가 덜 활성화되는 결과를 보이는데, 이를 바탕으로 노화로 인해 불쾌한 감정을 덜 느끼게 되고 행복감이 증가하는 것이라는 설명이 제시되기도 한다.[12]

---

11) 전자의 경우를 팽창적 목표(expansive goal)를, 후자의 경우를 정서적 목표(emotional goal)를 선택한 것으로 이해한다(Carstensen, Fung, and charles, 2003).

12) 나이와 행복의 역설에 대해서는 나이가 들어서 행복한 것이 아니라 행복한 사람이 오래 살기 때문이라는 주장도 제기된다(Blanchflower and Graham, 2020).

그렇다면 나이를 제외하고 다른 인구·사회적 요인은 노년기 행복과 어떤 관련성이 있는가? 노년기 행복 연구는 사회활동과 관련해 상반된 주장을 제시한다. 첫째 근대화론에 바탕한 분리이론(disengagement theory)은 사회가 요구하는 바에 맞추어 노년기 삶을 살아가는 것이 행복한 노년을 위한 조건이라고 주장한다. 과거 전(前) 산업사회는 경험에 기반한 지식이 중요한 사회였기 때문에 노인의 경험은 사회의 지속과 발전을 위한 중요한 자원으로 존중되었다. 그러나 산업사회는 새로운 지식, 기술에 기초한다는 점에서 이를 학습한 젊은 세대가 중요한 결정을 내리는 위치에 있는 것이 사회의 재생산과 발전에 유리하다. 이로 인해 노인으로 하여금 공식적 사회활동으로부터 은퇴할 것을 요구하는 문화와 제도를 만들게 되는데, 개인 단위에서 이러한 사회적 요구에 부합하는 삶을 사는 것이 더 행복하다. 이런 맥락에서 분리이론은 공식적 사회활동에서 물러서는 경우 노년기를 행복하게 보낼 수 있다.

　　다른 한편으로 활동이론(activity theory)은 역할에 대한 긍정적 반응이 행복을 가져온다는 점에 주목하여 나이가 들더라도 다양한 역할을 갖는 것이 행복에 다가가는 것이라고 주장한다. 노년기에 접어들게 되면 공식적 사회활동이 축소되는데, 이는 역할(role)의 축소를 동반한다. 역할이 축소되면 역할에 대한 긍정적 반응을 얻을 수 없기 행복해질 기회도 상실된다. 활동이론은 노년기에 축소되는 역할을 대체하기 위해 새로운 역할을 얻는 것이 필요하며 이를 위해 다양한 사회활동에 참여하는 것이 필요하다고 주장한다.

　　두 이론과 달리 지속이론(continuity theory)은 자신이 청·장년기 동안 형성한 정체성(identity)에 맞추어 노년기 삶을 살아가는 것이 행복한 노년을 위한 방법이라고 주장한다. 여기서 지속이란 내적 지속성(internal continuity)과 외적 지속성(external continuity)으로 구분되는데, 전자는 노후의 사고와 행동이 청장년기의 그것과 일치하는 방식으로 작동하는 것을 말한다. 내적 지속성을 유지하지 못하게 되면 우리는 사고나 행동에 대한 기준이나 방향성을 갖기 어렵다. 외적 지속성은 주변 환경, 외부 사회관계에 대해 일관된 행동을 하는 것을 말한다. 외적 지속성을 유지하지 않으면 주변 사회관계는 필요한 도움이 무엇인지 알지 못하고 어떤 방식으로 지원하는 것이 좋을지 판단할 수 없어 적절한 도움을 제공하지 못한다.

자녀나 친구·이웃과 같은 비공식 관계와의 접촉 역시 정신건강에 영향을 주는데 친구·이웃과의 접촉이 행복감을 증진시키고(Ng·Huo· Gleason·Neff·Charles·Fingerman, 2021) 우울 증상을 완화시키는 효과가 있다 (김영범, 2021). 자녀와의 접촉은 세대 간 규범이나 가치의 차이로 인해 상호 기대에 차이가 발생할 가능성이 크고, 의무가 강조되는 관계라는 점에서 접촉빈도가 행복이나 우울 증상과 관련성이 없는 것으로 나타난 바 있다. 이들과의 접촉은 또한 늘 발생하는 현상이라는 점에서 익숙한 것이다. 이와는 달리 친구와의 접촉은 동일한 세대로, 가치나 규범에서 서로 공유하는 부분이 많기 때문에 상호 이해의 정도가 높을 뿐만 아니라 자주 발생하는 사건이 아니라는 점에서 익숙하지 않은 새로운 사건이다. 이 점에서 친구와는 접촉할수록 삶의 만족이 증가하고, 우울 증상은 감소한다.

다른 한편으로 자녀나 친구·이웃과 같은 비공식적 사회관계와의 지원교환도 행복과 관련이 있는 것으로 알려져 있다. 지원교환에 대한 서구의 이론은 독립적인 관계를 유지할 때 사람들은 행복한데, 친구나 자녀 등 주변 사회관계와 독립적인 관계를 유지하기 위해서는 도움의 교환이 동등해야 한다고 주장한다. 즉 동등한 교환관계인 경우 노인은 주변 사람에 대해 부채의식을 느끼지 않고 독립성을 유지할 수 있는데, 이 상태에 서 행복을 느낄 수 있다는 것이다. 그러나 우리나라의 경우는 서구와는 다른 양상을 보이는데, 한국 노인 연구에 따르면 친구와의 관계는 서구와 유사하지만, 자녀로부터는 지원받는 경우 삶의 만족도가 높은 것으로 나타난 바 있다. 우리나라 노인의 경우 지원받는 것을 갚아야 하는 부채로 인식하지 않기 때문에 자녀로부터 더 많이 지원받는 경우 행복하다(김영범 외, 2019).

건강의 경우 대부분의 연구에서 행복 또는 삶의 만족과는 긍정적 관계를, 우울 증상과는 부적 관계를 보인다(김영범, 2013; Kim·Park·Park, 2021). 건강으로 대표되는 신체 능력은 할 수 있는 활동의 범위와 삶 속에서 정한 목표를 달성하는 데 필요한 가장 기초적인 요인이라는 점에서 건강할수록 더 행복하고 덜 우울하다는 점은 당연하다. 특히 만성질환과 신체 노화가 진행되는 노년기의 경우 신체적, 정신적 건강상태의 영향은 무엇보다도 중요하다.

이외에 소득도 행복과 우울 증상 모두와 관련이 있는 것으로 알려져 있다. 개인 소득을 비교한 연구의 경우 소득이 증가하면 일정 기준까지 행복도 증가하지만, 그 수준을 넘어서면 소득이 증가해도 행복은 증가하지 않는다는 주장을 제기한다(Jebb·Tay·Diener et al, 2018). 이는 소득이 증가할수록 삶의 기본적 욕구를 충족시킬 수 있기 때문인데, 삶의 기본적 욕구를 충족시키기에 충분한 소득 수준을 넘어서면 그 이상의 소득은 행복에 영향을 주지 못한다는 것이다. 다른 한편으로 소득이 증가하면 어떤 한계점 없이 행복도 증가한다는 주장도 제기되는데(Killingsworth, 2021), 이러한 주장에 따르면 저소득 집단은 소득이 증가하면 일상생활의 불편(suffer)을 감소하기 위한 지출이 증가하여 행복이 증가하는 반면, 고소득 집단은 소득이 증가할수록 일상생활의 즐거움(enjoyment)을 증가하기 위한 지출이 증가하게 되어 행복이 증가한다는 것이다.

우울 증상에 대해서는 소득 수준보다 빈곤과의 관련성이 더 많이 연구되었는데, 이를 종합한 한 연구에 의하면 빈곤한 사람은 일상생활의 불확실성이 커지면서 불안을 더 느끼게 되는데 이 때문에 우울 증상이 증가할 가능성이 크다. 이와 함께 빈곤한 사람은 주거 환경이 열악하고 치안 상태가 좋지 않은 지역에 거주할 가능성이 큰데, 주거 환경에 따른 일상생활의 불편함이나 불안함이 크기 때문에 우울 증상이 증가할 가능성이 크다. 빈곤한 사람은 영양 공급이나 의료서비스 이용이 제한되기 때문에 신체건강 상태도 좋지 않을 가능성이 큰데, 이는 우울 증상을 악화시킬 수 있다(Ridley et al., 2020).

2. 자료를 통해 본 행복한 노인

이제 노년기 행복, 구체적으로는 지역사회 거주 노인이 행복하게 지내는 데 어떤 요인이 영향을 주는지 살펴보자. 이 자료는 1차 조사와 2년 후 실시한 2차 조사로 구성되어 있다. 같은 대상에 대해 반복 조사하는 패널 자료는 횡단면 자료에 비해 통제라는 측면에서 장점이 있다. 패널 자료는 종속변수에 영향을 주는 다양한 요인을 통제할 수 있다. 예를 들면 변화하지 않는 값을 갖는 변수를 조사에 포함하지 않았더라도 고정효과 모델(fixed effect model)이나 1차분 모델(1st difference model)을 통해 통제될 수 있다(Allison, 2009). 이전 시기의 관성과 같은 영향도 동적 패널 모델(dynamic panel model)을 활용해 통제할 수 있다(Allison · Williams · Moral-Benito, 2017). 시계열에 따른 영향을 통제하는 동적 패널 모델을 사용하기 위해서는 시계열이 긴 패널 자료가 필요한데, 본 분석은 시계열이 짧아서 이 모델은 고려하지 않는다.

이 글에서 사용하는 조사는 완벽한 패널 자료라고 보기에는 몇 가지 한계가 있다. 우선 대체로 같은 설문을 사용하지만 몇몇 항목에 대해서는 설문 내용을 변경하였다. 이외에 가능한 같은 사람을 반복 조사하고자 했지만 다수의 표본은 소실되어 전체 표본 중 절반보다 약간 적은 418명만 반복 조사되었다. 본 자료의 한계를 고려하여 1차 조사 자료, 2차 조사 자료 각각에 대해 분석하였고 두 자료를 결합한 패널 자료에 대해서도 별도로 분석하였다. 각각의 자료를 활용하여 분석한 이유는 다양한 통제 변수를 분석에 포함하기 위한 것으로 두 조사에서 몇몇 다른 항목이 포함되어 있다는 점을 반영한 것이다. 패널 자료에 대한 분석은 두 조사에 모두 포함된 418명에 대해 공통의 설문을 중심으로 분석하였다.

노년기 행복에 영향을 주는 요인은 무엇인지 살펴보기 위해 본 연구에서는 긍정적 정신 상태를 반영하는 삶의 만족 척도와 부정적 정신 상태를 반영하는 우울 증상 척도 두 변수를 각각 종속변수로 하여 분석하였다. 우선 행복은 Diener 외(Diener · Emmons · Larsen · Griffin, 1985)가 개발한 삶의 만족도 척도(satisfaction with life scale)를 사용하여 측정하였는데, 이 척도는 전반적으로 삶에 대해 얼마나 만족하는지에 대한 인지적 평가(global cognitive judgments of satisfaction with one's life) 측면을 측정한다(Diener · Emmons · Larsen · Griffin, 1985). 부정적 정신 상태인 우울 증상의 경우는 노인 우울 증상 척도 단축형(Geriatric Depression Scale-short form)을 통해 측정하였다(Sheikh · Yesavage, 1986).

본 분석에서는 이 연구가 가진 문제의식, 즉 개인적 특성, 사회적 특성, 환경적 특성을 모두 고려하여 행복에 영향을 주는 요인은 무엇인지 살펴보고자 하였다. 이 분석에서는 종속변수인 삶의 만족도와 우울 증상 각각에 대해 개인 요인으로 성, 나이, 건강상태, 교육 수준 관련 변수를, 사회적 요인으로 경제활동 여부, 가구소득, 사회활동 및 관계 변수를 그리고 환경 요인으로 주택 만족도, 지역사회 환경 만족도, 지역사회 서비스 접근성 등을 분석에 포함하였다. 삶의 만족과 우울 증상을 대상으로 분석한 주요 결과는 표 XI-1과 같다.

　　우선 세 번의 분석에서 알 수 있는 점은 삶의 만족으로 측정한 행복과 우울 증상에 영향을 주는 요인이 다르다는 점이다. 삶의 만족을 종속변수로 한 경우 1차, 2차 조사 모두 나이와 삶의 만족이 유의미한 정적 관계를 보이지만 우울 증상의 경우 대부분 유의미한 관련성을 보이지 않는다. 노년기에 들어서서 나타나는 행복과 나이의 관계는 이른바 '행복의 역설'로 알려져 있다. 나이가 들수록 건강상태도 나빠지고, 소득도 줄고, 배우자나 친구의 사망으로 친밀한 관계를 유지하기도 어려워진다. 즉 나이가 들수록 사람들은 점점 더 열악한 상황에 직면하게 된다. '행복의 역설'이란 나이가 들어감에 따라 이처럼 점점 더 열악한 상황에 직면하게 됨에도 불구하고 점점 더 행복감이 증가하는 것을 의미한다. 이는 삶에 대한 기대의 감소, 행복해지는 활동의 증가, 뇌의 노화 등 다양한 요인이 결합한 결과로 보인다.

　　특기할 점은 패널 자료 분석에서 나이는 행복과 부적 관계를 보인다는 점이다. 패널 자료의 결과는 행복의 역설이 선택오류(selection bias)일 가능성을 보여준다. 한 연구(Blanchflower · Graham, 2020)에 의하면 행복한 사람일수록 오래 살기 때문에 횡단면 자료에서는 나이가 들수록 행복하다는 결과를 얻게 된다고 주장한다. 횡단면 자료에서 나이와 삶의 만족이 정적 관계를 보이지만 패널 자료에서는 부적 관계를 보이는 본 연구 결과 역시 나이가 들어가면서 더 행복해진다기보다는 행복도가 높은 사람이 오래 살기 때문임을 방증하는 결과로 해석할 수 있다. 나이와 행복 사이의 관계에 대해서는 더 많은 연구가 필요해 보인다.

이외에 가구소득 역시 행복과 대체로 관련이 있는 것으로 보인다. 분석 결과 1차 조사와 2차 조사에서는 유의미한 결과를 보이지만 패널 분석에서만 유의미하지 않은 것으로 나타났다. 패널 분석의 경우 2년 동안 소득의 변화가 크지 않았기 때문으로 보인다. 그렇다면 왜 소득이 많은 사람이 더 행복할까? 소득이 증가할수록 일상생활에서 느끼는 어려움이 감소한다. 주거비용, 식료품비, 의료비, 사회활동에 드는 비용 등 매일 삶을 살아가기 위해서는 다양한 비용이 지출된다. 소득이 높을수록 이러한 비용에 대해 덜 고민하게 되고 이는 삶의 만족에 도움이 될 수 있다. 사람들은 또한 주변 사람과 자신을 비교하여 더 좋다고 판단되는 경우 행복감을 느낀다. 소득도 마찬가지로 자신이 속한 가구의 소득과 주변 사람의 소득을 비교하여 자신이 더 많다고 판단되는 경우 더 행복할 수 있다. 소득이 높을수록 주변 사람보다 소득이 더 높을 가능성이 크기 때문에 더 행복할 수 있다.

인구 사회적 변수인 배우자 유무, 독거 여부, 직업 유무는 행복과 전반적으로 유의미한 관련성을 보이지 않는다. 배우자 유무가 관련성이 없다는 점은 일반적인 상식과는 차이가 나는 결과로 보이는데, 배우자 유무, 독거 여부의 경우는 성별 역할의 차이로 인해 성별로 다른 결과를 보일 가능성도 있다. 여성의 경우 혼자 살거나 배우자와 사별하게 되면 여러 가지 일상생활의 의무로부터 자유로워지는 반면, 남성의 경우는 배우자나 자녀가 제공하던 도움을 직접 해야 하는 부담이 생길 수 있다. 삶의 만족은 정신건강 변수와 유의미한 관계를 보인다. 특히 주관적인 외로움, 우울 증상은 모두 행복과 유의미한 관계를 보인다. 외로움을 크게 느낄수록, 우울 증상이 더 심할수록 삶의 만족 수준은 감소한다.

사회활동 참여 수준은 1차와 2차 조사에서 삶의 만족도로 측정한 행복과 유의미한 관련성이 있는 것으로 나타난다. 사회활동은 역할을 부여하는데, 역할은 주변 사람으로부터 긍정적 반응을 얻을 수 있는 기회를 제공한다. 사람들은 주변 사람으로부터 긍정적 반응을 얻어내면 행복해진다. 1차 조사에 포함된 일상생활에서 도움을 받을 수 있는 사람이 있는 항목의 수 역시 행복과 유의미한 관계를 보인다. 즉 여러 가지 어려움에 대해 도움을 받을 수 있으면 더 행복해진다. 이는 필요한 경우 직접 도움을 받을 수 있다는 점과 함께 완충이론(stress buffer theory)이 주장하는 바처럼 도움을 주는 사람으로부터 필요한 경우 도움을 받을 수 있다는 믿음이 심리적으로 안정감이나 편안함을 가져오기 때문으로 보인다.

특기할 점은 2차 조사에 포함된 자녀나 친구와의 접촉이나 지원망 수는 행복과 유의미한 관계를 보이지 않는다는 점이다. 1차 조사 분석 결과와 이를 종합해 보면, 삶의 만족에는 도움을 줄 수 있는 사람의 수가 많은 것보다는 적은 수라도 도움을 줄 수 있는 사람이 있는 것이 더 중요하다는 점을 확인할 수 있다. 도움을 줄 수 있는 사람의 수가 많고 적음이 중요하지 않은 것은 주로 배우자나 자녀처럼 친밀성이 강한 소수의 대상으로부터 도움을 받기 때문으로 보인다. 다만 도움을 줄 대상이 다양하지 않으면 그 사람이 도움을 주지 못하는 상황이 되었을 때 도움받을 수 있는 대안을 찾기 어렵다는 문제도 있다. 이런 상황에서는 배우자가 사망하거나 자녀가 멀리 이사 가는 경우 노인의 삶의 질이 급속하게 나빠질 가능성도 있다.

서구의 연구와는 달리 자녀뿐만 아니라 친구·이웃과의 접촉도 행복과는 유의미한 관계를 보이지 않는데, 이는 일반적인 상식과는 다른 결과이다. 왜 이런 결과가 나왔는지 세밀하게 분석하기 위해 두 변수의 직접효과와 외로움을 매개로 한 간접 효과를 분석하였다. 결과적으로 두 변수는 모두 외로움을 매개로 행복에 간접 영향을 주지만 이 변수를 통제하면 직접 효과는 없는 것으로 나타났다. 회귀분석 역시 직접 효과만 반영된 결과로 보인다.

환경 변수로 포함한 요인들과 삶의 만족과의 관계를 살펴보면 주택만족도가 높은 경우 삶의 만족도도 높은 것으로 나타났다. 주택 만족도와삶의 만족도 사이의 관계는 1차·2차 조사, 패널 분석 모두에서 유의미하다. 이는 노년기가 되면 집에서 보내는 시간이 점점 증가하기 때문으로보인다. 이외에 주택 거주보다 아파트 거주에서 삶의 만족도가 감소하는것으로 보인다.

이제 부정적 정신건강을 보여주는 변수인 우울 증상과 유의미한 관계를 보이는 요인에 대해 살펴보자. 삶의 만족으로 측정한 행복과 우울증상은 정반대되는 현상으로 보일 수 있지만 영향 요인으로만 보면 꼭 그런 것은 아니다. 우울 증상과 건강 관련 요인들은 유의미한 관계를 보인다. 외로움, 주관적 건강이 우울 증상과 정적 관계를 보이는데, 외로움 수준이 높고 주관적 건강상태가 나쁠수록 우울 증상 점수가 높다. 이외에 2차 조사의 경우 도구적 일상생활능력이 비자립인 경우 자립에 비해 우울증상 점수도 높다. 건강상태는 자신이 원하는 활동을 달성할 수 있다고믿는 정도, 즉 자기효능감(self efficacy)에 영향을 주는데, 자기효능감이 낮을수록 우울 증상도 증가한다(Fiori · McIlvane · Brown · Antonucci, 2006). 건강과 우울 증상 간의 관계는 자기효능감의 약화 때문으로 이해할 수 있다.

　　이외에 2차 조사에서 직업 유무가 우울 증상과 부적 관계를 보이는데, 직업이 없는 경우 더 우울한 것으로 나타난다. 이는 직업 활동이 사회적 접촉의 기회를 제공하기 때문으로 보인다. 특기할 점은 2차 조사에서 사회활동 참여 수준이 우울 증상과 정적 관계를 보인다는 점이다. 즉 사회활동 참여 정도가 높을수록 우울 증상 점수도 높다. 이는 사회활동에 참여하면 행복하다는 앞서 결과와는 상반되는 것이다. 대체로 선행연구(김영범, 2013)는 사회활동 참여와 우울 증상 사이에는 유의미한 관계가 있다고 주장한다. 사회활동 참여는 역할을 부여하여 자기효능감을 강화할 수 있다. 자기효능감이 강화되면 우울 증상은 감소한다. 본 연구의 분석 결과는 이러한 선행 이론들과는 반대되는 것으로 보이는데, 왜 상반되는 결과가 나왔는지 추가적인 연구가 필요해 보인다. 사회활동과 우울 증상이 정적인 관계를 보이는 것은 사회활동 참여가 자발적인 측면과 비자발적인 측면 모두를 가지기 때문으로 보인다(Tomioka · Kurumatani · Hosoi, 2017). 비자발적인 참여가 많은 경우 참여가 증가할수록 우울도 증가한다(Tomioka · Kurumatani · Hosoi, 2017). 자신이 원해서 참여하는 활동도 있지만 주변의 권유나 의무로 참여하는 활동도 있다. 즉 자신이 원하는 사회활동이 많거나 의무 때문에 참여하는 사회활동이 많으면 참여하는 전체 사회활동의 수도 많다. 사회활동이 삶의 만족과 우울 모두와 정적인 관계를 보이는 것은 사회활동 참여가 갖는 상반된 의미 때문으로 보인다.

　　이와는 달리 친구 · 이웃 만남은 우울 증상과 부적 관계로 만남의 빈도가 증가할수록 우울 증상은 감소하는 것으로 나타난다. 노년기에 친구는 서로 잘 알고 이해하는 대상일 가능성이 크다. 왜냐하면 가치나 규범,

성격이 다른 경우는 노년기까지 친구 관계를 유지하기 어렵기 때문이다. 친구와의 만남을 통해 자신을 이해받고, 즐거운 활동에 함께 참여하는데, 만남 빈도가 낮은 경우 이러한 관계가 없거나 적다는 점을 반영하기 때문에 우울 증상을 증가시키는 것으로 보인다. 외로움을 매개로 한 간접효과와 직접효과에 대한 분석 결과 역시 두 효과 모두 유의미한 것으로 나타난다.

사회활동 참여 수준과 친구·이웃 만남의 결과가 다른 것은 두 활동에의 참여가 자발적인가에 따른 차이로도 해석할 수 있다. 사회활동 참여의 부정적 결과에 대한 연구(Tomioka·Kurumatani·Hosoi, 2017)는 사회활동 참여가 자발적일 수도 있지만 의무(obligation) 때문일 수도 있다는 점에 주목하여 전자의 경우는 신체적, 정신적 건강에 긍정적 영향을 줄 수 있지만 후자의 경우는 부정적 영향을 줄 수도 있다고 주장한다. 대체로 유사한 환경의 타인이 참여하기 때문에 참여하는 활동들, 예를 들면 동창회나 종친회는 주변 사람들의 권유로 인해 참여하고 싶지 않지만 참여하는 활동일 수 있다. 이외에 사회복지관이나 노인정 역시 시간을 보내기 위한 수단으로 원하지 않지만 다른 대안이 없어 어쩔 수 없이 방문하는 경우도 있다. 그렇다면 참여하는 다양한 사회활동 중 일부는 자발적이라기보다는 비자발적으로 참여하는 활동일 가능성이 크고, 사회활동 참여 수준이 높을수록 우울 증상 점수도 높게 나타나는 것일 가능성도 있다. 친구·이웃 관계는 자발적인 관계로 스스로 통제할 수 있다는 점에서, 즉 만나기 싫은 대상은 만나지 않아도 된다는 점에서 비교적 자발성이 높은 활동이다. 따라서 이 경우는 자주 만나면 우울 증상 점수가 감소하는 결과를 보인다.

표 Ⅸ-1. 행복과 우울에 영향을 주는 요인: 1차와 2차 조사 결과 분석

구 분	1차 조사		2차 조사		패널 자료	
	행복 b(se)	우울 증상 b(se)	행복 b(se)	우울 증상 b(se)	행복 b(se)	우울 증상 b(se)
우울 증상	-.56(.06)***		-.32(.05)***	-.13(.02)***	-.40(.08)***	-.13(.03)***
행복		-.17(.02)***		-.13(.02)***		
나이	.11(.03)***	.01(.01)	.05(.02)*	.03(.01)	-1.18(.15)***	-.09(.09)
성(0: 여성)	-.34(.36)	-.05(.19)	-.30(.32)	-.38(.21)	.18(.14)	-.06(.08)
가구소득	.35(.08)***	-.03(.04)	.47(.07)***	-.03(.04)	-.52(1.55)	.17(.90)
배우자 유무(0: 무, 1: 유)	.22(.48)	-.50(.27)	.68(.42)	.37(.27)	.17(.90)	-1.93(1.74)*
독거유무(0: 비독거, 1: 독거)	.26(.50)	-.02(.30)	.74(.44)	.42(.28)	.15(1.29)	.22(.34)
직업유무(0: 무, 1: 유)	.02(.32)	-.28(.17)	-.19(.27)	-.51(.17)***	-.26(.60)	
교육수준	.13(.04)***	.02(.02)	.09(.03)*	-.02(.02)		
지역(0: 농촌, 1: 도시)	.46(.45)	-.04(.24)	.02(.02)	.02(.01)		
주관적 건강	-.37(.20)	1.00(.09)***	-.34(.15)*	.73(.10)***	-.47(.27)	.83(.15)***
외로움	-.10(.02)***	.14(.01)***	-.15(.02)***	.20(.01)***	-.12(1.03)***	.15(.02)***
일상생활 자립(0: 자립, 1: 비자립)	.08(.33)	.03(.18)	.36(.30)	.60(.19)***	.62(.48)	.07(.28)
사회활동 참여 수준	.36(.15)*	-.01(.08)	.66(.14)***	.24(.09)***	.28(.26)	.03(.15)
일상생활 도움 수혜 가능 행복 수	.13(.06)*	.07(.04)	.05(.03)	-.001(.02)		
가족지원망 점수			.04(.03)	.10(.02)***		
친구·이웃지원망 점수			.14(.09)	.01(.05)		
자녀접촉						
친구접촉			-.23(.09)*	-.20(.06)***		
주택 만족도	2.9(.30)***	.02(.18)	.98(.24)***	-.44(.16)***	1.32(.43)**	.14(.25)
지역사회 서비스 접근성 만족도	.09(.27)	-.27(.15)	.23(.19)	.07(.12)	.55(.38)	.09(.22)
지역사회 환경 만족도	-.49(.35)	.22(.19)	.01(.27)	.57(.17)**	-.30(.48)	.27(.28)
아파트 거주(0: 주택 거주)	-.68(.34)*	-.12(.18)	.24(.29)	-.24(.19)	-1.93(1.16)	-1.54(.67)*
기타 거주(0: 주택 거주)	.29(.68)	.31(.35)	.25(.45)	.81(.29)***	-.06(.93)	-.20(.53)
F, R², rho	F=60.03***, R²=.48	F=56.05***, R²=.55	F=60.55***, R²=.58	F=79.28***, R²=.64	F=16.11***, rho=.79	F=19.34***, rho=.56

*p < .05, *p < .01, ***p < .001

이외에 환경 요인의 경우 2차 조사에서 주택 만족도는 우울 증상과 부적 관계를 보인다. 단독주택 거주자보다 연립주택 등 기타 유형 거주자(아파트 제외)의 우울 정도가 더 높은 것으로 나타났다. 특기할 점은 사회 환경 만족도가 우울 증상과 정적 관계를 보인다는 점이다. 주변 환경 만족도는 1차 조사에서도 유의미하지는 않지만 우울 증상과 정적 관계를 보인다. 아마도 이는 설문 문항이[13] 대체로 고립된 지역에서 사는 상황에 해당하기 때문으로 보인다.

3. 노년기 행복을 위한 제언

이제 분석 결과를 종합하여 행복한 노후를 위해 필요한 것이 무엇인지 살펴보자. 나이가 들어감에 따라 더 행복해지는가? 이 질문은 그렇다는 대답과 그렇지 않다는 대답 모두 제시된 바 있다. 나이가 들수록 자신이 좋아하는 활동에 집중하게 된다는 점에서 나이가 들수록 더 행복해질 가능성이 크다. 이와는 달리 나이가 들어가며 행복해지는 것이 아니라 행복한 사람들이 더 오래 살기 때문이라는 설명도 가능하다. 이 경우 나이는 행복과 상관관계를 보이는 것일 뿐 인과관계는 아니다. 그렇다면 나이가 들수록 노화가 진행되고, 친밀한 사회관계와 결별하게 된다는 점에서 나이가 들어가면 행복이 감소할 가능성도 있다. 본 연구에서도 횡단면 자료

---

13) 조용한 지역, 공간이 여유로운 지역, 교통이 혼잡하지 않은 지역, 소음이 없는 지역, 건물 간격이 충분한 지역, 미적으로 쾌적한 지역인지 질문하는데, 우리나라의 경우 이는 대체로 농촌의 고립된 지역일 가능성이 크다.

에 대한 분석은 나이가 많을수록 행복해진다는 가설을 지지하는 반면, 패널 자료 분석은 나이가 들수록 행복해지는 것은 아니라는 가설을 지지한다. 노년기에 나이가 들수록 더 행복하다는 주장을 지지하는 근거가 되는 사회정서선택이론의 경우 나이가 들수록 행복을 주는 활동을 더 많이 선택한다고 주장하지만 내가 했으면 하는 활동과 내가 현재 해야 하는 활동이 꼭 일치하는 것은 아니다. 친구를 만나고 싶지만, 경제적 여력이나 건강 때문에 만나지 못할 수도 있다. 나이가 들수록 욕구가 감소하여 삶의 만족이 증가한다는 주장 역시 타인과의 비교라는 점에서 보면 욕구가 줄어들어도 현실에 대한 불만이 클 수도 있다. 그렇다면 나이에 따른 심리적 변화가 꼭 행복을 증진하지 않을 가능성도 있다. 이 점에서 나이와 행복 사이의 관계에 대한 질문은 좀 더 많은 이론과 연구가 진행되어야만 결론을 내릴 수 있을 것으로 보인다. 다만 나이가 들면서 신체, 정신, 사회관계 등에서 나타나는 부정적 변화들을 최소화하고 이를 보완할 수 있도록 개인과 사회 모두 노력하는 것이 필요하다.

본 분석을 통해 건강은 노년기 행복을 위해 중요한 요소라는 점을 다시 한번 확인할 수 있었다. 특기할 점은 외로움의 영향이 크다는 점이다. 외로움을 크게 느끼는 경우 삶의 만족도는 감소하고, 우울 증상이 증가한다. 여기서 외로움은 주관적 외로움으로 개인의 사회 접촉의 수준이 불충분하다고 느낄 때 생기는 정서적으로 불유쾌한 경험을 의미한다 (Heinrich·Gullone, 2006). 외로움이 노년기 정신건강에 끼치는 부정적 영향을 고려하면 외롭지 않은 삶을 사는 것이 매우 중요하다. 외로움을 분석한 연구(Kim·Lee, 2022; Cacioppo·Hawkley·Thisted, 2010)에 의하면 사회활동에 많이 참여하는 것, 그리고 가족이나 친구 지원망을 많이 만드는 것이 중요하다. 사회활동 참여는 긍정적, 부정적 영향이 모두 있다는 점에서 긍정적 영향이 극대화될 수 있도록 자신이 하고 싶은 활동이 무엇인지 파악하여 그것에 에너지를 집중하는 것이 필요하다. 의무나 체면 때문에 하기 싫은 활동에 참여하는 것은 오히려 부정적인 결과를 낳을 수 있다. 싫다면 싫다고 말하는 노년기가 되어야 한다. 가족이나 친구 지원망의 경우 친밀한 관계가 지속되어야 노년기에 도움을 받을 수 있기 때문에 장기적인 노력이 필요하다. 젊은 시절부터 친밀한 관계를 유지할 수 있도록 노력하는 것이 필요하다.

외로움과 관련해 어디서 사는가도 중요한데, 도시 지역에 거주하면 농촌 지역에 거주하는 것에 비해 외로움을 덜 느낄 수 있다는 점에서 노후 전원생활의 꿈이 꼭 바람직한 것은 아니라는 점을 보여준다. 다만 주관적 외로움은 개인의 심리적 특성에 영향을 많이 받는다는 점에서 자신의 심리적 특성을 고려하여 외로움을 덜 느낄 수 있는 환경을 만드는 것이 필요하다.

배우자 유무나 독거 여부는 일반적인 상식과는 달리 노년기 행복에 유의미한 관련성은 없는 것으로 나타난다. 배우자 사망은 분명히 큰 충격이 아닐 수 없다. 다만 그에 따른 충격은 시간이 지남에 따라 완화하기 때문에 행복과는 관련성이 없는 것으로 보인다. 독거 여부 역시 혼자 사는 경우 대부분 자녀나 친구로부터 도움을 받을 수 있다는 점, 그리고 혼자 살기 때문에 누리는 장점, 즉 독립성과 자율성을 누릴 수 있다는 점 때문에 부정적 영향이 상쇄된 것으로 보인다. 현재 독거노인은 전체 노인의 19.5% 수준으로 나타나는데, 남녀 간 평균수명의 차이, 점점 보편화되는 자녀와 별거하는 문화를 고려하면 향후 독거노인은 더욱 증가할 것으로 보인다. 본 연구 결과에 의하면 혼자 사는 것이 그 자체만으로 행복에 부정적 영향을 주는 것은 아니라는 점에서 독거노인 증가를 부정적으로 볼 필요는 없다. 다만 혼자 사는 노인의 경우 사회적 접촉으로부터 배제될 가능성이 크기 때문에, 고립되지 않도록 지원하는 방안을 개발하는 것이 필요하다. 현재까지는 빈곤한 상황이나 건강상태가 열악한 노인 중심으로 독거노인에 대한 지원이 이루어지는데, 가능하면 모든 독거노인을 도와줄 수 있는 정책을 개발하는 것이 필요하다. 개인 차원에서도 혼자 살게 되는 경우 시간을 어떻게 보낼 것인가에 대한 계획을 사전에 고민하는 것이 필요하다. 즉 좋아하는 활동이나 취미를 개발하는 것, 이웃이나 친구와 가까운 관계를 유지하는 것 등 혼자 사는 삶에 필요한 환경과 자원을 개발하는 것이 필요하다.

앞서 행복과 우울 증상을 종속변수로 한 분석에서 사회활동 참여 수준은 행복과 우울 증상 두 변수 모두와 유의미한 관계를 보일 뿐만 아니라 모두 정적 관계를 나타낸다. 이는 사회활동 참여가 신체활동의 증가, 사회관계의 확대, 자기효능감 증가 등과 같은 긍정적 측면과 함께 비자발적 참여에 따른 부정적 측면 모두 포함하기 때문으로 보인다. 따라서 하나의 측면을 통제하면 다른 측면의 효과가 나타나기 때문에 우울 증상을 통제한 모델에서는 행복이 증가하는 것으로, 반대로 행복을 통제한 모델에서는 우울 증상이 증가하는 것으로 나타난 것으로 보인다. 노년기 사회활동 참여에 대한 이론은 더 많이 참여하는 것이 좋다는 활동이론과 덜 참여하는 것이 좋다는 분리이론으로 구분된다. 본 분석에 의하면 노년기 사회활동이 긍정적 효과를 얻기 위해서는 참여하는 종류나 횟수보다는 자발적으로 참여하는 사회활동을 늘리는 것이 중요한 것으로 보인다. 나이가 들어서 익숙하지 않은 활동에 갑자기 적극적으로 참여하기는 어렵다. 좋아하는 활동을 노년기에 참여하기 위해서는 젊어서부터 무엇을 좋아하는지 탐색하고, 찾아보는 노력이 필요하다.

환경적 요인으로는 주택 만족도가 삶의 만족을 증진하고 우울 증상을 완화하는 데 기여하는 것으로 나타났다. 생태학적 모델(ecological model)에 의하면 나이가 들수록 신체적, 정신적 역량은 감소하기 때문에 환경의 요구에 적절하게 대응하는 것이 어려워진다고 주장한다. 인간은 환경의 요구에 적절하게 대응할 때 행복해지는데, 환경의 요구와 노화에 따른 변화 사이의 불일치에 대응하기 위해 신체적, 정신적 변화를 보완하는 기술을 활용하고, 주변 사회관계에 적절한 도움을 요청하는 것이 필요하다. 특히 주목할 것은 노년기에 들어서면 가장 긴 시간을 보내는 공간이 집이라는 점이다. 집은 삶의 기억이 축적된 공간일 뿐만 아니라 매일매일 여러 가지 활동이 이루어지는 공간이다. 공간을 잘 알고, 능숙하게 필요한 활동을 할 수 있다는 점은 자기효능감을 강화하는 데 기여할 뿐만 아니라 삶이 이루어지는 환경에 대한 통제감을 줄 수 있다. 노년기의 신체적 변화로 인해 더 이상 집 안에서의 활동이 능숙하지 못할 때 우리는 당혹감과 좌절감을 느끼게 된다. 이러한 심리적 충격은 자기효능감을 약화시켜 우울 증상과 같이 부정적인 영향을 줄 수 있다. 이 점에서 노화에 따른 변화를 보완할 수 있도록 집을 개조하는 것은 노년기 행복을 위해 매우 중요한 과제가 아닐 수 없다. 오르기 쉬운 계단을 놓는 것, 싱크대를 노화에 따른 신체 변화에 맞게 고치는 것, 침대를 낮추거나 화장실 바닥에 미끄럼 방지 타일을 붙이는 것 등은 행복한 노년을 위한 노력이 될 수 있다.

XII

대담: 고령사회, 행복한 노후를 위한
우리사회의 과제

날짜 및 시간: 2023년 1월 13일(금) 16시

김영범, 임연옥, 이승훈, 이승희 교수(이하 직함 생략)

김영범　연구진 분들은 각 영역별로 작업을 해주셨는데 오늘은 각 영역에서 행복한 노후 혹은 활동적인 노후를 위해서 어떤 노력이 필요한지에 대해서 영역별로 한번 종합적으로 정리하기 위해서 모였습니다. 우선 좋은 노후 또는 행복한 노후에 대해 생각하시는 것이 있으면 자유롭게 말씀 부탁드립니다.

임연옥 제가 AIP에 대한 개괄적인 이해 부분을 썼어요. 그 챕터의 소제목에서도 썼지만 과연 AIP가 실현 가능한 개념인가 하는 데 논의가 필요하다고 생각해요. AIP가 중요하다는 주장에는 이제 모두가 공감을 하긴 하는데... 지금 이름이 정확하게 생각이 나지 않는 어느 학자가 그런 얘기를 했어요. AIP는 실현이 불가능한 개념이고 이상적인 개념이라는 말을 했어요. 그 말 듣고 제가 가만히 생각해 보니까 성공적 노후라는 개념도 마찬가지인데... 망망 바다에 등대가 있으면 등대를 향해서 배가 가잖아요? 배가 항구로 가는 길은 다 다르지만 그 등대를 향해서 제대로 가듯이 성공적 노후나 AIP가 어떤 지향점을 주는 개념이지 않을까 생각이 들어요. 그리고 AIP가 달성되었다고 해서 이게 정말 완벽한 AIP 형태라고 할 수 있는가, 라고 질문한다면 쉽게 답하기 어렵지요. 그러니까 추상적이고 이상적으로 어떤 방향을 제시하는 개념이 아닐까 싶어요. AIP 개념이 이러한 특성을 지니는데 제가 AIP를 가능하게 하는 요인들을 제시했는데, 모든 요인을 다 포괄하는가? 하는 의문이 들어요. 앞에서 배가 등대를 향해서 가는 길이 다양하듯이 학문적으로 정리를 해놨지만 놓치는 요인이나 분야가 있지 않은가 생각이 들어요. 왜냐하면 우리 모두 노인이 안 되어 봤으니까요. 제가 60이 되어 몸이 느끼는 거랑 40대에 노년학을 강의하면서 60대 노인은 몸은 이럴 거라고 얘기한 것이 굉장히 차이가 나더라고요. 그러니까 지금 제가 정리해 놓은 내용들이 AIP 요인을 모두 포괄하는지 자신하기 어렵지요.

이승희 네, 맞는 말씀이십니다. 그때가 돼 보니까 또 내가 이전에 알던 거랑 다른 뭔가를 느낄 수 있겠더라고요.

임연옥 그래서 이 개념에 대해서 제시할 때 실현 가능할 것처럼 밀어붙여 주장해야 하는가? 이 글 쓰면서도 그랬고 이번에 오늘 정리하면서도 고민이 되었지요. AIP 개념의 특성을 조금 규정을 해줘야 하지 않을까 하는 생각이 들었어요.

이승훈 제가 말하려고 했던 것 중에 하나가 그건데요. 예를 들면 몸 상태와 관련하여 AIP가 실현 가능한가 질문할 수도 있지만, 실은 사회의 변화 방향과 AIP의 아이디어가 거꾸로 가는 측면이 있다는 생각이 들거든요. 대표적인 게 뭐냐면 제가 분석했던 AIP를 위한 사회관계에서도, 마을 사람들이나 이웃 간의 관계가 굉장히 중요하다고 하거든요. 그런데 실은 도시가 됐든 농촌이 됐든 앞으로의 사회 변화 방향은 점점 공동체라고 하는 것들이 사라지는 추세이고, 또 그렇게 갈 거란 말이죠. 근데 우리는 여기서 AIP에서 중요한 요소 중에 하나가 공동체적 관계, 이웃 관계라고 이야기를 한단 말이에요. 그런 의미에서 보면 사회가 앞으로 나아가는 변화 방향하고, AIP가 추구하는 것들하고 만약에 이게 거꾸로 간다면 인위적으로 만들 수는 없는 거잖아요. 말하자면 AIP를 위해서 공동체를 만들 수는 없는 거잖아요. 공동체는 없어지는데 공동체가 중요한 AIP를 실현하자는 주장이 이치에 맞는 이야기일까 하는 고민은 저도 좀 있었어요.

김영범 한두 가지 정도 생각해 볼 수 있는데 첫 번째로는 AIP라는 게 이게 일종의 규범적 개념은 아닌 거거든요. 그냥 현실인 거예요. 그러니까 뭐보다 낫다 요양시설에 가 있는 것보다 좋다, 특히 이제 제3 연령기 같은 개념 들어오면서 노인인데 요양시설을 안 가도 되는 분들이 점점 늘어나잖아요. 결국은 궁극적으로 생애 마지막 단계에서는 요양시설 같은 시설에 의존하게 되겠지만 그 전 단계에 지역에 사는 사람들이 많아지니까 이 사람도 어떻게 그냥 잘 살 수 있게 할까에 대한 관심 같은 게 이제 드는 거고, 실제로 그런 사람들이 여러 조건이 동일하다면 요양시설 가는 것보다 낫다는 평가가 있으니까 지역사회에서 사는 노인분들이 더 잘 살게 하는 방안은 무엇인가에 관심을 갖는 것이라고 생각합니다.

그다음에 공동체는 굉장히 그 단어 뜻이 뭐냐부터 시작해서 온갖 얘기들이 있잖아요. 저는 우리가 공동체를 우리가 생각하는 전통적 의미의 농촌에서 바라보는 그런 공동체가 아닌 도시적인 의미의 어떤 뒤르케임(Durkheim)이 얘기하는 의존적이기 때문에 해야 하는 어떤 의무 또는 약속 이 정도 개념이라고 생각하면, 우리 사회가 나가는 방향이랑 공동체라고 하는 단어가 어긋나지는 않을 수도 있겠다 하는 생각은 좀 들거든요. 우리가 공동체 생각하면 자꾸 농촌 공동체를 생각해요. 특히 사회운동 하시는 분들은 서로 서로 도와주고 으쌰으쌰 하는 그런 공동체 생각하시거든요. 근데 도시에서는 그런 공동체가 있을 수는 없죠. 지리적으로 근접해야 그런 게 가능한데 우리가 알고 있는 친밀한 관계들이라는 게 도시에서는 대부분 지리적으로 근접하지 않거든요. 친밀한 관계라는 것이 대부분 다 지리적으로 떨어져 있기 때문에 그런 식의 농촌 공동체를 구현한다는 게 도시에서는 어려운 측면이 있고, 그렇다면 친밀성은 대단히 낮지만 서로 간의 어떤 의무나 규범으로 어려운 시기에 최소한의 도움을 주고받을 수 있는 정도를 시민의 의무라고 생각하는 정도... 그건 도움의 수준에서 보면 대단히 낮겠죠. 우리가 생각하는 친척이나 인척 관계에서 도와주는 것보다는 그런 식의 도움을 줄 수 있는 그런 공동체 같은 걸 우리가 AIP뿐만 아니라 현대 사회가 유지되려면 새로운 노력들이 필요하지 않나 하는 생각은 좀 들더라고요. 근데 이제 과연 그 수준이 어디가 될지에 대해서 우리가 추가적으로 생각을 좀 해봐야겠지만...

이승훈 그러면 이제 첫 번째 문제로 이게 이상적 모델이라기보다는, 지금의 현실적 상황에서 선택할 수 있는 상대적으로 좀 더 나은 모델이라는 거죠? 그런 의미에서 이해는 할 수 있을 것 같네요. 그리고 공동체도 제가 생각할 때는 처음에 말했던 옛날의 농촌 공동체를 말하는 건 아니고요, 요즘 공동체를 말할 때 전통적 농촌 공동체를 이야기하지는 않지요. 단지 서로 알고 있는, 어느 정도 일반화된 신뢰 수준에서의 그냥 얼굴을 알고 있는 관계 정도... 그런데 이 정도의 공동체적 관계를 형성하는 것도 우리가 직면한 과제이고, 이마저도 현재 상황을 볼 때 반대 방향으로 가고 있잖아요? 전부 다 이렇게 혼자 살고, 홀로 존재하고... 이렇게 사는 모습이 이 시대의 방향인데... AIP를 위해서 그런 것들이 필요하다고 말하는 것이 좀 현실하고 동떨어진 것 같다는 생각이 든다는 거예요. AIP를 실현하기 위해 그런 공동체적 이웃 관계를 조성하자는 주장이, 오히려 AIP의 실현보다도 더 큰 문제처럼 보인다는 것이죠. 물론 저도 그건 동의가 되죠. 그러니까 서로 간에 얼굴을 알고 지내고, 시민의 의무로서 서로 도움을 줄 수 있는 그런 정도의 관계를 이웃들 간에 만드는 게 중요하다고 하는데... 사회가 점점 그렇게 간다면 이게 실현 가능한 모델일까에 대한 질문도 분명히 해볼 수 있을 것 같다는 생각이 드네요. 또 이런 주제와 연결시켜보자면, 시대의 변화와 AIP 모델이 서로 반대로 가는 건 또 없을까 이런 생각을 하게 됐던 것 같아요. 사회는 이렇게 흘러가는데 AIP 모델이 이것과 좀 어긋나거나 충돌하는 건 없나 이런 생각을 하게 됐던 것 같아요.

김영범 지원을 원활하게 하도록 제도가 변화하는 것이 또 필요하겠죠. 제가 중장년층 독거 분들 인터뷰를 해 보면 그런 얘기들 하거든요. 누가 와서 자기를 이렇게 주기적으로 체크해 줬으면 좋겠다. 그게 아마 약간의 제도적인 서포트가 되면 이웃이 될 수도 있거든요. 그분들은 지금 생각하는 게 일본 사례를 들었는지 요구르트 아주머니 얘기를 많이 하시더라고요. 그런데 그게 선생님 말씀하신 것처럼 동네 옷가게 아주머니일 수도 있고, 동네 구멍가게 아저씨일 수도 있고... 그게 될 수 있는 제도적인 서포트가 된다고 그러면...

이승훈 제가 생각할 때는 그게 현실적인 대안 같습니다. 오히려 추상적으로 무슨 이웃들 간의 관계나 신뢰 이러지 말고, 제도적으로 지원을 해서 옆집 사람을 서로 돌볼 수 있게 국가에서 지원하는 거지... 만약 누군가 일주일에 몇 번씩 이웃을 방문하고 돌보면, 국가에서 여러 차원의 도움을 주고... 이게 정말 대안이지 않을까 싶습니다. 이웃들 간의 관계, 공동체적 관계 이런 이야기는 굉장히 추상적으로 들리기 때문에, 제도적으로 이웃들의 교류를 뒷받침하는 것이 현실적이라는 생각이 드네요.

임연옥 친밀감, 신뢰감 같은 것에 포커스를 두는 것은 아닌 것 같아요.

이승훈 사회 변화 방향은 반대로 가고 있기 때문에 오히려 가까이 있는, 이웃들이 서로 돌보았을 때 좀 지원을 해주는 이런 방식이 이웃 관계에서는 현실적인 어떤 제안, 대안이 될 수 있을 것 같다는 생각이 듭니다.

임연옥 시민의식이 어떻게 형성되느냐가 문제일 것 같아요. 미국 할머니들을 보면 아파트에서 다른 집을 지켜보다가 애들끼리만 있으면 그걸 신고를 해주잖아요? 아동학대라고... 마찬가지로 주변에 혼자 사는 노인들에 대해서 관심을 갖고 그분들이 위험에 처하지 않는가를 눈여겨보는 정도의 시민의식 정도가 된다면 그래서 사각지대에 빠지는 케이스를 빨리 발견할 수 있는 정도의 시민의식이 발휘되면 좋겠어요. 예를 들어서 저쪽 집에 어르신이 계시는데 며칠째 안 보이시네 그럼 한번 똑똑똑 해볼 수 있는 정도의 선이지 농촌처럼은 어려울 것 같아요. 그리고 지금 농촌도 사실은 50대가 제일 젊은 나이니까 이들도 나이가 들어가면서 옛날 공동체처럼 다 서로 도와주며 살기에는 한계가 오지 않을까 싶거든요.

이승희 네. 그분들도 다 나이 들어서 다 도움을 받아야 하는 처지에 있어서 또 남을 도와줄 수 없으니까.

임연옥 농촌의 공동체도 한 10년 15년 후가 되면 완전 초고령화 사회로 들어가 버리게 되고, 그 공동체의 성격도 또 바뀌지 않을까 생각됩니다.

이승희 네. 점점 앞으로 시간이 지나면 이런 공동체의 모습도 많이 사라질 것 같아요.

이승훈 이웃들 간에 친밀감이나 신뢰를 형성해서 그것을 바탕으로 이웃들끼리 서로 돕게 하는 것보다는, 제도적으로 서로 돌볼 수 있는 유인을 제공함으로써 친밀한 이웃 관계를 만드는 게 더 현실적인 접근인 것 같습니다. 정기적으로 서로 체크만 해주는 비상연락망 같은 시스템만 만들어줘도... 근데 이것을 자발적으로 만들기는 거의 불가능하니까. 어느 정도 인센티브를 주면서 서로 체크하게 하는 제도를 만드는 게 오히려 이웃 관계에서는 현실적인 대안이 될 수 있을 것 같아요.

임연옥 IT라든가 과학기술이 발전하면서 오히려 그렇게 만드는 것이 더 어려워지는 것 같아요. 왜냐하면 우리가 치매안심마을 모델 개발연구를 했을 때 만난 도시가스 검침원 말씀이 혼자 사는 어르신들의 집에 들어갈 수 있는 유일한 사람이 가스 검침원이라는 거였어요. 그런데 이번에 코로나19를 겪으면서 문자 메시지로 "도시가스 얼마인지 알려주십시오" 아니면 카톡으로는 "알려주십시오" 메시지가 오는 방식으로 바뀌어버렸거든요. 그러니까 IT 기술이 만약에 발전하지 않았다면 도시가스 검침원 아주머니들이 정기적으로 방문하여 어르신들하고 대화하다가 보면 어르신의 인지기능에 조금 장애가 있으신가 파악하게 되고, 만약 그러한 경우 치매안심센터에 전달해주고 치매안심센터에서 치매가 의심되는 어르신에게 접근해본다든지... 이러한 방식이 치매안심마을 모델 중에 한 꼭지가 있었는데... 지금 그런 것도 다 붕괴가 돼버렸거든요.

이승희 사람들이 점점 대면을 싫어해요. 비대면을 편안해 하고.

임연옥 그렇죠. 그래서 기술의 발전이 이런 것을 어렵게 만드는 요인으로 작동하여, 거꾸로 가게 하는 것이 아닌가 하는 생각도 들고요.

임연옥 제가 AIP 요인을 개인적인 특성, 물리적 환경, 사회적 환경으로 구분했잖아요? 개인 특성에 건강, 경제, 그리고 정보 습득 및 활용 능력 그리고 주거지 만족도까지 개인적인 특성으로 구분하고, 물리적 환경으로 주택 환경과 지역사회 환경, 그리고 사회적 환경으로 사회관계, 사회 참여, 사회 자본들로 구분해서 설명을 했어요. 그런데 이러한 AIP 구성요인이 충분조건인지 아니면 필요조건인지 이런 것도 조금 생각을 해볼 필요가 있고, 이 모든 요건을 다 안 갖춘다고 해서 AIP가 불가능한 걸까? 또 빠진 요인은 없을까? 검토가 필요해요. 제가 인터뷰했던 내용 중에서 농촌 어르신들의 집에 대한 경험의 영역이 굉장히 작았어요. 제가 어떤 아파트에 갔는데 아파트에 가서 싱크대에서 물을 쓰려고 하는데 밑에 페달을 누르면 수도꼭지에서 물이 나오더라고요. 저는 지금 사는 집이 50년 된 아파트라서 계속 옛날식이거든요. 그러니까 이런 게 있었어? 하고 놀라고 저에게는 굉장한 신세계였어요. 사실은 저는 경험하지 못한 영역이기 때문에 모르고 그냥 불편한 대로 계속 살아왔으니까요. 지금 농촌 어르신들 특히 읍면에 사시는 어르신들이 사는 집을 얘기하면서 나 그냥 불편하지만 이대로 살아 그런 말씀을 하셨어요. 더 나은 대안에 대한 경험이 없기 때문에 그것에 대한 정보도 접한 적이 없고, 모르기 때문에 그냥 그 불편함을 당연시 하면서 살지요. 그래서 Stuck in Place 상태에 머물게 되는 것이 아닌가 생각이 들어요.

김영범 그런 어떤 부딪침 같은 게 있겠죠. 새로운 환경이 편하다는 것에 대한 인식하고 그다음에 새로운 환경에 내가 적응할 수 있을까에 대한 두려움 같은 것들이 있죠. 예를 들면 조심성... 그러니까 집이라고 하는 게 단순히 물리적인 공간뿐만 아니라 그 집을 둘러싼 환경에 대한 내 어떤 인식 이런 것들이 다 있는 거잖아요. 그러니까 어디 가면 뭐가 있다는 것을 나는 다 알기 때문에, 그런데 농촌 지역에 살다 아파트로 가면 따뜻하고 편안한 건 누릴 수 있는 반면에 내가 거기서 새롭게 내 인지능력을 동원해야 하는 측면이 많이 생기잖아요. 일단 사람 만나는 거 그다음에 슈퍼마켓 가서 물건 사는 거 이런 게 어떻게 보면 나이가 들면 훨씬 더 부담스럽게 되는 게 아닐까 하는 생각이 좀 들거든요. 그래서 제일 좋은 거는 그냥 집을 고쳐드리는 거죠.

임연옥 그렇죠. 고쳐드리되 간접 경험을 먼저 해보게 하고 고쳐드려야 요. 왜냐하면 노인의 심리적인 특성상 조심성이 커지기 때문이에요. 그리 고 어떤 의사 결정할 때 매우 주저하고 빨리 결정을 못 내리셔요. 결정을 해놓고도 번복하곤 하는데 젊은 사람들이 봤을 때는 당연한 결론인데 어 르신들은 몇 번을 노심초사를 하고 결정하는 것이고요. 그래서 주거 대안 이 있을 때 그것을 충분히 경험해볼 수 있는 기회가 있어야 하고, 어르신 들이 숙고하고 받아들일 시간을 드려야 해요. 여유를 좀 드려야지 젊은 사람들이 일처리 하는 속도대로 하면 주택 개조를 시도하는 것조차도 쉽 지 않을 것 같다는 생각이 들어요.

이승희 절대로 재촉을 하면 안 돼요. 우리는 그냥 젊은 사람은 빨리 결 정하라고 하고 그렇게 해서 빨리 빨리 진행하려고 하는데... 어르신한테 는 그렇게 하면... 거부반응이 있을 것 같아요.

임연옥 요양시설로 이동할 때도 세 번 내지 다섯 번을 들락날락하신대 요. 자식들이 부모님을 한 번 모시고 가면 그래 여기 괜찮네 하고 시설만 보고 오셔요. 그리고 그 다음에 다시 가서 보면, 나 그래도 집에서 살고 싶어, 그러시고요. 요양시설에 가실지 여부를 결정하는 데 여러 번 번복 하시다 그래 가자, 하시게 된다고 해요. 어르신들이 인지 능력이 좋고 좀 나름의 자신의 판단을 하려고 하시는 분들 같은 경우는... 제가 아는 교수님도 더클래식500으로 이사를 하셨는데 진짜 여러 번을 오가시고 여기저기 알아보시고 결정을 내리시더라고요. 가서 자보기도 하고... 그러니까 그런 어르신들이 버퍼링할 수 있도록 젊은 세대가 이해를 해주면서 주택 개조나 이사 등이 이루어져야 해요. 노인의 심리적인 특성을 이해를 해주고 개조가 이루어져야지 이게 성공하지 그렇지 않으면 결정하는 순간 어르신이 번복하고 나 그대로 이대로 살래 하시게 되지요. 그러므로 젊은 사람들의 특성대로 문제를 해결하다 보면 Stuck in Place로 더 밀어붙이는 결과가 된다고 생각합니다.

이승훈 AIP 인터뷰 자료를 보면, 도시로 이사 가는 거에 대한 공포 그리고 요양시설로 가는 것에 대한 공포가 깔려 있거든요. 그 공포의 기반에 뭐가 있을까 하고 생각해보면 통제에 대한 불안인 것 같아요. 그러니까 낯선 곳으로 갔을 때 스스로 상황이나 행동을 통제하지 못할 수도 있다는 불안 같은 거지요. 예를 들어, 익숙한 동네에서는 어디 가고 싶으면 나가서 동네 사람 얼굴도 보고 돌아다닐 수 있고, 어디 가면 뭐가 있고, 이런 것들이 예측가능하고 통제가 되는데, 도시의 아파트로 가게 되면 그게 어렵거든요. 인터뷰에서 가장 많이 하는 표현이, 아파트로 가면 거기 집에 갇혀가지고 아무것도 못 한다 이런 이야기를 한단 말이에요. 요양시설도 거기에 가면 자유가 없다, 갇혀 있게 된다 등과 같은 이런 표현을 많이 써요. 근데 실은 그런 건 아니잖아요. 갇혀 있지도 않고 돌아다닐 수도 있는데, 그걸 갇혀 있다고 생각하는 건 내가 스스로 상황이나 주변 환경과 내 행동을 통제하지 못할 수도 있다는 공포 같거든요. 그러니까 낯선 집이나 새로운 시설물들, 낯선 사람들 이런 것들에 대한 공포란 말이죠. 하지만 제가 생각할 때 이건 큰 문제는 아닐 것 같아요. 그건 기우거든요. 실제 가서 보면 자기가 생각했던 것만큼 그렇지 않다는 걸 안단 말이죠. 잠깐의 적응 기간을 가지면 그런 것들은 극복가능한 부분일 것 같다는 생각이 듭니다. 그런 공포는... 그렇게 보자면, 이게 마지막에서 아주 근본적인 생각이 드는데, 과연 AIP를 누가 원하는가 생각을 해보게 됩니다. 누가 원할까? 돌보는 사람들이 원하는 건가? 아니면 본인이 원하는 건가? 주관적으로는 본인이 원하는 거죠. "나 여기서 계속 살고 싶다"라고 하는데 그 욕구가 진짜가 아닐 수도 있다는 거죠. 그러니까 실은 (AIP에 대한) 그 욕구가 과장된 공포 때문은 아닐까 하는 생각도 한편 들어요. 그런 의미에서 보면 상황을 통제하지 못해서, 내가 완전히 갇혀 지낼 것이기 때문에 살던 곳에서 계속 살고 싶다고 생각하는 건, 제가 볼 때는 과장된 공포 같거든요. 그 정도는 아닌데... 좀 그런 생각도 근본적으로 해보게 됩니다. 물론 반대되는 생각도 있긴 한데 근본적으로 누가 원하나... 정부의 복지 예산과 관련돼서 원하는 건가, 주변 사람들이 원하는 건가, 본인이 원하는 건가, 누가 원할까 이런 생각도 좀 하다보면 첫 질문으로 다시 돌아가게 되는 것 같아요.

김영범 AIP가 나오는 시대적 배경 자체는 요양이나 의료에 대한 과도한 부담이 있기 때문에 나온 거니까 말씀하신 것처럼 정치적인, 경제적인 문제를 줄이기 위한 노력 예를 들면 재가 서비스의 발전도 같은 맥락이잖아요. 그렇기는 한데 지금 우리가 관심을 갖는 대상은 요양시설 가거나 그런 노인들은 아니거든요. 요양시설 가야 하는데 집에 있다. 이런 노인들은 아니고 우리의 지금 대상들은 비교적 건강하게 집에서 잘 지내시는 분들을 어떻게 더 즐겁게 잘 행복하게 지낼 수 있을까...

임연옥　근데 그분들조차도 어떠한 자그마한 변화에 대한 불안감 공포는 있다는 거죠. 그러니까 요양시설로의 큰 환경 변화가 아닐지라도 내 집을 개조하는 것과 같은 작은 일에도 어르신들이 엄두가 안 난다는 말씀을 하셔요. 저는 어르신들의 엄두가 안 난다는 표현을 굉장히 무겁게 받아들이는데... 어르신 본인이 명확하게 파악이 안 되는 어떤 상황으로의 변화에 대해서 엄두가 안 난다고 하시는데 그 말은 어르신이 통제할 수 없을까봐 그리고 통제할 수 있는 범위가 바뀔 수 있기 때문에 발생하는 공포와 불안이 있는 거지요.

김영범　그러면 그걸 또 어떻게 없애냐, 예를 들면 집을 바꾸든 그렇죠. 그럴 때서 뭔가 완충하는 단계들이 좀 필요한 거잖아요. 우리가 치매 연구할 때도 똑같은 모델로 사드려라, 전기밥솥 다른 모델 사드리면 못 쓴다. 똑같은 모델 사드리라고 그러잖아요. 그러니까 그런 것처럼 치매가 있는 분은 아니라 할지라도 뭔가 친숙하게 다가갈 수 있는 그런 과정이나 단계 같은 게 필요하다는 거죠. 그래서 체험해보고 느낄 수 있는 이게 이렇게 하면 되는구나 하는.

임연옥　우리가 무척 빠르게 모든 것을 결정하고 빠르게 적응하기를 바라고 솔루션을 얼른 내서 빠르게 해결하기를 원하는 그런 사회에 살아왔는데, 이제 조금은 속도가 느려져야 하는 사회가 돼야 하는 거 아닌가 하는 생각이 들어요. 그래야지 노인들이 AIP를 하든 뭘 하든 적응하고 문제가 해결될 수 있을 것 같아요.

김영범　그럼 이승희 선생님. 건강과 관련해서 AIP를 잘 하고 있는 분들 특성 같은 거 좀 잠깐 요약을 해주시죠.

이승희 건강하다, 라고 하면... 신체적으로 건강한 걸 많이들 다들 생각하시는데, 신체적으로 건강한 것도 있고 인지적인, 정신적인 건강 또 사회적인 건강 이런 것들이 다 맞물려서 다 같이 조화롭게 건강할 때 건강하다고 할 수 있을 것 같고요. 일반적으로 건강하다고 하는 어르신들을 보면은 어떤 특성이 있냐면 신체적 기능이 잘 유지되시는 거예요. 그래서 일상생활 활동을 자기가 자립적으로 잘 수행할 수 있으시고, 누구의 도움을 받지 않고도 혼자서 잘 수행할 수 있으세요. 또 하루 세끼 식사를 잘 챙겨 드시는 게 또 중요하더라고요. 식사를 아침 점심 저녁을 다 챙겨 드시는데 대부분은 누구랑 같이 살고 계셔야지 식사를 잘 챙겨 드실 수 있어요. 혼자 사시는 분들은 두 명 이상 사시는 분들에 비해서 식사를 거르는 게 많으시더라고요. 그래서 일단은 세끼 식사를 제대로 잘 하는 게 중요한데, 그것도 영양소가 골고루 들어가 있는... 탄수화물, 단백질, 무기질, 비타민 이런 것들이 골고루 잘 함유된 식사를 그런 좋은 식사를 하셔야 하는데... 그런 거를 대부분 잘 못하시고 우리나라 어르신들은 대부분 탄수화물 위주의 식사를 하시기 때문에 그게 좀 문제인 것 같고, 그래서 그런 문제에 대해서 어떻게 좀 잘 좀 도와드릴 수 있을까 하는 게 저희들의 고민이죠. 이렇게 식사를 잘 못 하시면은... 영양상태가 불량하면은 바로 건강상태가 안 좋아지시니까.

임연옥 영양상태가 안 좋아지면 인지기능이 떨어져요. 식사가 불량하면... 저녁 때 어르신들이 저녁 식사를 하시고 밤새 식사를 안 하시잖아요. 그럼 다음 날 아침까지 14시간 내지 16시간 공백이 생기는 거예요.

그러면 아침에 저혈당이 되는 거예요. 사실은 저혈당으로 인한 우울로 무기력해져서 아침에 밥을 챙겨 먹기가 싫으신 거예요. 아침에 눈을 떠서 일어나기 귀찮고 무기력에 빠지니까 아침에 몸을 안 움직이게 되고 그러다 보면 어르신들이 정말 배가 고파서 죽겠다 싶으면 그때 일어나서 아무거나 손에 잡히는 손쉬운 것으로 주로 탄수화물을 섭취하게 되고, 갑자기 눈이 환해진다는 얘기를 하셔요. 그래서 조금 반짝하는데, 그건 갑자기 당이 들어가서 좋아졌다가 그다음에 다시 당이 떨어지면서 다시 우울해지고 인지기능이 떨어지고 이게 악순환이 되니까 어르신들이 감정 기복이 심하다 뭐 이런 얘기도 나오는 거거든요. 그러니까 어르신들의 식사가 너무나 중요해요.

이승희 네, 그리고 치아가 안 좋으시면, 틀니를 하고 계신다든지 해서 치아가 안 좋으시면 또 식사를 제대로 못하시잖아요. 그러면 바로 인지기능이 진짜 떨어지고 또 우울 증상도 같이 오게 되고 그런 게 있기 때문에 식사를 잘 할 수 있게 해드려야 해요. 그리고 또 입맛에 안 맞아서 잘 못드시는 것도 있어요. 맛이 없어서 못 드시기 때문에 우리나라는 특히 식사할 때 따뜻하게 먹어야 하는 게 국이라든지 이런 게 온도에 맞게 먹어야 되는 게 있잖아요. 차가운 거 차갑게 뜨거운 거 뜨겁게 해서 이렇게 먹어야지 맛있게 먹을 수 있고 그런데 그런 거를 누가 맞춰주는 사람도 없고, 자기가 그렇게 하려니까 귀찮고 그래서 더 잘 안 챙겨 드시는 거죠. 두 명 이상 사시면 그냥 상대 때문에 할 수 없이 그럼 안 드시니까 그렇게 해서 드실 수 있는데... 그렇지 않고 혼자 사시는 분들은 그렇게 하기 어렵기 때문에 영양상태가 많이 안 좋아지시는 것 같아요. 그러면 또 건강도 나빠지고 여러 가지 정신적인 문제나 인지기능 문제도 생기고 그러니까 그런 분들을 조금 더 정책적으로 챙겨드려야 할 것 같아요. 도시락도 배달하고, 현재 그런 제도가 있어서 하고 있고, 주로 독거노인을 대상으로 해서 도시락도 집으로 갖다 드리고, 그렇게 하는데... 그렇게 해야 할 필요가 있는 어르신들을 더 많이 발굴하는 것이 필요한 것 같고, 또 연령이 80세가 넘으시거나 고연령인 분들이 또 이렇게 영양상태가 불량한 경우가 많고 잘 못 드시고 그런 게 많기 때문에 그런 것도 좀 잘 찾아봐서, 식사를 좀 잘 보조할 수 있는 그런 제도나 정책 같은 것들이 필요할 것 같아요.

이승훈   거동이 불편하신 분은 도시락 지원이 되죠? 듣다 보니까 생각나는 건데 같이 밥 먹는 이런 것들을 제도적 서포트할 수는 없을까? 그러니까 제가 학교에 가다 보면 영등포역 근처에 노인분들을 위한 무료 급식소가 있어요. 천주교 단체에서 하는 무료 급식소인데, 아침에 좀 늦게 학교로 가게 되면, 10시나 11시쯤부터 점심 먹으려고 줄을 쫙 서 있는 거예요. 지나가면서 서 있는 분들 이렇게 이렇게 보게 되거든요. 차에서 이렇게 보면 괜찮게 차려 입으신 분들도, 그러니까 옷차림을 보고 짐작할 수밖에는 없지만, 비싼 등산복 같은 거 입고 계신 분들도 서서 이렇게 받아 가시더라고요. 급식을 제공하는 사람에 대한 제한이 없는지, 간단한 확인 표시만 하고서 급식을 받아 가더라고요. 그러니까 예를 들면 무료 급식이나 이런 것들을 어떤 노숙자들이나 어려운 사람을 돕는다는 개념이 아니고, 마을에서 식사 혼자 하시는 분은 같이 식사하는 이런 것들을 마련하는 것은 어떨까... 그걸 무료나 어려운 어르신 돕는다는 개념이 아니고, 혼자 심심하니까 우리 같이 식사하시죠. 이런 것을 만들 수는 없나 하는 생각이 드네요.

임연옥 저는 두 교수님 이야기를 들으면서 식사가 AIP에서 어쩌면 중요한 포인트일 수도 있다는 생각이 잠깐 들었어요. 일단 식사를 잘 해야지 건강하고, 그래서 밖에 나가서 사람들도 만나게 되고요. 그러니까 시작되는 포인트가 식사인 것 같아요. 식사를 잘해야지 인지기능도 유지되고 체력도 유지가 되고 사람들과 커뮤니케이션도 되고요. 근데 좀 오래된 이야기인데 어느 대기업 식당에서 직원들이 식사를 하고 난 이후 시간에 지역 주민들이 와서 식사를 하게끔 식당을 오픈한 케이스가 있었어요. 그랬더니 지역 주민들이 너무 좋아했다는 거예요. 대기업 같은 데는 지하 식당이 있잖아요. 근데 마찬가지로 초등학교, 중학교, 고등학교 급식하는 것도 있고 주변에 이렇게 대량으로 하는 식사할 수 있는 곳들, 그런 공간을 찾아보면 많아요. 그런 곳 식당을 어르신들에게 개방하면 정기적으로 식사를 할 수 있는 방법을 찾을 수 있지 않을까, 적어도 한 끼 정도는 든든하게 드실 수 있지 않을까 싶어요.

이승훈 식구(食口)가 원래 같이 밥 먹는 사람이잖아요. 실은 같이 밥 먹으면서도 유대감도 생기는 거거든요. 그러니까 좁은 집 안의 울타리를 넘어서, 다양한 사람과 식사를 하면서 유대관계를 형성하는, 앞서 이야기했던 그런 사회관계도 형성될 수 있는 거고 그런 의미에서 보면 같이 밥을 먹는 것 이건 좋은 아이디어를 좀 많이 찾아볼 필요가 있을 것 같아요.

김영범 그 노인은 아닙니다만 뭐 50세에서 64세 있는 분들이 밥상 공동체 같은 걸 만들면 500만 원 지원해 주는 프로그램을 하기도 합니다. 지방자치단체에서... 많지는 않고 몇 개 안 뽑기는 하는데... 그런 프로그램 같은 것들을 지원하면 그 연령대 같은 경우는 우리가 모여서 같이 밥도

하고 식사하면서 사회관계를 확대할 수 있겠지요.

김영범　그다음에 하나씩 갖고 예를 들면 오늘은 김밥이다. 그러면 각자 싸가지고 오는 거예요. 그다음에 재료 같은 거 돈 받아가지고 같이 사고 나눠가지고 아니면 거기 같이 끓여서 먹기도 하고. 근데 노인은 어떨까 하는 생각이 듭니다. 노인분들도 그게 되나? 결국은 함께 모여서 식사하는 것 중 노인분들께는 제일 보편적인 것이 경로당 가서 드시는 거거든요. 근데 이게 옛날에 경로당 프로젝트 할 때 보니까 또 농촌이랑 도시랑 달라요.

이승희　네, 농촌에서는 어르신들이 경로당에 모여서 많이들 만들어 드세요.

김영범　그러니까 거기에 총무라고 인건비 지원받는 사람이 있고 농촌은 마을 사람들이 경로당에 기부를 많이 하더라고요. 쌀도 갖고 오고 부식도 갖고 그래서 자주 먹는 데는 일 안 하실 때 하루 세끼 거기서 다 드실 수도 있대요. 그런데 도시는 그런 부식이 없다는 거예요. 딱 정부에서 지원해주는 돈만 딱 활용해서 하기 때문에 일주일에 한 번이나 두 번 점심만 한다는 거죠. 제가 ×× 지역 경로당에 가서 조사한 적이 있는데요. 식사 때 가보면 식사하시는 분들이 참 많아요. 점심만 일주일에 한 번인가 하는데 어르신들이 참 많이 모이셔서 식사를 하십니다. 그래서 만약에 노인분들 식사 같은 걸 신경 쓴다고 그러면 경로당 같은 거 활용하는 걸 조금 더 지원을 더 해서... 그런 걸 좀 생각해볼 수 있을 것 같아요.

임연옥 도시지역의 경로당에는 제한이 있어요. 문턱이 있어요. 한 4~5년 전에 저희 동네 경로당 두 곳을 방문한 적이 있어요. 한 곳은 동사무소 주민자치센터에서 인력을 대줘요. 이분이 가서 식사를 해서 일주일에 두세 번 점심식사를 제공하는 곳이고 다른 곳은 여자분들만 모이시는 곳이에요. 근데 여자 분들만 모이는 곳 회장님이 아주 야무지셔 가지고 회원들에게 회비를 내게 하셨어요. 여기 오는 분들은 회비를 내서 그걸로 식사를 만들어 먹어요. 그러니까 여기 회장님이 똑똑하니까 메뉴도 잘 짜고 그래서 식사를 잘하니까 이분들의 자녀들이 우리 엄마가 점심 때 보니까 경로당 가서 식사를 잘하고 오시네? 그러니까 자녀들이 고마워서 경로당에 기부를 하고요. 그래서 이쪽 두 곳이 한 불과 한 200~300미터 떨어져 있는데 천양지차예요. 리더에 따라서 또 그 경로당 식사가 달라지는데 이쪽은 회비를 안 내면 또 입성이 안 되는 문제가 있어요.

이승훈 그래서 저는 기존의 단체나 조직에다가 지원을 해서 식사를 할 수 있도록 하면 내외 구분이 생길 수밖에 없으니까... 저는 생각할 때 정말 아무나 와서 먹고 갈 수 있는 식당인 거죠. 그런 식당에 지원을 해주어서 저렴하게 세끼 먹을 수 있도록 운영하는 식당이라면 누가 와도 아무 부담이 없는 거잖아요. 제가 입장 바꿔 생각을 해도, 저기 경로당이 있는데 거기서 저녁 한번 먹고 가고 싶어도, 경로당 구성원이 아니면 안 갈 것 같은 생각이 들거든요. 그러니까 그냥 저기는 식당이야. 그래서 혼자 밥 먹기 싫으면 가는 거죠. 오늘 이 시간에 갔더니 누가 와 있네? 이래서 식탁에서 같이 먹고 그냥...

김영범 그렇게 드는 생각이... 여기서 밥을 밥 자체를 먹는 게 중요한가 아니면 같이 먹는 게 중요한가, 이게 분리되기 어려운 부분이 있기는 합니다만 같이 안 먹으면 안 먹으니까 그런 측면이 있을 수 있는데, 예를 들면 밥 자체에 집중하면 요즘 어린이들 식사 쿠폰 주잖아요. 그런 것도 해볼 수 있겠죠. 그럼 쿠폰으로 식사를 근처 식당에서 할 수 있는 거지요.

임연옥 제가 사는 동네에 유명한 교회가 하나가 있어요. 그 교회는 매일 정기적으로 식사를 열한 시 반부터 해줘요. 성당 어르신들이 코로나 전에는 성당에 와서 아침미사를 드리고 커피 한 잔 마시고 조금 시간을 보내시다가 그 교회 가서 점심 드시고 다시 성당 와서 성당 카페에서 수다 떨다가 저녁때 댁에 가시는 거예요. 근데 여기 식사가 가격이 싸고 굉장히 질이 좋다는 거예요. 더욱이 그 교회에는 문턱이 없대요. 어느 누가 와도 된다. 우리 교회인이 아니어도 웰컴. 그래서 매우 칭송을 받았었어요. 그러니까 이런 개념이라면, 사실 교회나 성당에는 조리하고 식사를 만들 공간들이 다 있거든요. 그렇게 오픈을 해준다면 좋겠지요.

이승희 그게 지역 교회라든지 지역에.

임연옥 그게 선교인데 사실은.

이승희 네, 거기에다가 그렇게 할 수 있도록 정부에서 또 지원을 해주는...

김영범 지원이 들어가게 되면 지원을 받는 사람과 안 받는 사람 그런 차이의 문제는 있겠죠. 말씀하신 것처럼 어떤 시설에 예를 들면 정부가 지원한다 그러면 여기 자식이 있건 없건 상관없이 같이 살고 있건 없건 상관없이 와서 다 드실 수는 있는데, 문제는 뭐냐 하면 이게 전국적으로 다 갈 수 있는 거리 안에 그런 시설이 다 있지 않으면 이게 지하철 승차권을 노인분들 지원해 주는 거랑 똑같은 효과가 나는 거거든요.

임연옥   저는 학교나 종교단체가 좋다는 거예요. 학교나 종교단체는 대부분 다 있고 식당 조리 시설은 다 가지고 있잖아요. 지금 그러니까 그런 데서 조금 개념을 생각을 좀 바꿔서 하면 안 될까요?

이승훈   제가 있는 학교 교직원 식당은 맨날 바뀌어요. 1, 2년마다... 수익이 안 나나 봐요. 만약 지역사회에 오픈을 해서 주민들이 누구나 저렴한 가격에 식당을 이용할 수 있게 하면 정부에서 그런 식당을 지원해주는 거죠.

김영범   근데 학교 식당은 다 오픈돼 있지 않나요? 예를 들면 대학교 교직원 가서 그냥 아무나 식권 사면 되거든.

임연옥   그러니까 초등학교, 중학교, 고등학교... (굳이) 대학교가 아니어도.

김영범   초등학교, 중학교 같은 경우는 아마 여러 가지 안전 문제나 이런 거에 대한 고민이 있겠죠.

임연옥   우리 그런 걸로 너무 민감한 것 같아요.

김영범 어쩌다 사고가 하나가 나면 특히 여학교 같은 경우는 어쩌다 사고가 하나가 나면... 뒷감당하기가 되게 어려워지니까.

임연옥 고등학교 남자 고등학교라든가 근데 하여간 뭔가 방법은 있을 것 같아요. 그럼 어떻게 그냥 식사를 할 수 있으니까요.

김영범 그럼 노인분들이 어떻게 세끼를 다 드시게 할까?

임연옥 세끼 중에 아침은 간단하게.

이승희 두 끼만 잘 먹어도 괜찮아요.

김영범 근데 도시락보다 나와서 먹는 게 훨씬 더 좋아요. 사람을 만나고 그래서 주변에 알거든요. 저분이 어떤 상황인지.

임연옥 요새 식당 가면 김치찌개도 8, 9천 원에서 1만 원 가까이 해요. 그런데 그거보다 밀키트가 훨씬 더 나을 수 있어요. 노인들이 생각을 바꿔서 반드시 이렇게 식당에서 밥을 먹는 것보다는 하루에 한두 끼 정도는 밀키트를 이용하든가 편의점의 간이식을 먹는 것도 나쁘지 않다는 인식 개선도 필요할 것 같아요. 먹는 방식을 다양한 방법으로 다양하게 시도해볼 수 있을 것 같아요. 아까 대기업의 식당을 오픈해줘서 알고 있는 사람은 거기도 가고, 아닌 사람은 편의점도 가고, 또 밀키트도 이용하고... 선택여지를 여러 개 두고 본인이 선택할 수 있어야지요.

이승훈 지금 현대사회에서 보면 모든 문제는 연결인 것 같아요. 네트워크 같아요. 이런 문제들도 마찬가지고... 우리가 이런 네트워크 형성을 위한 기반이 없느냐? 그건 아닌 것 같아요. 각자 분리돼서 그냥 있는 거지. 근데 이걸 잘 연결시키면 여러 가지 좋은 것들이 많이 나올 거 같아요. 학교나 아까 종교단체나 이런 이야기 했잖아요. 예를 들면, 문화 시설도 마찬가지고 이걸 연결만 잘하면 활용할 게 굉장히 많은데... 문제는 이게 서로 각자 분리되어 섬 같이 있다는 거죠. 앞으로는 이걸 연결시키는 게 중요할 것 같아요. 새로 만드는 문제가 아니고 기존에 있는 것들을 어떻게 연결시키느냐가 굉장히 중요한 것 같거든요. 양로원, 복지관 이런 것들도 어떻게 연결시키면 여러 활동이나 제도의 빈자리 같은 걸 메울 수 있을 것 같은데... 모르겠어요. 이게 어떻게 가능할지. 이건 좀 복잡한 문제이긴 하지만 그런 생각이 좀 들어요.

임연옥 교회나 성당이나 종교단체 종교기관 월화수목금토일 중에서 며칠 몇 시간만 사용되고 있고 나머지 시간에는 다 놀고 있는 공간이잖아요. 또 요새 구청에 강당도 있고 그런 데 얼마나 놀고 있는 공간들이 많아요. 그런 공간만 사실 오픈해줘도 할 수 있는 게 무궁무진하거든요. 근데 그게 지금 말씀처럼 섬처럼 각각 다 따로따로 돼 있고 오픈되어 있지 않고 이기적이에요.

이승훈 종교시설은 너무 아까워요. 공간은 많은데, 주말 그때 잠깐 쓰고 다 닫혀 있잖아요.

김영범 기독교 같은 경우는 거의 매일 예배 보지 않나요?

이승훈 아니요. 수요일하고 금요일에 모임 있고 토, 일 있고 그러니까 수, 금, 토, 일 있죠. 월요일은 목사님 쉬는 날이니까 완전히 비고. 월, 화, 목은 거의 빈다고 봐야지요. 일 있는 직원들이 잠깐 올 수는 있는데, 대부분 비어 있죠.

김영범 한 끼나 이렇게 드시는 분들이 이게 귀찮다고 말씀하셨잖아요. 이게 귀찮음에 문제가 있는 건지 아니면 비용의 문제도 있는 건지...

임연옥 비용 문제도 있죠. 네 식구 살 때랑 비교하면 지금 세 식구가 살지만 아들은 아침 10시에 출근해서 밤 새벽 2시에 오니까 밥 먹는 식구는 남편하고 저하고 둘인데 남편도 일주일에 사나흘은 저녁 회식이에요. 그렇다면 식비가 주느냐? 아니에요. 제대로 반찬 하려면 한 번 1인분만 만들 수는 없거든요. 그러니까 애호박 하나를 사더라도 애호박 3분의 1을 안 팔잖아요. 그러니까 식비는 사람 수가 줄었다고 해서 확 줄진 않아요. 계산으로 하면은 2분의 1 이상으로 줄어야 하는데 절대 그렇게 줄진 않거든요. 그리고 만들어 놓고 똑같은 거를 먹자니 지겹고요.

이승희 계속 먹기를 싫어해요.

임연옥 제가 김치볶음밥 재료를 만들어 놓고 일주일 동안 먹었어요. 혼자 있으니까 다양하게 안 먹어지게 되는 거예요. 그러니까 김치볶음밥 할 수 있는 재료를 만들어 놓고 내가 혼자 갑자기 먹어야 되면은 먹을 게 없으니까 또 만들기 귀찮으니까 만들 때 많이 만들어 가지고 통통이 일곱 개 만들어 놓고. 먹다 보니까 머릿속으로는 다른 걸 해 먹자라고 생각했지만 보인 게 그게 보이니까 월화수목금토 그냥 점심 때 그것만 챙겨 먹게 되더라고요. 그러니까 어르신들도 저와 비슷할 거란 말이에요.

이승훈 노인들 같은 경우는 집에서 할 때 해 먹을 때 두 가지 문제가 있을 것 같아요. 예를 들면 독거노인이나 두 분만 산다고 해도 마찬가지인데, 첫 번째는 집에서 해 먹는 게 싸지 않아요. 오히려 사 먹는 게 싸요. 직접 해서 먹을 때 유일한 장점은 건강하게 먹는다는 차이일까요? 이게 진짜 건강한 걸까 하는 생각이 들기도 하지만, 아무튼 결코 싸지 않아요. 집에서 해 먹는 게... 이게 첫 번째고, 두 번째는 또 직접 해 먹기가 너무 힘든 게, 혼자나 둘이 살면서 음식을 해 먹으면 남는 게 더 많아요. 남아서 버리게 되는 것들이 더 많아요. 요즘은 1인분만 딱 할 수 있는 밀키트가 많기는 하지만.. 1인분만 딱 해서 할 수가 없어요. 그러니까 안 하게 되는 거예요. 집에서 노인들이 식사를 잘할 수 있게 하는 것... 스스로 챙겨 먹도록 하는 거 이것도 AIP로 봤을 때 시대의 흐름하고는 안 맞는 방향 같아요. 시대는 이렇게 가는데 집에서 직접 식사를 해 먹으라는 것은... 이것은 시대의 방향과 역행하는 거라는 거죠. 그것은 대안이 아닌 것 같아요. 시대의 흐름에 맞춰죠. 그럼 이분들이 나가서 저렴하게 먹을 수 있고, 같이 먹을 수 있는 데를 마련해주는 게 시대의 변화에 맞는 대안이 될 거라는 생각이 들어요.

김영범 그러면은 식사 세끼를 다 못 드시는 것이 독거의 문제일까요? TV 다큐멘터리 보면 며느리랑 같이 사시는 분들이 불편하니까 아침 먹고 나와서 있다가 저녁에 들어가고 이런 분들이 있거든요. 근데 그렇다고 그분이 점심 어디서 잘 드시느냐 그렇지는 않고, 굶거나 아니면 1천 원짜리

빵 사 드시고 이러더라고요. 그렇게 치면 이게 노인분들이 식사를 제대로 못하는 문제가 이게 단순히 혼자 살기 때문에, 귀찮아서의 문제는 아니고 껄끄러워서. 의존이 껄끄러워서 그런 문제가 생기는 것일 수도 있거든요. 그렇다고 그러면 결국은 집이 중요한 게 아니라 집 밖에서 뭔가 새끼를 편안하게 해결할 수 있는 그런 노력들이 좀 필요하다는 거죠.

임연옥　우리가 다양성을 항상 고려해야 한다는 거예요. 그러니까 저 같은 경우는 집 안에, 냉장고에 먹을 것만 있으면 일주일도 밖에 안 나가요. 나가는 건 음식 쓰레기하고 재활용 쓰레기를 버리러 나가지. 우리 경비 아저씨가 계셨어요? 그런 얘기를 하거든요. 근데 굉장히 내향적인 사람이면 밖에 나가서 먹는 것 또한 일이거든요. 그러니까 정답이 있는 게 아니라 다양한 대안을 제시를 해주고 그중에서 본인에게 맞는 거를 선택할 수 있도록 그 정보를 제대로 많이 주고 가능성을 찾을 수 있는 선택지를 많이 주는 게 중요한 것 같아요.

이승희　어떤 분은 도시락 배달 오는 걸 좋아할 수 있고 어떤 분은 자기가 나가서 그냥 도시락으로 (골라 가지고 와서) 가지고 와서 자기 집에서 혼자 먹는 게, 또 거기에 앉아서 그냥 식탁에서 먹는 게...

임연옥　같이 먹는 게 좋을 수도 있고 그러니까 그 다양성을 인정해줄 필요가 있는 것 같아요. 그래서 그중에서 건강이 1번이라는 거예요. 여러 요인 중에 AIP 실현을 위해 제일 중요한 게 무엇일까 하는 그 질문을 제가 적어왔는데 이승희 교수님 말씀하신 걸 듣다 보니까 건강이 진짜 AIP의 단초가 되는 것 같아요.

이승훈 이제 제가 제기하고 싶은 두 번째 이야기는 뭐냐 하면, AIP의 여러 요인 가운데 가장 중요한 게 뭘까? 본문에서 쓰기도 했지만, 제가 한번 인터뷰하는 사람들의 배경을 비교해 가면서 읽은 적이 있어요. 육체적·정신적으로 건강하게 사시는 분이나, 아프거나 우울하게 사시는 분들이 어디에서 가장 차이가 날까? 그런데 대부분이 경제적인 문제가 결정적인 거예요. 세 분 할머니 인터뷰를 한 내용이 있는데, 두 분은 그냥 죽지 못해 살고 있다고 그러고, 다른 한 분은 주말마다 등산 가고 어디 가서 합창단 활동하고 행복하게 살고 있다는 그런 분이었어요. 근데 이게 결국은 경제적 형편이 좋으면, 사회활동도 많이 하고, 건강도 좋고 (집도 수리하고). 근데 경제적으로 어려우면 잘 먹지도 않지, 사람도 안 만나요. 안 만나는 이유가 사람을 만나면 돈 든다는 거예요. 나도 밥이라도 사야 하는데...

임연옥 돈이 있으면 자식도 자주 와요.

임연옥 저 솔직히 말하면 중요 순위를 정한다면 1번이 경제력이라고 생각했어요. 이승희 교수님과 얘기하다가 건강으로 바뀌긴 했는데 저도 경제력이라고 생각했어요.

이승훈 사회활동이나 뭐 다 이게 돈이 있으면 친구들도 많이 만나고 그러니까... 그분들 친구 만나려면 교통비 들죠, 밥값 들죠. 그냥 얼굴만 봐요? 밥 먹어야죠. 돈 내야 하는데 돈이 없다. 이거예요.

임연옥 맞아요. 성공적 노후에 대해 예전에 연구할 때 노인들이 그 얘기하더라고요. 친구가 나한테 갈비탕을 사주면 내가 그다음에 된장찌개라도 사줄 정도의 돈은 있어야 해. 똑같은 일대일은 아니어도 내가 비슷하게 행세할 수 있는 경제력이 있어야 한다고 말씀하셨었어요.

이승희 그래야지 다시 또 만날 수 있어요.

김영범 그런데 우리가 다변량 분석 같은 거 해보면 유사한 경제 상태에 있는 사람들도 다른 요인을 다르게 또 영향을 받잖아요. 아마 사회활동 같은 경우는 많이 하는 사람도 있고 적게 하는 사람도 있고 아예 안 하는 사람도 있는.

임연옥 성격이 들어가는 거죠.

김영범 심리학에서 다루는 요인들을 빼더라도 여러 가지 환경적인 요인의 영향 같은 것들이 꼭 없지는 않거든요. 그런 부분들이 다른 경제적인 요인이나 성격적인 요인보다 강력한 것은 아니에요. 경제적인 요인 같은 경우 아니면 성격적인 요인 같은 경우 늘 행복에 아주 유의미한 것으로 나타나거든요. 우리는 흔히 별 세가 뜬다고 얘기하는데, 별 세 개가 뜬다는 얘기는 온갖 걸 다 통제해도 심리나 경제 같은 것들은 행복에 영향이 있다는 의미거든요. 근데 우리가 주로 관심 있어 하는 변수들은 별이 하나밖에 안 떠요. 이건 그 영향이 항상 유의미하지 않을 수도 있다는 것을 보여주는 것이거든요. 별이 하나밖에 안 뜬다는 얘기는 거기다가 온갖 걸 더 통제하면 그 영향이 사라진다는 얘기거든요. 그래서 그런 강도의 차이는 분명히 있지만 이게 그렇다고 해서 다른 요인들이 영향이 없다고 얘기하기 좀 어려운 측면이 있고, 그러니까 제가 보기에는 건강한 노인들 같은 경우는 은퇴하고 한 10년 정도가 아주 인생의 황금기거든요. (그렇죠) 우리가 역할 얘기 하는데 나이가 되면 이 역할 줄어들잖아요. 이걸 일반적으로 부정적으로 봤는데 저는 반대로 자유가 증가한다는 측면에서는 굉장히 행복한 거예요. 우리가 여기 지금 앉아 있습니다만, 다 부모나 직장인으로서 역할에 있는 거잖아요. 이런 역할들이라는 게 우리한테 다 즐거운 건 아니거든요. 우리가 원하는 연구만 하는 게 아니고 좀 재미는 없지만 해야만 하는 연구도 있습니다. 근데 이제 우리가 은퇴하면 그냥 내가 하고 싶은 것만 해도 되잖아요.

임연옥 그게 어느 미국 교수님이 저한테 아기가 태어나서 결혼하기 전까지는 부모의 통제하에서 사는 것이 첫 번째 인생, 그다음 두 번째 인생은 은퇴 전까지인데, 부모님 돌아가시고 아들딸들 결혼시키는 그때까지로, 내가 성인 자녀로서, 부모로서 가족의 역할에 매여 사는 시기. 그다음 세 번째 인생이 나의 진짜 인생이라는 얘기를 하셨어요.

김영범 우리가 역할을 얘기하면서 노년기 역할이 없어진다는 거에 대해서 굉장히 부정적인 평가를 많이 하는데, 자유의 관점에서 보면 오히려 그게 또 긍정적일 수 있죠. 내가 원한 건 이제부터 내가 하겠다. (그렇죠) 물론 경제나 건강 등 여러 요인이 영향을 받기는 합니다만 안 해도 되거든요. 그런데 문제는 우리 사회는 어떠냐, 제가 아는 분이 이제 결혼한 딸이 애가 어려 가지고 애 돌봐주는 거 자주 하시는데 그분은 굉장히 그걸 좋아하면서 하시는데, 근데 좀 안타까운 부분은 그런 거죠. 노후에 누릴 수 있는 자유가 손자녀 돌봄으로 축소될 수도 있거든요. 그러니까 결국은 내가 원하는 것일 수도 있지만, 특히 우리 사회에서 손자녀를 돌봐준다고 하는 거는 바람직한 부모의 역할 같은 걸로 일종의 규범 같은 거잖아요. 이렇게 인식이 되기 때문에 그런 상황이 되면 누구나 다 내가 봐줘야지 이렇게 생각하거든요. 근데 손자녀 돌봄과 같은 돌봄과 관련된 일은, 내가 아픈 배우자를 돌보든 이게 자기 시간과 에너지를 자기 마음대로 조절할 수 있는 활동이 아니잖아요. 일은 그냥 내가 '오전에만 나가 할래. 임금 덜 받으면 돼' 이렇게 되는데, 손자녀 돌보기 같은 경우는 이런 방식으로는 통제할 수 없으니까 굉장히 하기 싫어도 해야 하는, 그래서 궁극적으로 며느리와 시어머니 사이의 관계가 나빠진다든지 하는 그런 일들이 계속 생기잖아요. 그래서 즐거운 노년, 행복한 노년, 특히 AIP 상태에 있는 분들은 첫 번째로는 하기 싫은 일을 안 하겠다고 얘기하는 용기가 필요한 것 같아요.

임연옥　교수님 말씀 끊어서 죄송한데요. 셀프케어 시대라는 거예요. 제 주장은 우리도 우리가 셀프케어 할 테니까 너희도 자녀 키우고 셀프케어 해 하는 거지요. 예전에는 며느리가 시어머니를 돌보는 것이 당연했는데… 이번에 제가 경험을 했는데요. 며느리는 가족이 아니에요. 병원 가서 중환자실에 어머니를 들여보내는데, 저보고 보호자 인적사항을 물으면서 컴퓨터 이렇게 입력을 하는데, 거기 항목에 며느리가 없어요. 며느리는 기타래요.

이승희　맞아 맞아. 아들이 하지.

임연옥　요새는 셀프 효도 시대래요. 근데 이전 세대는 대리 효도 시대,

지금은 아들과 딸이 하는 셀프 효도 시대인데, 이제 베이비부머는 셀프케어 시대라는 거예요. 효도 받을 수 없고 그냥 내가 내 몸 케어하는 것, 그리고 대신 자녀들도 너희 자식은 너희가 키워, 우리 너희한테 돌봄 안 받을 게, 라고 셀프케어를 선언하는 시대래요.

이승훈 통계적으로 제가 조사한 건 아니니까요. 함부로 얘기를 못하는데, 제 주변에 보면 분위기가 분명히 달라져요. 손주 낳은 주변 분들의 이야기를 최근에 많이 듣거든요. "나는 손주 안 돌본다", "네 자식은 네가 알아서 해"라는 이야기를 많이 듣게 돼요. 사회적인 분위기가 달라지는 것 같아요.

김영범 최근에 읽은 유럽 논문을 보면 나라에 따라서 이게 상황이 되게 다르더라고요. 그러니까 남부 유럽 국가들에서는 굉장히 열심히 도와주는 기준으로 잡은 '하루에 4시간 이상, 일주일에 5번 이상 내가 애를 본다. 손자녀를 본다' 이런 비율이 되게 높아요. 근데 이제 북유럽 쪽으로 넘어가면 돌봐주기는 하지만, 굉장히 약한 강도로 돌봐주는 거, 예를 들면 '일주일에 한 번 내가, 오전에 애 오면 봐준다'의 비율이 높게 나타나 유럽에서도 차이가 납니다.

이승훈 가족주의 문화가 강한가, 약한가의 차이 같은데요?

임연옥 사회복지제도의 차이가 아니에요?

김영범 그러니까 문제가 되는 돌봄을 위한 사회복지 차이가 있고, 두 번째 문제는 뭐냐 하면, 점점 자기 노후를 자기를 책임져야 하는 시대로 가 잖아요. 그런데 그러려면 일을 오래 해야 하는데, 애를 봐주기 시작하면, 특히 이 애를 봐주는 거에 대한 시간과 노력을 많이 투자하기 시작하면 일을 못한다는 거예요. 그래서 이제 자기 노후를 진짜 필요할 때 쓸 수 있는 경제적인 여건을 못 만든다는 거죠. 그래서 그 점에서 보면 어쨌든 자기 애는 자기가 볼 수 있는 사회 분위기가 만들어지는 게 중요하고, 그 다음에 그것과 더불어서 우리 사회규범이 좀 바뀔 필요가 있어요. 그러니 까 우리는 '좋은 부모가 뭐냐, 자식들한테 자기의 자원을 다 투자하는 부 모가 좋은 부모다' 그렇게 생각하거든요. 그래서 예를 들면 손자녀 돌보 는 거에 자식이 일을 해야 하는데 손자녀를 안 돌봐준다 그러면 우리 사 회에서 약간 비난의 대상이 되거든요. 저 할머니 할아버지 모질다. 이런 평가를 받거든요. 이제 그런 가치나 규범 같은 것도 좀 변해야 합니다.

이승훈 그런데 그게 앞서 이야기할 때 남부와 북부의 차이가 있다면, 하 나는 복지 정도의 차이가 아닐까 생각되고, 두 번째는 이게 서로 제로섬 게임인지 모르겠지만, 가족주의 문화의 정도의 차이랄까? 그리스나 스페 인, 포르투갈 이쪽은 가족주의 문화가 좀 있잖아요. 북쪽으로 가면 좀 약 해지고... 이게 제도적으로 잘 지원을 하면 가족에 의존하는 것들이 낮아 지는 건지... 그런 의미에서 보면 우리도 제도적으로 서포트를 해야지 그 걸 왜 부모나 할아버지 할머니들이 감당해야 하는지...

임연옥 문제는 제도적으로 서포트를 하려면, 그 제도를 만들려면 국가에 서 부담하는 게 많고, 그러려면 우리가 세금을 그만큼 많이 낼 수 있는가 문제지요. 지금 제언을 쓰다 보면, 예를 들어 주택 개선을 위한 제도를 언급하면, 개선 주택 개조비 지원, 지역 환경에 대한 제언을 하려면, 지역 환경 서비스 구축을 이야기 안 할 수 없는데... 모두 다 중앙정부나 지방자치의 일로 몰아지거든요. 그러면 결국 복지라는 거죠. 그 복지가 강화하려면 결국 그의 재원은 부메랑이 돼서 다시 사람들에게 돌아온다는 거죠.

임연옥 근데 그러려면 전반적으로 국민들이 세금 내는 것에 대해서 인식이 개선돼야 하는데요. 저는 요새 TV 뉴스 보면서 정부가 무슨 일 무슨 일을 하겠다. 무슨 돈을 어디다 지원하겠다고만 말을 하지 그 앞에 여러분이 낸 세금이 이만큼이고 그 세금을 우리가 이렇게 제대로 쓰고 있습니다. 잘 쓰겠습니다. 이런 설명이 전혀 없어요. 오히려 국가가 정부가 국민에게 혜택을 주는 것처럼 얘기를 하잖아요? 그런데 국민들이 우리가 얼마나 세금을 많이 내나요? 그 세금을 어떻게 복지로 활용하고 어떤 효과가 나고 있는지를 국민들에게 알려줘야 하지요.

김영범 두 가지 정도 우리가 생각해볼 점이 있는데, 첫 번째로 우리는 기업에 대해서 너무 자비롭다는 점이거든요. 그러니까 우리가 여러 가지 노동법이나 아니면 애들 양육과 관련한 제도가 있는데, 그런 제도들이 충분히 활용되지 못하는 배면에는 기업 문제가 있는 거거든요. 그런 제도들을 활용하려고 할 때 기업이 당사자를 어떻게 취급하느냐. 예를 들면 우리 흔히 보는 사례가 누구 임신했다고 그러면 한직으로 밀려서 관두게 한다든가, 또 남성이 육아휴직 쓰는 것에 대해 기업 내부에서 부정적인 시각을 갖는다든가 하는 것 등을 들 수 있는데, 기업이 좀 더 돌봄 친화적일 필요가 있습니다.

이승훈 남자 육아휴직 문제가 있죠.

김영범 남자가 육아휴직 한다고 그러면 다 안 좋게 보거든요. 회사에서 (맞아요) 그러니까 그런 기업의 문화를 바꾸는 거, 제가 보기에는 여러 가지 제도적 문제가 하나 있을 수 있고, 두 번째 선생님 말씀하신 것처럼 세금을 먼저 많이 걷기보다는 세금이 우리에게 어떻게 쓰이는지를 국가가 입증해줘야 돼요. 그러니까 브라질 대통령인 룰라가 과거에 이런 얘기 했었는데, '왜 나라에서 기업을 구제해주는 거는 경제적 지원이라고 얘기하고, 개인을 도와주는 돈을 쓰면 그걸 돈 낭비라고 그러냐. 그런 게 아니라 이렇게 개개인의 삶에 네가 낸 세금이 의미가 있다고 하는 거를 느낄 수 있도록 만들어주는 그런 노력들이 세금을 더 걷기보다 앞서서 있어야죠.

임연옥 그래야지 지금 우리가 AIP에서 제안한 것들이 가능해져요. 우리의 세금으로 이루어져야 할 일들이니까요.

김영범 우리가 지금 단계에서 관심을 갖는 대상들은 비교적 여러 가지 지원이나 이런 것들이 복잡하지는 않은 상태에 있는 분들이거든요. 그러니까 일단은 경제적으로 여유가 있으면 대부분의 많은 문제는 해결되는 거고, (그렇죠) 경제적으로 여유가 없는 분들이라면 국가에서 경제적인 지원을 하거나, 아니면 몇몇 서비스를 통해서 해결될 수 있는 정도가 굉장히 많은 것이고, 문제는 이다음 단계로 넘어가서 집 안에 있지만 누군가의 도움으로 필요하신 분들을 우리가 어떻게 도와줄 것인가, 이 부분이 어쩌면 AIP 연구의 제일 핵심 사항이 되겠죠. 그다음 단계에 죽음을 앞두신 분들은 그건 오히려 더 좀 단순할 수 있어요. 스스로 충족 못 하지만 욕구가 많은 분들이잖아요. 다음 단계에 있는 이분들은 어떻게 우리 사회가 도와줄 것인가?

임연옥 그리고 그분들은, 그분들하고 가족.

김영범 그렇죠. 가족의 문제가 또 끼죠.

임연옥 제가 이번에 간병을 해보면서 느낀 게, 그냥 가족의 부양 부담 문제가 아니라 가족의 히스토리 문제인 것 같아요. 우리가 작년에 인터뷰한 사람 중에서 부모님을 직접 돌보는 아들들을 제가 인터뷰를 했잖아요? 왜 아들이어야 할까? 다른 형제가 있는데 왜 이 아들이, 어떤 집은 왜 이 딸이 간병을 하는가? 그 아들이나 딸이 부모님을 간병하는 주요 역할을 하게 된 데는 그 집안에 히스토리가 있는 거예요. 그 히스토리 결과 부양 부담이 더 가중된다는 느낌이 들더라고요. 액면적으로는 그냥 서비스 넣고 뭐 하고, 우리 연구에서 영향 요인이 나오면 그걸 어떻게 하면 되겠지가 아니라. 우리나라의 부모들이, 아까 교수님 얘기하셨듯이, 부모가 자녀를 키워온 그 히스토리, 그 과정에서 맺힌 감정, 이런 것들이 돌봄을 받는 상황으로 역전됐을 때 거꾸로 반응이 들어가는 거 아닌가. 그래서 조금 더 깊이 들여다 볼 필요가 있다는 생각이 좀 들더라고요. 저는 그래서 돌봄이 필요한 노인들의 AIP는 더 복잡하지 않을까 생각이 들어요.

김영범 이거 끝내고 나서 인터뷰나 또 조사한 거를 좀 더 심도 있게 분석해야겠죠. 선생님 여기서 대충 더 하실 말씀 있으세요?

임연옥 제가 한 가지. 제가 AIP에서 새로운 개념 모델로 로젠 홀의 모델 삼각형 제시했잖아요? '에이전시'를 '선택 역량'이라고 제가 번역했는데, AIP를 구성하는 자기의 정체성, 타인과의 연결성, 장소에 대한 감각 이 세 가지를 무너뜨리는 위협 요인들이 밖에서 공격해 올 때, 내가 어떤 선택을 하느냐, 나의 선택 역량에 따라서 AIP가 가능하고 가능하지 않고가 결정된다는 게 그 모델이에요. 그래서 이 모델의 삼각형 밸런스를 유지할 수 있는 선택 역량이라는 게 과연 무엇일까? 그 질문을 한번 해봐야겠다는 생각이 들었어요. AIP를 구성하는 세 가지 요인에 위협이 가해졌을 때, 개인적인 요건으로는 건강, 경제력, 성격, 삶의 경험 등이 선택 역량에 해당되지 않을까 생각되고, 그 외 무엇이 있을지 파악해야 할 것 같아요. 왜냐하면 돌봄이 필요한 노인은 그 삼각형이 깨졌다는 얘기잖아요. 그런 분들이 가진 선택 역량은 무엇일지에 대한 생각이 들었습니다.

김영범 감사합니다. 이것으로 오늘 대담은 마치도록 하겠습니다.

| 참고문헌 |

고대선, 원영신. (2009). 체력과 운동참여가 노인들의 건강한 노후에 미치는 영향. 한국노년학, 29(3), 899-915.

고민석. (2020). 독거노인과 비독거노인의 일상생활수행능력, 우울 및 인지기능 관련요인 비교분석. 인문사회 21, 11(6), 2173-2187.

곽인숙. (2011). 노인의 자녀와 동거희망과 지속거주희망에 영향을 미치는 요인-초고령노인기를 가정하여, 한국주거학회논문집, 22(6), 83-95.

구본미, 채철균. (2019). 주거환경만족도가 노년기 우울에 미치는 영향. 한국노년학, 39(4), 781-800.

국민연금공단. (2021). 보도자료-국민연금 월 최고액은 227만 원, 최고령 107세. https://www.nps.or.kr/jsppage/news/pr_news/pr_news_01.jsp

국회예산정책처. (2018). 2018~2027년 노인장기요양보험 재정 전망. 서울: 국회예산정책처.

권오정, 김서연, 이용민. (2021). 국내 노인 주택개조 선행연구 특성 분석. 한국실내디자인학회논문집, 30(1), 44-54.

권오정, 김진영, 이용민. (2018). 고령자 주택개조 관련 제도 현황 분석. 한국실내디자인학회 논문집, 27(2), 24-36.

권오정, 이용민, 하해화, 김진영, 염혜실. (2014). 노년층의 지역 내 계속 거주 이유에 관한 연구. Family and Environment Research, 52(3), 285-299.

권혁주, 오찬옥, 김수영, 이재정, 이도영. (2019). 고령친화 보행환경에 대한 고령자 만족도 및 요구에 대한 연구. 한국실내디자인학회 학술발표대회논문집, 21(3호), 325-329.

권현주, 이수진, 이연숙. (2008). Aging-in-Place를 지원하는 고령친화 디지털홈 계획방향 요구에 대한 실험적 연구. 대한건축학회지, 7, 21-28.

김경희, 이성국, 윤희정, 권기홍. (2015). 70세 이상 후기노인의 사회적자본이 건강관련 삶의 질에 미치는 영향. 한국산학기술학회논문지, 16(6), 3889-3901.

김남현, 정민숙. (2017). 노인들의 사회활동 참여와 우울이 삶의 질에 미치는 영향-광주시와 전남지역 노인들을 중심으로. 한국콘텐츠학회논문지, 17(3), 496-506.

김도영. (2015). 사회경제적 지위가 건강수준과 의료서비스 이용에 미치는 영향에 관한 연구. 인문사회과학연구, 16(4), 329-369.

김미현. (2016). 한국 성인 여자에서 복부비만에 따른 만성질환 위험 비교-2013~2014년 국민건강영양조사 자료를 이용하여. 한국식품영양학회지, 29(6), 938-945.

김상욱 외. (2011). 한국사회조사 2011. 서울: 성균관대학교 출판부.

김새봄, 김진현, 송영지. (2020). 고령친화 환경인식이 지역주민의 삶의 질에 미치는 영향-지역사회 애착의 매개효과를 중심으로. 한국지역사회복지학, 75, 57-82.

김선자. (2009). 서울, 노인이 살기 좋은 도시인가?. SDI 정책리포트, 29호.

김수영, 문경주, 오찬옥. (2015). 고령화 지역의 Aging in Place에 영향을 주는 조건 분석을 통한 정책방향 탐색. 지역사회 연구, 23(2), 137-164.

김수영, 문경주, 장수지. (2016). 다층모형을 이용한 베이비붐 세대의 삶의 만족도 영향요인 분석. 노인복지연구, 71(4), 391-421.

김수영, 오찬옥, 문경주. (2017). 거주지역의 물리적 환경특성에 대한 인식이 고령자의 정주의식에 미치는 영향에서의 삶의 만족도의 매개효과. 한국주거학회논문집, 28(3), 35-43.

김수영, 모선희, 원영희, 최희경. (2009). 노년사회학. 학지사.

김승희. (2008). 강원도내 고령자의 주거실태 분석 보고. 강원발전연구원.

김승희. (2012). 강원도 고령친화마을 조성방안. 연구보고 12-41. 강원발전연구원.

김아린. (2020). 독거노인의 사회적 고립이 건강관련 삶의 질에 미치는 영향. 디지털융복합연구, 18(8), 343-351.

김영범. (2008). 한국 고령자의 경제활동 참여 결정 요인에 관한 연구. 사회보장연구, 23(3), 29-51.

김영범. (2013). 노년기 우울 증상에 영향을 미치는 요인-자녀와의 지원교환 효과를 중심으로. 지역사회학, 15(1), 223-244.

김영범. (2018). 노인의 사회적 고립과 인지기능의 관계에 대한 일 연구. 디지털융복합연구, 16(7), 429-439.

김영범. (2021). 도농복합도시 노인의 사회활동 수준과 우울증상의 관계에 대한 분석－직접 효과와 외로움을 매개로 한 간접 효과를 중심으로－. 농촌사회, 31(2), 175-212.

김영범. (2021). 후기노인(old-old elderly)의 도구적 일상생활수행능력 관련 요인에 대한 분석: 사회활동과의 관련성을 중심으로. 사회사상과 문화, 24(4), 195-224.

김영범, 박준식. (2004). 한국 노인의 가족 관계망과 삶의 만족도: 서울 지역 노인을 중심으로. 한국노년학, 24(1), 169-185.

김영범, 윤혜경, 윤현숙. (2019). 비공식 사회지원망 종류와 삶의 만족도－전기노인과 후기노인의 차이를 중심으로. 지역사회학, 20(3), 129-156.

김영범, 이승훈. (2008). 한국 노인의 사회활동과 주관적 안녕감: 서울 및 춘천 노인을 대상으로. 한국노년학, 28(1), 1-18.

김영범, 이승희. (2018). 노인의 건강상태, 건강행위, 사회관계가 건강 관련 삶의 질에 미치는 영향: 가구유형별 분석. 지역사회간호학회지, 29(3), 310-321.

김영우, 정진욱, 송기민. (2021). 농촌지역 50+세대에 있어 지역사회 계속 거주(Aging in Place)를 위한 물리적 고령친화환경 중요요인 연구. 장기요양연구, 9(2), 104-121.

김영주. (2006). Aging in Place 활성화를 위한 노인가구의 주택개조실태 및 요구조사. 생활과학논집, 23, 13-35.

김용득. (2018). 탈시설과 지역사회중심 복지서비스 구축, 어떻게 할 것인가?: 자립과 상호의존을 융합하는 커뮤니티 케어. 보건사회연구, 38(3), 492-520.

김용진. (2013). 개인-환경 적합성 모델을 이용한 노인의 주거만족도 및 거주의사 분석. 住居環境, 11(1), 51-62.

김용학. (2014). 사회연결망 분석(3판). 서울: 박영사.

김유진. (2022). 「노인맞춤돌봄서비스」 전담사회복지사의 경험을 통해 살펴본 에이징 인 플레이스 지원 사례관리의 어려움과 딜레마. 사회과학담론과 정책, 15(1), 65-103.

김유진, 박순미, 박소정. (2017). 고령자의 에이징 인 플레이스(Aging in Place)를 위한 서비스 지원주거 모델 개발 연구. 보건사회연구, 39(2), 65-102.

김재희. (2021). 제주지역 노인의 지역사회환경이 우울에 미치는 영향: 사회활동 참여의 매개효과를 중심으로. 노인복지연구, 76(1), 9-43.

김태량, 장남서. (2021). 독거노인 고독사 현상과 대응 방안에 관한 연구. 한국케어매니지먼트연구, 41, 261-291.

김태일. (2009). 고령화 사회에서의 주거환경계획의 패러다임 전환. 한국의료복지시설학회지, 15(4), 47-49.

김현경. (2016). 사람, 장소, 환대. 서울: 문학과지성사.

김혜선, 박수빈. (2019). 지속적 거주(Aging in Place)를 위한 국내·외 주택설계지침의 비교. Journal of the Architectural Institute of Korea Planning & Design, 35(9), 19-28.

류동, 허예진. (2022). 노인의 삶의 만족도에 미치는 지역사회 물리적 환경 만족의 영향: 주관적 이웃관계와 사회참여의 이중 매개효과를 중심으로. 한국노년학, 42(1), 17-35.

문경주. (2019). 지역사회의 물리적 환경조건과 지역사회자본이 중고령층 정주의식에 미친 영향에서의 삶의 만족도와 지역정체성의 매개효과. 공공정책연구, 35(2), 201-233.

문병섭, 노창균, 박범진. (2015). 고령자 보행 정책의 패러다임 변화, 교통기술과 정책, 12(1), 21-28.

문지현, 김다혜. (2018). 독거노인의 삶의 만족도 영향요인 탐색 연구. 한국콘텐츠학회논문지, 18(1), 44-54.

문하늬, 채철균, 송나경. (2018). 지역사회 물리적 환경에 대한 주관적 인식이 정신건강에 미치는 영향. 서울도시연구, 19(2), 87-103.

민소영, 임선영, 주은선, 신서우. (2021). 무엇이 노인의 삶을 더욱 불만족스럽게 만드는가?: 주거와 돌봄의 이중결핍의 영향. 사회과학연구, 60(2), 133-154.

박성복. (2011). 노인의 주거관련 요인과 삶의 만족도. 한국행정논집, 23(3), 731-758.

박성신, 이민아, 신영화, 박영례. (2017). 남자노인 1인가구의 거주지주변 활동공간 이용실태 및 요구 분석. 한국가족복지학, (55), 265-297.

박정훈, 유재우. (2011). '자아정체성' 개념으로 본 독거노인의 주의식과 주거행태에 관한 연구. 大韓建築學會論文集 計劃系, 27(10), 111-120.

박종용. (2019). 도시공간의 물리적 안전과 노인들의 계속 거주와의 관계분석. Journal of the Korea Society of Disaster Information, 15(1), 109-120, https://doi.org/10.15683/kosdi.2019.03.31.109

박준범, 마강래. (2020). 고령자의 계속거주(Aging in Place)와 사회적 관계에 대한 연구 大韓不動産學會誌. 38(4), 5-21.

백옥미. (2015). 노년기 인지기능 변화궤적과 관련 요인: 잠재성장모형의 적용. 사회복지연구, 39(3), 79-103.

백옥미. (2016). 노년기 거주지의 경험과 의미. 노인복지연구, 71(4), 267-301.

변혜령. (2001). 치매노인을 위한 환경 디자인 이론과 실제의 연계성연구, 연세대 박사학위 논문.

보건복지부. (2020). 2020년 노인실태조사.

보건복지부. (2021). 2020 국민기초생활보장 수급자 현황. 세종: 보건복지부.

서기순. (2008). 노인건강행위와 관련요인간의 관계. 한국노년학. 28(4), 1201-1212.

서보람, 김선미, 허용창. (2022). 농촌 노인 대상의 주택개보수 사업의 문제점과 정책 제언에 대한 질적 연구. 사회과학연구, 33(2), 193-212.

서수경. (2013). 미국이민 중년 여성의 비만 관련요인과 만성질환에 미치는 영향. 기초간호학회지, 15(1), 8-14.

석말숙. (2004). 노인의 주관적 안녕감에 대한 생태 체계적 접근: 지역사회거주 재가노인을 중심으로. 노인복지연구, 26, 237-261.

손성민, 박아름. (2021). 인지프로그램 참여에 따른 독거노인들의 인지기능과 건강관련 삶의 질의 변화. 한국엔터테인먼트산업학회논문지, 15(3), 279-287.

송기민, 정진욱, 김영우. (2022). 고령친화도시 환경 요인과 노인의 삶의 질에 관한 연구: 원주시를 중심으로. Korean Journal of Social Quality, 6(1), 35-57.

송나경. (2018). 서울시민의 주관적 건강 영향요인 연구. 한국사회복지조사연구, 67, 123-147.

숙명여자대학교 건강·생활과학연구소. (1999). 현대노년학, 숙명여자대학교 출판부, 282.

신서우, 민소영. (2020). 독거노인은 지역사회에서 계속 살고 싶을까?: 정주의식, 거주환경만족도, 노화불안의 관계를 중심으로. 사례관리연구, 11(1), 25-44.

안준희, 김미혜, 정순둘, 김수진. (2018). 농촌지역 거주 노인의 통합적 인권보장 실태에 관한 연구. 한국노년학, 38(3), 569-592.

안지은, 김국선. (2015). 노인의 정주성을 위한 주거환경 요구 조사 분석. 한국공간디자인학회논문집, 10(1), 95-104.

오찬옥. (2008). 그룹 홈과 공유주택 개념을 중심으로 본 Aging in Place를 위한 노인주거대안 개발을 위한 연구-부산광역시 단독주택 거주 노인을 중심으로. 한국주거학회논문집, 19(3), 59-70.

오현주, 김대희. (2012). 노인의 건강증진행위에 영향을 미치는 요인에 관한 연구. 보건과 사회과학, 32, 173-197.

우국희. (2017). 섬 지역고령자의 장소경험과 의미: Aging in Place는 가능한가? 비판사회정책, 54, 260-304.

유광욱, 원유병. (2010). 노인들의 신체활동 유무, 부적정서, 경제적 수준과 정신건강 간의 관계. 한국스포츠심리학회지, 21(4), 197-205.

윤성은, 한경혜. (2011). 농촌노인들의 생활세계와 농촌 커뮤니티에서의 삶의 의미. 한국노년학, 31(3), 767-793.

윤정애, 강지수, 배명진, 이나영, 이채민, 전우진. (2016). 독거노인과 비독거노인의 심리적 안녕감과 자아존중감 및 생활만족도의 비교. 대한고령친화산업학회지, 8(2), 63-69.

윤현진, 차혜경, 이희주. (2022). 노인의 후각기능, 인지기능, 우울 및 일상생활 수행능력 간의 관계. 한국웰니스학회지, 17(3), 263-269.

이경영, 정문기, 정예은. (2018). 지속거주의향의 영향요인에 관한 연구: 서울시 5대 생활권 비교를 중심으로. 한국행정연구, 27(2), 179-210.

이경욱. (2020). 도농복합시 지역주민이 인식한 '살던 곳에서 계속 살기(Aging in Place)' 실태 연구－포토보이스 접근. 독서치료연구, 12(2), 123-144. https://dx.doi.org/10.35398/job.2020.12.2.123

e-나라지표. (2022). 기준중위소득추이. https://www.index.go.kr/main.do?cate=1

이삼식, 최효진. (2019). 노인의 이동성이 사회참여에 미치는 영향. 한국웰니스학회지, 14(3), 101-110.

이상림, 강은나, 오신휘, 전홍규, 이한나, 박소정, 류승규. (2016). 초고령사회 대응 지역친화적 노인주거모델 개발 연구. 세종: 한국보건사회연구원.

이상철, 박영란. (2016). 고령친화환경 요인들이 삶의 만족 및 노화불안에 미치는 영향에 대한 연령집단별 비교 연구. 한국사회정책, 23(2), 173-200.

이선영, 박상희. (2020). 노인의 고령친화환경에 대한 인식이 정주의식에 미치는 영향에 관한 연구, GRI연구논총, 22(2), 201-223.

이성찬 외. (2013). 지역사회노인군에서 단축형노인우울척도의 사용. Journal of Korean Geriatric Psychiatry, 17, 36-42.

이세규, 박동욱. (2015). 도시 고령자의 거주환경과 에이징 인 플레이스 간의 인과
　　성 연구: 신체 및 심리적 건강을 매개변수로. 도시행정학보, 28(2), 287-308.

이승훈. (2017). AIP(Aging in Place)에 대한 주관적 기대와 의미: 농촌 지역의
　　노인들을 중심으로. 공공사회연구, 7(1), 135-163.

이연숙, 안소미, 임수현. (2010). 총체적 건강을 위한 건축 공간계획의 실험적
　　복합이론 구축연구. 한국생태환경건축학회논문집, 10(1), 97-107.

이연숙, 안창헌. (2014). 도시 저소득 노인가구의 주택개조 실태 및 요구 연구.
　　Design Convergence Study, 13(5), 290-306.

이윤경, 강은나, 김세진, 변재관. (2017). 노인의 지역사회 계속 거주(Aging in
　　Place)를 위한 장기요양제도 개편 방안. 세종: 한국보건사회연구원.

이윤경, 김세진, 황남희, 임정미, 주보혜, 남궁은하 등. (2021). 2020년도 노인실
　　태조사. 오송: 보건복지부 · 한국보건사회연구원.

이윤재. (2013). 농촌지역의 노인 주거 공용 공간 실태조사 연구: 현관과 거실
　　을 중심으로. 디자인융복합연구, 42, 13-30.

이정은. (2022). 노인의 인지기능과 신체적 건강요인의 관계. 한국노년학, 42(3),
　　481-497.

이태헌, 김정석, 정하영. (2020). 한국사회의 '탈시설화' 담론과 사회적 실천으로
　　써 '커뮤니티케어' 정책에 대한 고찰. 한국지방정부학회 2020년도 하계학
　　술대회 논문집, 433-441.

이현민, 최미선. (2022). 노인1인가구의 삶의 만족에 영향을 미치는 고령친화
　　지역사회환경 요인. 보건사회연구, 42(2), 262-279.

이현주, 강상경, 이준영. (2008). 노인우울증에 대한 사회경제적 지위요인과 건
　　강행태요인에 관한 연구. 한국노년학, 28(4), 1129-1145.

임승자. (2018). 독거노인의 생애사 연구−사회적으로 고립된 노인을 중심으로.
　　한국가족사회복지학회 학술발표논문집, 2018(2), 196-198.

임연옥. (2016). 친숙한 지역사회에서 존엄하게 늙어가는 것은 어떻게 가능할
　　까?. 노인복지연구, 71(3), 411-436.

전성민, 권순정. (2009). 일상생활권을 고려한 지역밀착형 노인복지시설의 배치 계획에 관한 연구. 한국의료복지시설학회지, 15(4), 33-43.

정경희 외. (2017). 2017년도 노인실태조사. 세종: 한국보건사회연구원.

정용문. (2013). 호주의 '현 거주지에서의 화(ageing-in-place)' 지원 정책이 한국의 노인복지정책에 주는 시사점. 한국노년학, 33(4), 847-863.

정은하. (2018). 지역사회 돌봄 활성화를 위한 초고령 노인의 생활 특성 및 지역사회 애착도 영향 요인에 관한 연구. 장기요양연구, 6(2), 32-54.

정재연, 김은표, 남석인. (2021). 노인의 주거환경 만족 유형과 이웃관계에 대한 연구. 노인복지연구, 76(4), 107-136.

정재훈. (2015). 농촌 노인의 주거환경과 생활만족도 변화추이. 한국농촌건축학회논문집, 17(4), 1-8.

조아라. (2013). Housing Policy for the Elderly and the Meaning of "Aging in Place" in Japan. 대한지리학회지, 48(5), 709-727.

조영경, 심경원, 석혜원, 이홍수, 이상화, 변아리, 이한나. (2019). 1인 가구와 다인 가구의 사회경제적 수준, 건강 행태와 대사증후군에서의 차이. Korean Journal of Family Practice, 9(4), 373-382.

조영주. (2013). 지역사회환경이 노인의 성공적 노화에 미치는 영향. 노인복지연구, 61, 35-56.

조혜민, 이수기. (2017). 근린환경특성이 사회적 자본의 수준에 미치는 영향 연구: 보행활동의 매개효과를 중심으로. 국토계획, 52(4), 111-134. https://doi.org/10.17208/jkpa.2017.08.52.4.111

중앙치매센터. (2018). 치매로부터 자유로운 나라—2018 연차보고서. 서울: 중앙치매센터.

채미선, 이정화. (2018). 사회적 배제가 농촌 노인의 우울에 미치는 영향: 노인1인가구와 노인부부가구 비교를 중심으로. 한국지역사회생활과학회지, 29(4), 553-569.

천현숙, 오민준. (2013). 노인주거문제와 지원방안. 국토정책 Brief, 417, 1-6.

최영. (2008). 독거노인의 경제수준, 건강상태, 사회적 지지가 우울에 미치는 영향. 社會科學研究, 24(4), 103-123.

최현숙. (2021). 작별일기. 서울: 후마니타스.

통계청. (2021). 2020년 생명표.

통계청. (2022a). 2022 고령자통계. https://kostat.go.kr

통계청. (2022b). 2021년 인구 동향 조사－출생·사망 통계. https://kostat.go.kr

하규수, 진선진. (2010). 아파트 거주자의 변인에 따른 주거환경 만족도의 차이에 대한 연구. 대한가정학회지, 제48권 1호, 83-96.

한겨레21. (2022.1.15). 키오스크 앞에서 서성이는 노인들, 제1397호.

한규상, 양은주. (2018). 한국 노인의 식습관 및 영양섭취 실태 평가: 국민건강영양조사 2013~2015 데이터를 이용하여. 동아시아식생활학회지, 28(4), 258-271.

홍이경, 주서령, 이성욱. (2020). 고령자를 위한 서비스 지원형 공공임대주택의 주거복지서비스 현황분석. 한국주거학회논문집, 33(1), 169-179.

홍현방. (2003). 노인의 영양건강과 성공적인 노화의 관계: 대전광역시 노인을 중심으로. 한국노인복지학회지, 21, 49-72.

Alley, D., Liebig, P., Punoos, J., Banerjee, T. & Choi. I. H. (2007). Creation elder friendly communities: Preparations for an aging society. Journal of Gerontological Social Work, 49(1-2), 1-18.

Allison, P. (2009). Fixed effects regression models. Thousand Oaks: Sage.

Allison, P., Williams, R. & Moral-Benito, E. (2017). Maximum likelihood for cross-lagged panel models with fixed effects. Socius: Sociological research for dynamic world, 3, 1-17.

Améry, Jean. (2014). 늙어감에 대하여: 저항과 체념 사이에서. 김희상 역. 서울: 돌베개.

Amian, J. G., Alarcon, D., Fernandez-Portero, C. & Sanchez-Medina, Jose A. (2021). Aging Living at Home: Residential Satisfaction among Active Older Adults Based on the Perceived Home Model. International Journal of Environmental Research and Public Health, 18, 8959. https://doi.org/10.3390/ijerph18178959

Amici, A., Cicconetti, P., Baratta, A., Linguanti, A., Scalise, C., Giudice, et al. (2008). The Marigliano-Cacciafesta polypathology scale (MCPS): A tool for predicting the risk of developing disability. Archives of Gerontology and Geriatrics, 47, 201-206.

Antonucci, T., Ajrouch, K. J. & Birditt, K. S. (2013). The convey model: Explaining social relationships from a multidisciplinary perspectives. The Gerontologist, 54(1), 82-92.

Applewhite, Ashton. (2016). 나는 에이지즘에 반대한다. 이은진 역. 서울: 시공사.

Atchley, R. C. (1989). A Continuity Theory of Normal Aging. The Gerontologist, 29(2), 183-190.

Atchley, R. C. (1999). Continuity and Adaptation in Aging: Creating Positive Experiences. The Johns Hopkins University Press.

Baily, C. L. (2007). Understanding the Meaning of Community Engagement for Aging in Place within a Social Capital Framework. Doctoral Dissertation. Virginia Polytechnic Institute and State University.

Bartky, Sandra Lee. (2002). Sympathy and Solidarity. ROWMAN & LITTLEFIELD PUBLISHERS, INC.

Bayer, T., Tadd, W. & Krajcik, S. (2005). Dignity: the voice of older people. Quality in Ageing and Older Adults, 6(1), 22-29.

Biddle, B. J. (1986). Recent developments in role theory. Annual Review of Sociology, 12, 67-92.

Bigonnesse, C. & Chaudhury, H. (2020). The Landscape of "Aging in Place" in Gerontology Literature: Emergence, Theoretical Perspectives, and Influencing Factors. Journal of Aging and Environment, 34(3), 233-251. DOI: 10.1080/02763893.2019.1638875

Binette, J. (2021). Where We Live, Where We Age: Trends in Home and Community Preferences. 2021 Home and Community Preferences Survey: A National Survey of Adults Age 18-Plus. https://www.aarp.org/research/topics/community/info-2021/2021-home-community-preferences.html 2022년 6월 28일 접속.

Black, K., Dobra, D. & Young, T. (2015). Aging in community: mobilizing a new paradigm of older adults as a core social resource. Journal of Applied Gerontology, 34(2), 19-243.

Blanchflower, D. G. & Graham, C. (2020). Happiness and aging in the United States. National Bureau of Economic Research Working Paper Series No. 28143. DOI: 10.3386/w28143

Blazer, D., Burchett, B., Service, C. & George, L .K. (1991). The association of age and depression among the elderly: an epidemiologic exploration. Journal of Gerontology, 46(6), M210-5.

Borges, M. K., Canevelli, M., Cesari, M. & Aprahamian, I. (2019). Frailty as a predictor of cognitive disorders: A systematic review and meta-analysis. Frontiers in Medicine, 6, 26. https://doi.org/10.3389/fmed.2019.00026

Boyle, J. S. & Counts, M. M. (1988). Toward healthy aging: A theory for community health unrsing...in an Appalachian community. Public Health Nursing, 5(1), 45-51.

Bronfenbrenner, U. (1979). The ecology of human development: Experiments by nature and design. Cambridge, MA: Harvard University Press.

Bronfenbrenner, U. (1994). Ecological models of human development. In T. N. Postlethwaite & T. Husen (Eds.). International Encyclopedia of Education, (2nd ed., pp. 1643-1647). Oxford: Elsevier.

Cacioppo, J. T. & Hawkley, L. C. (2009). Perceived isolation and health. Trends in Cognitive Science, 13(10), 447-454. DOI: 10.1016/j.tics.2009.06.005

Cacioppo, J. T., Berntson, G. G., Bechara, A., Tralnel, D. & Hawkley, L. C. (2011). Could the aging brain contribute to subjective well-being? The value added by a social neuroscience perspective. In Todorov, A., Fiske, S. T. & Prentice, D. A. (Eds.). Social Neuroscience: Toward Understanding the Underpinnings of the Social Mind. New York: Oxford University Press.

Cacioppo, J. T., Hawkley, L. C. & Thisted, R. A. (2010). Perceived social isolation makes me sad: 5-year cross-lagged analyses of loneliness and depressive symptomatology in the Chicago Health, Aging, and Social Relations Study. Psychol Aging, 25(2), 453-463.
DOI: 10.1037/a0017216

Calkins M. P. (1995). From aging in place to aging in institutions: Exploring advances in environments for aging. The Gerontologist, 35(4), 567-571.
http://dx.doi.org/10.1093/geront/35.4.567

Carp, F. M. & Carp, A. (1984). A complementary/congruence model of well-being or mental health for the community elderly. Human Behavior & Environment: Advances in Theory & Research, 7, 279-336.

Carstensen, L. L. (2006). The influence of a sense of time on human development. Science, 312(30).

Carstensen, L. L., Fung, H. H. & charles, S. T. (2003). Socioemotional selectivity theory and regulation of emotion in the second half of life. Motivation and Emotion, 27(2).

Celebi, M. E., Kingravi, H. A. & Vela, P. A. (2013). A comparative study of efficient initialization methods for the k-means clustering algorithm. Expert Systems with Applications, 40(1), 200-210.
https://doi.org/10.1016/j.eswa.2012.07.021

Centers for Disease Control and Preveintion. (2022). Healthy Places Terminology: Aging in Place. http://www.cdc.gov/healthyplaces/terminology.htm

Cornwell, E. Y. & Waite. L. J. (2009). Social Disconnectedness, Perceived Isolation, and Health among Older Adults. Journal of Health and Social Behavior, 50(1), 31-48. DOI: 10.1177/002214650905000103

Coyle, C. E. & Dugan, E. (2012). Social Isolation, Loneliness and Health Among Older Adults. Journal of Aging and Health, 24(8), 1346-1363.
DOI: 10.1177/0898264312460275

Crohan, S. & Antonucci, T. C. (1989). Friends as a source of social support in old age. In R. G. Adams & R. Blieszner (Eds.). Old Adult Friendship: Structure & Process (pp. 129-146). London: Sage.

Cumming, Elaine & Henry, William E. (1961). Growing old: The process of disengagement. New York: Basic Books.

Cutchin, M. P. (2003). The process of mediated aging-in-place: A theoretically and Empirically based model. Journal of Social Sciences & Medicine, 57, 1077-1090.

Davey, J. (2006). "Ageing in place"; The views of older homeowners about housing maintenance, renovation and adaptation. Wellington, New Zealand: Centre for Social Research and Evaluation, Ministry of Social Development.

Davis, W. K. & Herbert, D. T. (1993). Communities within Cites: An Urban Social Geography. London: Belhaven Press.

Durkheim, Emile. (1951). Suicide: A Study in Sociology. 황보종우 역. (2019). 서울: 청아출판사.

Dye. C. J., Willoughby. D. F. & Battisto. D. G. (2011). Advice from Rural Elders: What it takes to age in place, Educational Gerontology, 37, 74-93.

Erickson, L. D., Call, V. R. A. & Brown, R. B. (2012). SOS-Satisfied or Stuck, Why Older rural residents stay put: Aging in Place or Stuck in Place in Rural Uta. Rural Sociology, 77(3), 408-434.

Fausset, C. B., Kelly, A. J., Rogers, W. A. & Fisk, A. D. (2011). Challenges to Aging in Place: Understanding Home Maintenance Difficulties. J Hous Elderly, 25(2), 125-141. DOI: 10.1080/02763893.2011.571105

Fiori, K. L., McIlvane, J. M., Brown, E. E. & Antonucci, T. (2006). Social relations and depressive Symptomatology: Self-efficacy as a mediator. Aging & Mental Health, 10(3), 227-239.

Fiori, K. L., Smith, J. & Antonucci, T. C. (2007). Social network types among older adults: A multidimensional approach. Journal of Gerontology: Psychological Science, 62B(6), P322-330.

Frank, J. (2001). Chapter 1 how long can I stay. Journal of Housing for the Elderly, 15, 1-2, 5-30. DOI: 10.1300/J081v15n01_02

Fratiglioni, L., Paillard-Borg, S. & Winblad, B. (2004). An Active and Socially Integrated Life Style in Late Life Might Protect Against Dementia. Lancet Neurology, 3, 343-353. DOI: 10.1016/S1474-4422(04)00767-7

Golant, S. M. (2003). Conceptualizing time and behavior in environmental gerontology: A pair of old issues deserving new thought. The Gerontologist, 43, 638-648.

Greenfield, E. A. (2012). Using ecological frameworks to advance a field of research, practice and policy on aging-in-place initiatives. The Gerontologist, 52(1), 1-12.

Grimmer, K., Kay, D., Foot, J. & Pastakia, K. (2015). Consumer views about aging-in-place. Clinical Interventions in Aging, 10, 1803-1811.

Han, S. H., Kim, K., Burr, J. A. (2019). Friendship and depression among couples in later life: The moderating effects of marital quality. The Journals of Gerontology: Series B, 74(2), 222-231.

Hawton, A. et al. (2011). The Impact of Social Isolation on the Health Status and Health-Related Quality of Life of Older People. Quality of Life Research, 20(1), 57-67. DOI: 10.1007/s11136-010-9717-2

Heinrich, L. M. & Gullone, E. (2006). The clinical significance of loneliness: a literature review. Clinical Psychological Review, 26, 695-718. DOI: 10.1016/j.cpr

Hong, A., Sallis, J. F., King, A. C., Conway, T. L., Saelens, B., Cain, K. L., Fox, E. H. & Frank, L. D. (2018). Linking green space to neighborhood social capital in older adults: The role of perceived safety. Social Science & Medicine, 207, 38-45.

Hughes, Michael & Walter R. Grove. (1981). Living Alone, Social Integration, and Mental Health. American Journal of Sociology, 87(1), 48-74.

Iecovich, E. (2014), Aging in place: From theory to practice. Anthropological Notebooks, 20(1), 21-33.

Iwarsson S., Löfqvist C., Oswald F., Slaug B., Schmidt S., Wahl H.-W., Tomsone S., Himmelsbach I. & Haak M. (2016). Synthesizing ENABLE-AGE Research Findings to Suggest Evidence-Based Home and Health Interventions. Journal of Housing For the Elderly, 30, 330-343. DOI: 10.1080/02763893.2016.1198742

Jebb, A. T., Tay, L., Diener, E. (et al). (2018). Happiness, income satiation and turning points around the world. Nature Human Behavior, 2, 33-38.

Jun, H. J. & Hur, M. (2015). The relationship between walkability and neighborhood social environment: The importance of physical and perceived walkability. Applied Geography, 62, 115-124.

Kahana, E., Lovegreen, L., Kahana, B. & Kahana, M. (2003). Person, environment, and person-environment fit as influences on residential satisfaction of elders. Environment and Behavior, 35(3), 434-453.

Killingsworth, M. A. (2021). Experienced well-being rises with income, even above $75,000 per year. PNAS, 118(4), e201697118.

Kim Y. B. & Lee S. H. (2019). Social Support Network Types and Depressive Symptoms Among Community-Dwelling Older Adults in South Korea. Asia Pacific Journal of Public Health, 31(4), 367-375.
DOI: 10.1177/1010539519841287

Kim, A. -R., Park, J. -H. & Park, H. Y. (2021). Analysis of factors affecting depression in older adults in South Korea. Int J Environ Res Public Health, 18, 9887. https://doi.org/10.3390/ijerph18189887

Kim, Y. B. & Lee, S. H. (2022). Gender Differences in Correlates of Loneliness among Community-Dwelling Older Koreans. Int J Environ Res Public Health, 19(12), 7334. DOI: 10.3390/ijerph19127334

KOSIS. (2022). 연령별 경제활동 참가율. https://kosis.kr/index/index.do

Lawton, M. P. (1980). Housing the elderly: Residential quality and residential satisfaction. Research on Aging, 2(3), 309-328.
https://doi.org/10.1177/016402758023002

Lawton, M. P. (1982). Competence, environmental press, and the adaptation of older people. In M. P. Lawton, P. G. Windley & T. O. Byerts (Eds.) Aging and the environment (pp. 33-59). New York: Springer.

Lawton, P. (1986). Environment and Aging. New York: Center for Study aging.

Lee, S. H. & Kim, Y. B. (2014). Which type of social activities decrease depression in the elderly? An analysis of a population-based study in South Korea. Iran J Public Health, 43(7), 903-912.

Lemon, W. B., Bengtson, V. L. & Peterson, J. A. (1972). An exploration of the activity theory of aging: Activity types and life Satisfaction among in-movers to a retirement community. Journal of Gerontology, 27(4), 511-523.

Litwak, E. (1985). Helping the elderly: the complementary roles of informal networks and formal systems. New York: Guilford Press.

Litwak, E., Messeri, P., Wolfe, S., Gorman, S.,Silverstein, M. & Guilarte, M. (1989). Organizational theory, social support, and mortality rates: A theoretical convergence. American Sociological Review, 54, 49-66.

Lu, L., Chen, Lin, Wu, W., Wang, Y., Liu, Z., Xu, J., Yang, Q., Zhao, J., Liu, L. & Yu, H. (2021). Consistency and applicability of different brief screen instrument of cognitive function in elderly population. BMC Neurology, 21(1), 1-9. https://doi.org/10.1186/s12883-021-02048-4

Lu, S. (2021). Perceived Housing Conditions, Home Satisfaction, Control Beliefs over Aging Experience, and Life Satisfaction among Chinese Older Adults: A Path Analysis Study. Journal of Aging and Environment, 35(1), 88-105.

Lubben, J. (1988). Assessing social networks among elderly populations. Family & Community Health: The Journal of Health Promotion & Maintenance, 11, 42-52.

Marek, K. D. & Rantz, M. J. (2000). Aging in place: A new model for long term care. Nursing Administration Quarterly, 24(3), 1-11.

Marsden, P. V. (2011). Survey methods for network data. In Scott, J. & Carrington, P. J. (Eds.) The Sage Handbook of social Network Analysis (pp. 370-388). London: Sage Publications.

Matsuoka, Y. (2007). For successful aging in place elderly housing: Factors influencing subjective well-being of elderly housing residents of Denmark -2003 national survey. ENHR International conference 'Sustainable Urban Areas'.

Messeri, P., Silverstein, M. & Litwak, E. (1993). Choosing optimal support groups: A review and reformation. Journal of Health and Social Behavior, 34(June), 122-137.

Miller, M. P. (1991). Factors promoting wellness in the aged person: An ethnographic study. Advances in Nursing Science, 13(4), 38-51.

Moor, N. J. A., Hamers, K. & Mohammadi, M. (2022). Ageing Well in Small Villages: What Keeps Older Adults Happy? Environmental Indicators of Residential Satisfaction in Four Dutch Villages. International Journal of Environmental Research and Public Health, 19, 3922. https://doi.org/10.3390/ijerph19073922

Mutchler, J. E., Burr, J. A., Massagli, M. P. & Pienta, A. (1999). Work transitions and health in later life. Journal of Gerontology, 54B(5), S252-S261.

Ng, Y. T., Huo, Meng, Gleason, M. E., Neff, L. A., Charles, S. T. & Fingerman, K. L. (2021). Friendships in old age: Daily encounters and emotional well-being. The Journals of Gerontology: Series B, 76(3), 551-562.

OECD. (2022). Labour: Labour market statistics, Main Economic Indicators (database). https://doi.org/10.1787/data-00046-en (2022년 6월 7일 접속)

OECD. (2022). LFS by sex and age. OECD Stats. https://stats.oecd.org/

Oswald, F., Wahl, H.-W., Schilling, O., Nygren, C., Fänge, A. M., Sixsmith, A., Sixsmith, J., Szeman, Z., Tomsone, S. & Iwarsson, S. (2007). Relationships between Housing and Healthy Aging in Very Old Age. Gerontologist, 47, 96-107.

Park B., Jun J. K. & Park J. (2014). Cognitive impairment and depression in the early 60s: which is more problematic in terms of instrumental activities of daily living? Geriatr Gerontol Int, 14, 62-70. DOI: 10.1111/ggi.12055

Park, J. Hye & Kang, S. W. (2022). Factors Related to Life Satisfaction of Older Adults at Home: A Focus on Residential Conditions. Healthcare, 10, 1279. https://doi.org/10.3390/healthcare10071279

Partners for Living Communities. (2013). Aging in Place Initiative. http://www.nw.org/network/comstrat/agingInPlace/documents/agingInPlacefAQ_000.pdf

Pastalan, L. A. (1990). Preface. In L. A. Pastalan (Ed.). Aging in place: The role of housing and social supports (pp. ix-xii). New York: Haworth Press.

Pynoo J. (1993). Strategies for Home Modification and Repair, In Callahan J. J. (Ed), Aging in Place (pp. 29-38). New York: Baywood Publishing Company Inc.

Ridley, M., Rao, G., Schilbach, F. & Patel, V. (2020). Poverty, depression and anxiety: Causal evidence and mechanisms. Science, 370, eaay0214. DOI: 10.1126/science.aay0214

Rioux, L. & Werner, C. (2011). Residential satisfaction among aging people living in place. Journal of Environmental Psychology, 31, 158e169.

Rosenwohl-Mack, A., Schumacher, K., Fang, M. & Fukuoka, Y. (2020). A new conceptual model of experiences of aging in place in the United States: results of a systematic review and meta-ethnography of qualitative studies. International Journal of Nursing Studies, 103, 103496. DOI: 10.1016/j.ijnurstu.2019.103496

Rowles, G. D. (1983). Place and personal identity in old age: Observations from Appalachia. Journal of Environmental Psychology, 3(4), 299-313.

Rubenstein, L. Z. (2006). Falls in older people: Epidemiology, risk factors and strategies for prevention. Age and Aging, 35(suppl2), ii37-ii41.

Sabia. J. J. (2008). There's no place like home: A hazard model analysis of aging in place among older homeowners in the PSID. Research on Aging,

30(1), 3-35.

Scharlach, A. E. & Moore, K. D. (2016). Aging in Place. In V. L. Bengtson & R. Jr Settersten (Eds.), Handbook of Theories of Aging (3rd edition). (pp. 407-425). NY: Springer Publishing Company.

Schorr, A. V. & Khalaila, R. (2018). Aging in place and quality of life among the elderly in Europe: A moderated mediation model. Archives of gerontology and geriatrics, 77, 196-204.

Sheffield, C., Smith, C. A. & Becker, M.(2013). Evaluation of an Agency-Based Occupational Therapy Intervention to Facilitate Aging in Place. The Gerontologist, 53(6), 907-918.

Sixsmith, A. & Sixsmith, J. (2008). Ageing in place in the United Kingdom. Ageing International, 32, 219-235.

STATA. (2021). STATA Structural equation modeling reference manual release 17. College Station TX: STATA Press Corporation.

Stein, C. & Moritz, I. (1999). A life course perspective of maintaining independence in older age. WHO's Aging and Health.

Szinovacz, M. E. & Davey, A. (2008). The division of parent care between spouses. Ageing and Society, 28, 571-597.

Thomas, W. H. & Blanchard, J. M. (2008). Moving Beyond Place: Aging in Community. GENERATIONS - Journal of the American Society on Aging, 33(2), 12-17.

Tomioka, K., Kurumatani, N. & Hosoi, H. (2017). Positive and negative influences of social participation on physical and mental health among community-dwelling elderly aged 65-70 years: a cross-sectional study in Japan. BMC Geriatrics, 17, 111.

Tyler, T. R. & Schuller, R. A. (1991). Aging and attitude change. Journal of Personality and Social Psychology, 61, 689-697.

Uchino, B. N. (2006). Social Support and Health: A Review of Physiological Processes Potentially Underlying Links to Disease Outcomes. Journal of Behavioral Medicine, 29, 377-387. DOI: 10.1007/s10865-006-9056-5

Ulloa, B. F. L., Møller, V. & Sousa-Poza, A. (2013). How does subjective well-being evolve with age? A literature review. IZA DP No.7328. Institute for the study of Labor.

van del Poel, M. G. (1993). Delineating personal support networks. Social Networks, 15(1), 49-70.

Van Leeuwen, K. M., Van Loon, M. S., Van Nes, F. A., Bosmans1, J. E., de Vet, H. C. W., Ket, J. C. F., Widdershoven, G. A. M. & Ostelo, R. W. J. G. (2019). What does quality of life mean to older adults? A thematic synthesis.synthesis. PLoS ONE, 14(3), e0213263. https://doi.org/10.1371/journal.pone.0213263

Vogt, R. J., Allen, J. C. & Cordes S. (2003). Relationship between Community Satisfaction and Migration Intentions of Rural Nebraskans. Great Plains Research Journal, 13(1), 63-74.

Wahl, H.-W. & Oswald, F. (2010). Environmental Perspectives on Ageing. In D. Dannefer & C. Phillipson (Eds.). The Sage Handbook of Social Gerontology (pp. 111-124). LA: SAGE Publications.

Wahl, H.-W., Fange, A., Oswald, F., Gitlin, L.N. & Iwarsson, S. (2009). The home environment and disability-related outcomes in aging individuals: What is the empirical evidence? Gerontologist, 49, 355-367.

Wahl, H.-W., Iwarsson, S. & Oswald, F. (2012). Aging well and the environment: Toward an integrative model and research agenda for the future. Gerontologist, 52, 306-316.

Weich, S., Blanchard, M., Prince, M., Burton, E., Erens, B. & Sproston, K. (2002). Mental health and the built environment: cross-sectional survey of individual and contextual risk factors for depression. The British Journal of Psychiatry, 180, 428-433.

Wellman. B. & Wortley, S. (1990). Different strokes from different folks: Community ties and social support. American Journal of Sociology, 96(3), 558-588.

WHO. (2007). Checklist of Essential Features of Age-friendly Cities, 1-4. World Health Organization. https://apps.who.int/iris/handle/10665/362949

Wiles, J. L., Leibing, A., Guberman, N., Reeve, J. & Allen, R. E. S. (2011). The Meaning of "Aging in Place" to Older People. The Gerontologist, 52(3), 357-366.

김영범
한림대학교 고령사회연구소/사회학과

임연옥
한림대학교 고령사회연구소

이승훈
숙명여자대학교 기초교양학부

이승희
울산대학교 간호학과

행복한 노인은 누구인가 노년기 삶의 현실 분석

초판 1쇄 발행일 2023년 8월 25일

김영범, 임연옥, 이승훈, 이승희 지음

발 행 인	이성모
발 행 처	도서출판 동인 / 서울특별시 종로구 혜화로3길 5, 118호
등록번호	제1-1599호
대표전화	(02) 765-7145 / FAX (02) 765-7165
홈페이지	www.donginbook.co.kr
이 메 일	donginpub@naver.com
I S B N	978-89-5506-912-9 (93330)
정 가	26,000원